NomosPraxis

Prof. Dr. Jens M. Schubert
ver.di Bundesverwaltung, Leiter Bereich Recht/Rechtspolitik, Berlin
Leuphana Universität Lüneburg

Ass. jur. Kerstin Jerchel
ver.di Bundesverwaltung, Gewerkschaftssekretärin Bereich Recht/
Rechtspolitik, Berlin

Prof. Franz Josef Düwell
Vorsitzender Richter am BAG a.D., Weimar
Honorarprofessor Universität Konstanz

Das neue Mindestlohngesetz

Grundlagen und Auswirkungen

Nomos

Die Deutsche Nationalbibliothek verzeichnet diese Publikation in der Deutschen Nationalbibliografie; detaillierte bibliografische Daten sind im Internet über http://dnb.d-nb.de abrufbar.

ISBN 978-3-8487-1752-1

1. Auflage 2015

Vorwort

Bei dem ab 1.1.2015 geltenden flächendeckenden gesetzlichen Mindestlohn von einem Meilenstein im deutschen Arbeitsrecht zu sprechen, ist nicht übertrieben. Erstmals wird in Deutschland ein Lohnsockel bestimmt, der jedenfalls im Grundsatz nicht unterschritten werden darf, der nicht nach Regionen unterscheidet und der mit zunächst 8,50 Euro auch in seiner Höhe nicht unbeachtlich ist. Einfach ist das Regime des Mindestlohngesetzes als Teil des Tarifautonomiestärkungsgesetzes allerdings nicht. Zahlreiche Spezialregeln, Sonderfälle und Wechselwirkungen mit anderen Entgeltvorschriften machen das Gesetz zu einem „Arbeitsrecht im Arbeitsrecht", welches das gesamte Recht der Arbeitsbeziehungen durchdringt. Diese Strukturen zu erkennen und auf die besonderen Rechtsfolgen des Gesetzes hinzuweisen, ist Ziel dieses Buches. Nur bei Kenntnis dieser Regelungsinhalte und der Regelungszwecke ist eine zutreffende Behandlung der Mindestlohnregelungen und übrigens auch eine Kritik am Mindestlohngesetz möglich. Dabei ist vieles im Fluss und wird von der Rechtsprechung abhängen. Genannt sei nur das Thema, welche Zahlungen auf den Mindestlohn angerechnet werden können und welche nicht. Für die zu erwartenden Diskussionen und Rechtsstreitigkeiten will das Werk daher auch „Argumentations-Steinbruch" sein. Die Autoren haben sich entsprechend bemüht, keiner weiterführenden Problematik auszuweichen, auch wenn es zu bestimmten Fragen noch keine Vorlagen und ausgetretene Pfade gab.

Dies alles geht nicht ohne Hilfe. Die Autoren danken deshalb den Tarifpolitikern, insbesondere bei den Gewerkschaften ver.di und NGG, die Fragen der praktischen Folgen erläutern konnten. Nur aus dem Gesetz lassen sich zB Stücklohnumrechnungen und Regelungen zu Bereitschaftsdiensten und Mindestlohn nicht erklären. Hier waren die zu fragen, die Tarifverträge verhandeln und gestalten.

Die Autoren freuen sich über Anregungen und Kritik, die helfen, eine zweite Auflage noch besser zu machen (Mailkontakt: Jens.Schubert@verdi.de).

Berlin und Weimar im Oktober 2014

Prof. Dr. Jens M. Schubert

Kerstin Jerchel

Prof. Franz-Josef Düwell

Inhaltsverzeichnis

Abkürzungsverzeichnis

aA	anderer Ansicht
aaO	am angegebenen Ort
abgedr.	abgedruckt
abl.	ablehnend
ABl. EG	Amtsblatt der Europäischen Gemeinschaften; vor 1958: Amtsblatt der EGKS
ABl. EU	Amtsblatt der Europäischen Union (seit 1.3.2003)
Abs.	Absatz
Abschn.	Abschnitt
Abt.	Abteilung
abw.	abweichend
AE	Arbeitsrechtliche Entscheidungen
AEntG	Arbeitnehmer-Entsendegesetz
AEUV	Vertrag über die Arbeitsweise der Europäischen Union
aF	alte Fassung
AG	Amtsgericht; Arbeitgeber; Aktiengesellschaft
AGB	Allgemeine Geschäftsbedingungen
AGG	Allgemeines Gleichbehandlungsgesetz
AiB	Arbeitsrecht im Betrieb (Zeitschrift)
AktG	Aktiengesetz
allg.	allgemein
allgA	allgemeine Ansicht
allgM	allgemeine Meinung
Alt.	Alternative
aM	anderer Meinung
amtl.	amtlich
Amtl.Begr.	Amtliche Begründung
AN	Arbeitnehmer
Änd.	Änderung
ANG	Arbeitgebervereinigung Nahrung und Genuss e.V.
Anh.	Anhang

Anm.	Anmerkung
AO	Abgabenordnung
AP	Arbeitsrechtliche Praxis (Nachschlagewerk des Bundesarbeitsgerichts)
ArbGG	Arbeitsgerichtsgesetz
ArbR	Arbeitsrecht
ArbRAktuell	Arbeitsrecht Aktuell (Zeitschrift)
ArbSchG	Arbeitsschutzgesetz
ArbZG	Arbeitszeitgesetz
arg.	argumentum
Art.	Artikel
AuA	Arbeit und Arbeitsrecht (Zeitschrift)
Aufl.	Auflage
AÜG	Gesetz zur Regelung der gewerbsmäßigen Arbeitnehmerüberlassung (Arbeitnehmerüberlassungsgesetz)
AuR	Arbeit und Recht (Zeitschrift)
ausdr.	ausdrücklich
ausf.	ausführlich
AVE	Allgemeinverbindlicherklärung
Az	Aktenzeichen
BAG	Bundesarbeitsgericht
BAGE	Sammlung der Entscheidungen des Bundesarbeitsgerichts
BauArbbV	Verordnung über zwingende Arbeitsbedingungen im Baugewerbe
BB	Betriebs-Berater (Zeitschrift)
BBiG	Berufsbildungsgesetz
BDA	Bundesvereinigung der Deutschen Arbeitgeberverbände
Bd.	Band
Bearb.	Bearbeiter; Bearbeitung
bearb.	bearbeitet
Begr.	Begründung
Beil.	Beilage

Beschl.	Beschluss
betr.	betreffend
BetrVG	Betriebsverfassungsgesetz
bez.	bezüglich
BFDG	Bundesfreiwilligendienstgesetz
BFH	Bundesfinanzhof
BGB	Bürgerliches Gesetzbuch
BGBl.	Bundesgesetzblatt
BGH	Bundesgerichtshof
Bl.	Blatt
BMAS	Bundesministerium für Arbeit und Soziales
BMF	Bundesfinanzministerium
BMI	Bundesministerium des Innern
BMWi	Bundesministerium für Wirtschaft und Energie
BR	Betriebsrat
Bsp.	Beispiel
Bspw	beispielsweise
BT	Bundestag
BT-Drucks.	Drucksache des Deutschen Bundestages
BUrlG	Mindesturlaubsgesetz für Arbeitnehmer (Bundesurlaubsgesetz)
BVerfG	Bundesverfassungsgericht
bzgl	bezüglich
bzw	beziehungsweise
ca.	circa
DB	Der Betrieb (Zeitschrift)
ders.	derselbe
dgl.	dergleichen; desgleichen
dh	das heißt
dies.	dieselbe(n)

E	Entwurf; Entscheidung (in der amtlichen Sammlung)
ebd	ebenda
EFZG	Entgeltfortzahlungsgesetz
EG	Europäische Gemeinschaft(en); Vertrag zur Gründung der Europäischen Gemeinschaft; Einführungsgesetz
Einf.	Einführung
Einl.	Einleitung
einschl.	einschließlich
Entsch.	Entscheidung
entspr.	entsprechend
Entw.	Entwurf
ESC	Europäische Sozialcharta
Erg.	Ergänzung
Erkl.	Erklärung
Erl.	Erlass, Erläuterung
etc.	et cetera
EU	Europäische Union
EuGH	Gerichtshof der Europäischen Gemeinschaften
EU-GRC	Charta der Grundrechte der Europäischen Union
EUV	Vertrag über die Europäische Union
evtl	eventuell
EzA	Entscheidungen zum Arbeitsrecht, hrsg. von Stahlhacke
f, ff	folgend, folgende
FA	Fachanwalt Arbeitsrecht (Zeitschrift)
FAQ	frequently asked questions (häufig gestellte Fragen)
FGO	Finanzgerichtsordnung
FKS	Finanzkontrolle Schwarzarbeit
Fn	Fußnote
G	Gesetz
GBl.	Gesetzblatt
geänd.	geändert

gem.	gemäß
GewO	Gewerbeordnung
GG	Grundgesetz
ggf	gegebenenfalls
ggü.	gegenüber
GmbH	Gesellschaft mit beschränkter Haftung
GmbHR	Die GmbH-Rundschau (Zeitschrift)
grds.	grundsätzlich
GS	Großer Senat; Gedächtnisschrift
GWB	Gesetz gegen Wettbewerbsbeschränkungen
hA	herrschende Ansicht
Hbd.	Halbband
hins.	hinsichtlich
hM	herrschende Meinung
Hrsg.	Herausgeber
hrsg.	herausgegeben
Hs	Halbsatz
i.Zw.	im Zweifel
iA	im Auftrag
idF	in der Fassung
idR	in der Regel
idS	in diesem Sinne
iE	im Ergebnis
ieS	im engeren Sinne
iHv	in Höhe von
inkl.	inklusive
insb.	insbesondere
insg.	insgesamt
int.	international
iRd	im Rahmen des/der

iSd	im Sinne des/der
iSv	im Sinne von
iÜ	im Übrigen
iVm	in Verbindung mit
JuS	Juristische Schulung (Zeitschrift)
Kap.	Kapitel
KMU	kleine und mittlere Unternehmen
krit.	kritisch
KSchG	Kündigungsschutzgesetz
LAG	Landesarbeitsgericht
LAGE	Entscheidungen der Landesarbeitsgerichte, hrsg. von Stahlhacke
Lfg.	Lieferung
LG	Landgericht
lit.	Litera
Lit.	Literatur
LS	Leitsatz, Leitsätze
m.	mit
m.Anm.	mit Anmerkung
max.	maximal
mE	meines Erachtens
MiArbG	Mindestarbeitsbedingungengesetz
MiLoG	Mindestlohngesetz
mind.	mindestens
Mitt.	Mitteilung(en)
mN	mit Nachweisen
MTV	Manteltarifvertrag
mwN	mit weiteren Nachweisen

9. BauArbbV	Neunte Verordnung über zwingende Arbeitsbedingungen im Baugewerbe
n.rkr.	nicht rechtskräftig
n.v.	nicht amtlich veröffentlicht
Nachw.	Nachweise
NachwG	Nachweisgesetz
nF	neue Fassung
NGG	Gewerkschaft Nahrungsmittel und Genuss
NJOZ	Neue Juristische Online-Zeitschrift (Zeitschrift)
NJW	Neue Juristische Wochenschrift (Zeitschrift)
Nr.	Nummer(n)
NZA	Neue Zeitschrift für Arbeitsrecht
NZA-RR	NZA-Rechtsprechungs-Report Arbeitsrecht
o.	oben
o.a.	oben angegeben/angeführt
o.Ä.	oder Ähnliche(s)
o.g.	oben genannt
öffentl.	öffentlich
OLG	Oberlandesgericht
OLGE	Rechtsprechung der Oberlandesgerichte
OT-Mitgliedschaft	Mitgliedschaft in einem Arbeitgeberverband ohne Tarifbindung
RdA	Recht der Arbeit (Zeitschrift)
RefE	Referentenentwurf
RL	Richtlinie
Rn	Randnummer
Rs.	Rechtssache
Rspr.	Rechtsprechung
RTV	Rahmentarifvertrag

s.	siehe
S.	Seite; Satz
s.a.	siehe auch
s.o.	siehe oben
s.u.	siehe unten
SchwarzArbG	Schwarzarbeitsbekämpfungsgesetz
SGB	Sozialgesetzbuch
sog.	sogenannt(e)
TV	Tarifvertrag; Tarifverträge
TVG	Tarifvertragsgesetz
TzBfG	Teilzeit- und Befristungsgesetz
u.a.	unter anderem
unstr.	unstreitig
Urt.	Urteil
uU	unter Umständen
v.	vom, von
VA	Verwaltungsakt
ver.di	Vereinte Dienstleistungsgewerkschaft
vgl	vergleiche
VO	Verordnung
Vor	Vorbemerkung(en)
WRV	Weimarer Reichsverfassung
zB	zum Beispiel
ZESAR	Zeitschrift für europäisches Sozial- und Arbeitsrecht (Zeitschrift)
ZfA	Zeitschrift für Arbeitsrecht
Ziff.	Ziffer
ZIP	Zeitschrift für Wirtschaftsrecht (Zeitschrift)
ZIS	Zeitschrift für Internationale Strafrechtsdogmatik

zit.	zitiert
ZPO	Zivilprozessordnung
ZRP	Zeitschrift für Rechtspolitik (Zeitschrift)
zT	zum Teil

Literatur und Gesetzesmaterialien

Literaturquellen

Amlinger/Bispinck/Schulten, Jeder Dritte ohne Mindestlohn, WSI-Report Nr. 12, Januar 2014.

Amlinger/Bispinck/Schulten, Jugend ohne Mindestlohn?, WSI-Report Nr. 14, März 2014.

Barczak/Pieroth, Mindestlohnausnahme für Zeitungszusteller?, Gutachten 2014.

Bayreuther, Einige Anmerkungen zur Verfassungsmäßigkeit des Arbeitnehmer-Entsendegesetzes und des Mindestarbeitsbedingungengesetzes 2009, NJW 2009, 2006 ff.

Bayreuther, Der gesetzliche Mindestlohn, NZA 2014, 865 ff.

Bepler, Gutachten B zum 70. DJT, Stärkung der Tarifautonomie – Welche Änderungen des Tarifvertragsgesetzes empfehlen sich?, 2014.

Bosch/Weinkopf, Zur Einführung des gesetzlichen Mindestlohns von 8,50 Euro in Deutschland, Arbeitspapier 304/2014 der Hans-Böckler-Stiftung.

Brecht-Heitzmann, Das Kombinationsprinzip als Lösung bei Tarifpluralität, GS Zachert, 2010, 502 ff.

Brenke/Müller, Gesetzlicher Mindestlohn – Kein verteilungspolitisches Allheilmittel, DIW Wochenbericht Nr. 39.2013.Brors, Europäische Rahmenbedingungen für den neuen Mindestlohn und seine Ausnahmen, NZA 2014, 938 ff.

Bsirske, Mindestlohn in der (Euro-)Krise, in: Gute Arbeit 2014, 71 ff.

Däubler, Der gesetzliche Mindestlohn – doch eine unendliche Geschichte, NJW 2014, 1924 ff.

Däubler, Der vergaberechtliche Mindestlohn im Fadenkreuz des EuGH – Auf dem Weg zu Rüffert II?, NZA 2014, 694 ff.

Däubler (Hrsg.), Tarifvertragsgesetz, 3. Aufl. 2012.

Degenhart, Pressefreiheit als Vertriebsfreiheit, Gutachten 2013.

Di Fabio, Mindestlohn und Pressefreiheit, Gutachten 2013.

Düwell, Die gerichtliche Überprüfung der Allgemeinverbindlicherklärung von Tarifverträgen, NZA Beilage 2/2011, 80.

Düwell, Lohnuntergrenzen bei vorübergehender Arbeitnehmerüberlassung, DB 2013, 756 ff.

Düwell, Entwurf eines Ersten Gesetzes zur Änderung des Arbeitnehmer-Entsendegesetzes, jurisPR-ArbR 19/2014, Anm. 1.

Düwell, Die Neuregelung der Praktikantenverhältnisse im Tarifautonomiestärkungsgesetz, jurisPR-ArbR 32/2014, Anm. 1.

Düwell, Neue Regeln für Praktikanten: Qualitätsrahmen der EU, Mindestlohngesetz und Änderung des Nachweisgesetzes, DB 2014, 2047 ff.

Düwell, Große Koalition: Mindestlohn und Autonomie der Tarifvertragsparteien, DB 2014, 121 ff.

Erfurter Kommentar zum Arbeitsrecht (Hrsg. Müller-Glöge/Preis/Schmidt), 14. Aufl. 2014.

Europarat, ESC, Ein Leitfaden, 2002.

Fischer-Lescano, Verfassungs-, völker- und europarechtlicher Rahmen für die Gestaltung von Mindestlohnausnahmen, Gutachten 2014.

Fitting/Engels/Schmidt/Trebinger/Linsenmaier, BetrVG, 27. Aufl. 2014.

Frowein/Peukert, EMRK, 3. Aufl. 2009.

Germelmann/Matthes/Prütting, ArbGG, 8. Aufl. 2013.

HK-AGG (Hrsg. Däubler/Bertzbach), Allgemeines Gleichbehandlungsgesetz, Handkommentar , 3. Aufl. 2013.

HK-Arbeitsrecht (Hrsg. Däubler/Hjort/Schubert/Wolmerath), Arbeitsrecht, Handkommentar, 3. Aufl. 2013.

HK-ArbZR (Hrsg. Hahn/Pfeiffer/Schubert), Arbeitszeitrecht, Handkommentar, 2013.

Hierschel, Mindestlohn pur, FAZ v. 13.6.2014, 20.

Hierschel, Eine neue Ordnung auf dem Arbeitsmarkt: Warum Deutschland mehr denn je starke Gewerkschaften braucht, in: Zeitenwende auf dem Arbeitsmarkt (Hrsg. Hinte/Zimmermann), Bundeszentrale für politische Bildung, 2013.

Jöris/Steinau-Steinrück, Der gesetzliche Mindestlohn, BB 2014, 2101 ff.

Kempen/Zachert (Hrsg.), Tarifvertragsgesetz, 5. Aufl. 2014.

Koberski/Asshoff/Eustrup/Winkler, AEntG, 3. Aufl. 2011.

Kocher, 19. Frankfurter Newsletter zum Recht der Europäischen Union, Viadrina Universität, 15.7.2014.

Körner, Mindestlohnanforderungen im internationalen Arbeitsrecht, NZA 2011, 425 ff.

Küttner, Personalbuch 2014, 21. Aufl. 2014.

Lakies, Gesetzlicher Mindestlohn: Zur Legitimation der Staatsintervention gegen Niedriglöhne, AuR 2013, 69 ff.

Lörcher, Deutschland und die Europäische Sozialcharta, AuR 2011, 107 ff.

Löwisch, Rechtsschutz gegen das Mindestlohngesetz, NZA 2014, 948 ff.

Maschmann, Mindestlohnjäger gehen auf die Jagd, BB 35/2014, S. I.

Maschmann, Die staatliche Durchsetzung des allgemeinen Mindestlohns nach den §§ 14 ff. MiLoG, NZA 2014, 929 ff.

von Münch/Kunig, GG-Kommentar, Band 1, 5. Aufl. 2000.

Nielebock, Allgemeinverbindliche und gesetzliche Mindestentgelte und Mindestarbeitsbedingungen – ausgewählte Aspekte, FS Kempen (Hrsg. Schubert), 181 ff.

Nußberger, Auswirkungen der Rechtsprechung des Europäischen Gerichtshofs für Menschenrechte auf das deutsche Arbeitsrecht, RdA 2012, 270 ff.

Picker, Niedriglohn und Mindestlohn, RdA 2014, 25 ff.

Picker/Sausmikat, Ausnahmsweise Mindestlohn? – Das MiLoG und die Praktikanten, NZA 2014, 942 ff.

Preis, Sozialzahlungen im Wandel von Praxis und Dogmatik, SR 2012, 101 ff.

Preis/Ulber, D., Die Verfassungsmäßigkeit des gesetzlichen Mindestlohns, Gutachten 2014.

Preis/Ulber, D., Ausschlussfristen und Mindestlohngesetz – Der Mindestlohn als unabdingbarer Sockel –, HSI-Schriftenreihe, Band 12, 2014.

Rieble/Picker, Lohnwucher, ZfA 2014, 153 ff.

Riechert/Stomps, Mindestlohnkonzepte – Mehr sachliche Orientierung, NJW 2013, 1050 ff.

Schaub, Arbeitsrechts-Handbuch, 15. Aufl. 2014.

Schlachter/Klauk, Tarifdispositivität – eine zeitgemäße Regelung?, AuR 2010, 354 ff.

Schmitz, Mindestlohn: mehr als ein Gewerkschaftsthema, AuR 2010, 351.

Scholz, Regelung des Mindestlohns? – Pro & Contra, ZRP 2008, 167.

Schubert, Mindestlohn, Tarifkollision, Streikrecht – Welche arbeitsrechtlichen Grundsätze gelten denn noch?, in: liber amicorum Ulrike Wendeling-Schröder, 2009, S. 59 ff.

Schubert, Das Normalarbeitsverhältnis in der arbeits- und sozialrechtlichen Wirklichkeit, NJW 2010, 2613 ff.

Schubert, Tarifbindung, AR-Blattei, 1550.3.

Schubert (Hrsg.), SGB III, juris-Kommentar, 2014.

Schubert, Europarechtswidrigkeit von § 622 Abs. 2 S. 2 BGB – Anmerkung zum EuGH-Urteil vom 19.01.2010 (Az: C-555/07), EuZW 2010, 180 ff.

Schubert/Schaumberg, BBiG, in: Praxis der Kommunalverwaltung, Februar 2014.

Schubert/Wolter, Fremdbestimmung des gewerkschaftlichen Streikrechts durch Kirchen - verfassungswidrig?, AuR 2013, 285 ff.

Schüren/Wilde, Die neue Entsendebescheinigung A-1 und die Voraussetzungen ihrer Erteilung, NZS 2011, 121 ff.

Schulten, WSI-Mindestlohnbericht 2013, WSI-Mitteilungen 2013, 126 ff.

Schwarze, J., EU-Kommentar, 3. Aufl. 2011.

Schwarze, R., Kooperative Regulierung im Arbeitsrecht, ZfA 2011, 867 ff.

Schweibert/Leßmann, Mindestlohngesetz – der große Wurf?, DB 2014, 1866 ff.

Seifert, Neue Formen der Wirtschaftssteuerung in der EU und das Arbeitsrecht in den Mitgliedstaaten, SR 2014, 14 ff.

Sittard, Im Dschungel der Mindestlöhne – ein Versuch der Systematisierung, RdA 2013, 301 ff.

Sittard, Das MiLoG – Ein Ausblick auf die Folgen und anstehende Weichenstellungen, NZA 2014, 951 ff.

Sodan/Zimmermann, Tarifvorrangige Mindestlöhne versus Koalitionsfreiheit, NJW 2009, 2001 ff.

Spielberger/Schilling, Der Regierungsentwurf zum Gesetz über die Regelung eines allgemeinen Mindestlohns (MiLoG), NZA 2014, 414 ff.

Sterkel/Schulten/Wiedemuth, Mindestlöhne gegen Lohndumping, 2006.

Thüsing (Hrsg.), Arbeitnehmerentsendegesetz, 2010.

Ulber, D., Die Erfüllung von Mindestlohnansprüchen, RdA 2014, 176 ff.

Ulber, J., Arbeitnehmerentsendegesetz, 2009.

Wagner/Schild (Hrsg.), Der Flächentarifvertrag unter Druck, 2003.

Waltermann, Stärkung der Tarifautonomie – Welche Wege könnte man gehen?, NZA 2014, 874 ff.

Waltermann, Gutachten B zum 68. DJT, Abschied vom Normalarbeitsverhältnis?, 2010.

Waltermann, Mindestlohn, Mindesteinkommen, Mindestsicherung – Eine Bewertung aus der Sicht des deutschen Arbeits- und Sozialrechts, NZA Beilage 3/2009, 110 ff.

Waltermann, Mindestlohn oder Mindesteinkommen?, NJW 2010, 801 ff.

Wiedemann, Richterliche Rechtsfortbildung, NJW 2014, 2407 ff.

Zimmermann, Offene strafrechtliche Fragen im Zusammenhang mit der europäischen E-101-Bescheinigung für Wanderarbeiter, ZIS 2007, 407 ff.

Gesetzesmaterialien

- Referentenentwurf (19.3.2014): über das BMAS zu beziehen.
- Kabinettsbeschluss (2.4.2014): BT-Drs. 18/1558.
- Bundesrat (23.5.2014): BR-Drs. 147/14 (die Empfehlungen der BR-Ausschüsse vom 12.5.2014 finden sich unter BR-Drs. 147/1/14).
- Antwort der Bundesregierung auf die Stellungnahme des Bundesrates (26.5.2014): Kabinettssache Datenblatt-Nr.: 18/11 017.

- Ausschussempfehlungen und Sachverständigenanhörung (Ausschuss für Arbeit und Soziales: Ausschussdrucksachen 18(11)148 vom 26.6.2014 und 18/2010 (neu) vom 2.7.2014.

Fundstelle des Gesetzes

BGBl. I 2014, 1348.

Koalitionsvertrag

Koalitionsvertrag zur 18. Legislaturperiode (16.12.2013): http://www.bundesregierung.de/Content/DE/StatischeSeiten/Breg/koalitionsvertrag-inhaltsverzeichnis.html.

Teil 1: Einführung in das neue Mindestlohnrecht

I. Der gesetzliche Mindestlohn als Meilenstein im deutschen Arbeitsrecht

Der **1.1.2015** markiert mit der Einführung eines flächendeckenden gesetzlichen Mindestlohns durch das **Tarifautonomiestärkungsgesetz**[1] und hier durch Artikel 1, dem Gesetz zur Regelung eines allgemeinen Mindestlohns (**Mindestlohngesetz – MiLoG**), das Datum einer **strukturellen Neuerung**, ja eine Zäsur im deutschen Arbeitsrecht. Erstmals wird hinsichtlich des Entgelts für Arbeitsleistung ein allgemein gültiger gesetzlicher **Sockel** festgelegt. 1

Folgende Zahlen und Fakten haben diesen veranlasst und **rechtfertigen** ihn: Mehr als fünf Millionen Beschäftigte in Deutschland verdienten 2012 weniger als 8,50 Euro brutto pro Stunde. Hiervon erhielten 1,8 Millionen unter 6,00 Euro und 1,3 Millionen sogar unter 5,00 Euro.[2] Dieser absolute **Niedriglohnbereich** ist auch im europäischen Vergleich in Relation zu den jeweiligen volkswirtschaftlichen Daten als sehr hoch anzusehen.[3] Die Gründe hierfür liegen einmal in einer seit Jahren betriebenen **Deregulierung** des Arbeitsmarktes mit einem breiten Entstehen und einer kritikwürdigen Akzeptanz **prekärer Beschäftigung** (Leiharbeit, Ausweitung der Teilzeit- und Befristungspraxis, (Schein-)Werkverträge, geringfügige Beschäftigung, Solo-Selbstständige, prekäre Vollzeit).[4] Zeitgleich, wenn nicht sogar im Einzelfall hierauf abgestimmt, ist eine **Zersplitterung** auf dem Arbeitsmarkt und in den Arbeitgeberstrukturen zu beobachten (Outsourcing, unübersichtliche Konzernstrukturen, Umwandlungen etc.).[5] Beide Entwicklungen lassen es immer schwieriger werden, als Tarifvertragspartei, insbesondere als Gewerkschaft, auf Grundlage des Art. 9 Abs. 3 GG mit angemessenen tariflichen Regelungen zu reagieren.[6] Die Mitgliedergewinnung prekär beschäftigter Personen ist aus sich heraus problematisch, Arbeitgebern ist es dagegen möglich, für diese Personen Niedriglöhne vorzugeben. 2

Verstärkt wird die Situation durch eine **Erosion des Tarifvertragssystems** mit einer Abnahme der Tarifbindung, bedingt durch Mitgliederverluste der Gewerkschaften (auch als Folge der beschriebenen Entwicklungen) sowie durch Verbandsaustritte bzw OT-Mitgliedschaften von Unternehmen und einer Zunahme der schlicht ver- 3

1 Gesetz zur Stärkung der Tarifautonomie vom 11.8.2014, BGBl. I 2014, 1348 v. 15.8.2014.

2 Amlinger/Bispinck/Schulten, Jeder Dritte ohne Mindestlohn, WSI-Report Nr. 12, Januar 2014.

3 Ausschussdrucksache 18(11)148, S. 63 (Ausschuss Arbeit und Soziales), Sachverständiger Gerhard Bosch.

4 Waltermann, Gutachten B zum 68. DJT, S. 23 ff; Lakies, AuR 2013, 69 ff, 69; Hierschel, in: Zeitenwende auf dem Arbeitsmarkt (Hrsg. Hinte/Zimmermann), S. 190 ff.

5 BT-Drucks. 18/2010 (neu), S. 1.

6 BT-Drucks. 18/1558, S. 32. Zur Entwicklung aus Sicht der Gewerkschaften: Sterkel/Schulten/Wiedemuth, Mindestlöhne gegen Lohndumping, 2006; Bsirske, Mindestlohn in der (Euro-)Krise, in: Gute Arbeit 2014, S. 71 ff. Die Situation hat sich im Übrigen insbesondere während und nach der Finanz-und Wirtschaftskrise in den letzten Jahren immer weiter verschärft, so dass die Instrumente aus AVE, AEntG und MiArbG nicht länger ausreichen, vgl zur Situation noch vor einigen Jahren Schubert, liber amicorum Wendeling-Schröder (2009), 59 ff, 61.

bandslosen Unternehmen.[7] Einen entsprechenden Anstieg von Haustarifverträgen hat es gleichzeitig mit diesen Entwicklungen nicht gegeben, und diese können ohnehin aus arbeitsmarktpolitischer Sicht keine zum Flächentarifvertrag vergleichbaren Effekte erzielen.[8]

4 Im politischen Umfeld waren es vor allem die Gewerkschaften **ver.di und NGG**, die sich der beschriebenen veränderten Situation gestellt haben und die politische und gesellschaftliche Diskussion um einen gesetzlichen Mindestlohn vorangetrieben haben.[9] Ziel war und ist es, für Regionen und Branchen ohne tariflichen Mindestschutz („**weiße Flecken**") sowie für alle Formen von Arbeit hinsichtlich des Entgelts eine gesetzliche Basis zu installieren, die zugleich Ausgangspunkt zukünftiger tariflicher Ausgestaltungen ist. Auch hierauf zielt der Titel „Tarifautonomiestärkungsgesetz" ab.

5 Für die konstatierten weißen Flecken ohne Tarifbindung, aber auch aus verfassungsrechtlichen Gründen – der Mindestlohn fußt auf den Art. 1 Abs. 1, Art. 2 Abs. 1, 12 Abs. 1 und 20 Abs. 3 GG[10] – soll und wird der gesetzliche Mindestlohn nun eine (**Gerechtigkeits-**)**Lücke** insbesondere im Niedriglohnbereich schließen.[11] Löhne unter 8,50 Euro sind schlicht nicht akzeptabel, und für das Bestreiten eines Lebensunterhaltes bei Arbeitsleistung sind 8,50 Euro das absolute Minimum.[12] Der Gesetzgeber flankiert damit über seine Kompetenz auf dem Gebiet des Arbeitsrechts (Art. 74 Abs. 1 Nr. 12 GG) Art. 9 Abs. 3 GG und gleicht so die strukturell erschwerte Möglichkeit der Tarifpartner, prekär Beschäftigte im Bereich des Entgeltes zu erreichen, aus.[13] Auf diese Art und Weise sagt der Gesetzgeber auch etwas zu bislang vorhandenen Instrumenten aus: Er schätzt diese als unzureichend ein.[14] Das Tarifautono-

---

7 Aktuelle Zahlen und Entwicklungslinien sind zu finden im Statistischen Taschenbuch Tarifpolitik, 2014, WSI-Tarifarchiv sowie auf der Datenkarte 2013 der Hans Böckler Stiftung. Vgl Waltermann, NJW 2010, 801 ff, 801.

8 Vgl hierzu Wagner/Schild, Der Flächentarifvertrag unter Druck. Die Folgen von Verbetrieblichung und Vermarktlichung, 2003. Haustarifverträge können zB keine indirekte Tarifbindung in der Fläche über Bezugnahmeklauseln erreichen.

9 Nielebock, FS Kempen, 2013, S. 181 ff, 183.

10 Hierzu Rn 57 ff.

11 BT-Drucks. 18/1558, S. 33; Barczak/Pieroth, Gutachten 2014, S. 116 These 2. So auch schon Scholz, ZRP 2008, 167.

12 Kritisch sind deshalb die dauerhaften Ausnahmen vom persönlichen Anwendungsbereich in § 22 MiLoG zu sehen.

13 BT-Drucks. 18/2010 (neu), S. 1. Der Gesetzgeber verstößt damit auch nicht gegen den Vertrag über die Schaffung einer Währungs-, Wirtschafts- und Sozialunion, der unter dem Titel Sozialunion formuliert, dass Löhne nicht vom Staat festgelegt werden. Unabhängig von der Frage der Rechtsnatur dieses Vertrages und seiner zeitlichen Einordnung spricht er von „Löhnen" im Plural. Darum geht es aber beim gesetzlichen Mindestlohn erkennbar nicht, vgl Kempen, in Kempen/Zachert, TVG 5. Aufl., Grundlagen Rn 59.

14 Vgl hierzu auch Schubert, NJW 2010, 2613 ff, 2618 mit einer Neubewertung im Vergleich zur Einschätzung aus liber amicorum Ulrike Wendeling-Schröder, 59 ff; s.a. Waltermann, NZA Beilage 3/2009, 110 ff, 117.

miestärkungsgesetz hebt in Art. 14 daher das Mindestarbeitsbedingungengesetz ganz und gar auf, AVE (§ 5 TVG) und AEntG werden entscheidend verändert.[15]

Mit dem Mindestlohn haben sich die Sozialpartner nicht ihrer Kompetenzen oder ihrer Autonomie beraubt, vielmehr ist die Situation vergleichbar mit dem gesetzlichen Anspruch auf bezahlten Mindesterholungsurlaub (24 Werktage, §§ 1, 3 BUrlG) und den dortigen hierauf aufbauenden tariflichen **Besserstellungen.** Es bleibt ganz selbstverständlich der Anspruch der Sozialpartner auf Regulierung der Entgelte bzw von Entgeltsystemen, nunmehr allerdings verschoben auf solche oberhalb des Mindestsockels „gesetzlicher Mindestlohn". 6

Ca. 3,7 Millionen Menschen werden nach Ansicht der Bundesregierung direkt vom Mindestlohn profitieren.[16] Der Mindestlohn soll neben einem Mindestverdienst zum Bestreiten des Lebensunterhalts auch einem **fairen Wettbewerb** (er steht einem Wettbewerb über Dumpinglöhne entgegen) sowie der **Stabilisierung** der sozialen Sicherungssysteme dienen.[17] Er trägt, wenn auch auf einer recht niedrigen Ebene, dazu bei, **Altersarmut** in der Zukunft zu vermindern.[18] Insofern steckt in der Einführung des gesetzlichen Mindestlohns heute auch das Konzept der Nachhaltigkeit.[19] Aufgrund der Ausnahmeregelung im MiLoG für Tarifverträge, die nach dem AEntG erstreckt wurden (§ 24 Abs. 1 MiLoG), werden zudem Arbeitgeberverbände ermutigt, tarifliche Lösungen für die Übergangszeiten bis zur allumfassenden Geltung des Mindestlohns zu finden. Die Unterschreitung des Mindestlohns für einige Jahre soll ausgeglichen sein mit der Möglichkeit einer **tariflichen Erfassung** bislang weißer Flecken, verbunden mit der Idee, dass die Tarifbindung auch über diesen Zeitraum erhalten bleibt. Diese Abwägung – zeitweise Unterschreitung des Mindestlohnes für eine „tarifliche Erschließung" – ist in jeder Gewerkschaft vorzunehmen. Im Übrigen bleibt der gesetzliche Mindestlohn nach wie vor auch im Grundsatz umstritten, teils 7

15 Wenn nunmehr gemeinsame Anträge der Tarifparteien erforderlich sind, stellt sich die Frage, ob die Antragstellung im obligatorischen Teil des Tarifvertrages verankert werden kann (ja) und dies von Seiten der Gewerkschaften erstreikt werden kann (offen); dafür Schubert, liber amicorum Ulrike Wendeling-Schröder, 59 ff, 71.

16 http://www.der-mindestlohn-kommt.de/ml/DE/Ihre-Fragen/Fragen-und-Antworten/faq-zum-mindest-lohn-info.html.

17 BT-Drucks. 18/1558, S. 30.

18 Folgende Berechnung kann zugrunde gelegt werden: 8,50 Euro mal 40 Stunden/Woche mal 52 Wochen = 17.680 Euro/Jahr. Bei einem Durchschnittsverdienst in Deutschland von 34.857 Euro/West entstehen 0,5072 Entgeltpunkte pro Jahr. Diese Zahl mal 45 Beitragsjahre = 22,824 Entgeltpunkte, und dies mal dem aktuellen Rentenwert von Juli 2014 in Höhe von 28,61 €/ West ergibt eine monatliche Rente in Höhe von 653,00 Euro (gerundet). Hierauf fallen vermindert Krankenversicherung und Pflegeversicherung an. Verglichen mit ALG II und Wohngeld stellt sich damit die Rentenhöhe ebenfalls als prekär dar. Regelmäßig werden daher Grundsicherungsleistungen im Alter nach dem SGB XII (aus Steuermitteln) zu zahlen sein, aber immerhin weniger als bei Löhnen unterhalb des Mindestlohns, vgl auch Schmitz, AuR 2010, 351; Waltermann, Gutachten B zum 68. DJT, S. 84 ff; Schubert, NJW 2010, 2613, 2614.

19 Vgl Schubert, NJW 2010, 2613 ff, 2616; Waltermann, NZA Beilage 3/2009, 110 ff, 113.

aus ideologischen Gründen, teils mit ökonomischer Begründung.[20] Immer mehr dürfte sich aber durchsetzen, dass der Mindestlohn und dessen aktuelle Höhe weitestgehend **beschäftigungsneutral** ist, also keine negativen Beschäftigungseffekte auslöst, trotz leichter Preissteigerungen, aber eben auch bei gleichzeitig verbesserter Binnennachfrage. Dies zeigen die Erfahrungen im anglo-amerikanischen Wirtschaftsraum sowie neuere empirische Untersuchungen.[21] Auch haben die bereits etablierten Branchenmindestlöhne nach dem AEntG bislang nicht zu einem Arbeitsplatzabbau geführt oder Fehlanreize gesetzt.[22] Überdies besteht **kein übergroßer Anpassungsdruck** für die Unternehmen in Deutschland, was kurzfristig Entlassungen zur Folge hätte haben können. Zum einen ist die Einführung eines Mindestlohnes spätestens seit der Bundestagswahl 2013 in der Diskussion, und zwar aufbauend auf Erfahrungen zu den tariflichen Branchenmindestlöhnen nach dem AEntG und § 3 a AÜG. Zum anderen enthält das Gesetz einen verschobenen Zeitpunkt des Inkrafttretens sowie zusätzlich Übergangsregelungen, die Interessen von Unternehmen weit entgegenkommen.[23] Vergessen werden darf dabei auch nicht, dass schon während der Laufzeit der Übergangszeiten die für Unternehmer weiteren vorteilhaften Bestimmungen gelten (kein Mindestlohn für Jugendliche und in den ersten sechs Monaten der Beschäftigung von Langzeitarbeitslosen).

8 Die Begründungsstränge für den gesetzlichen Mindestlohn zielen auf eine Absicherung eines im Grundsatz unabdingbaren und verfassungsrechtlich gebotenen Sockels für geleistete Arbeit ab. Er beschreibt aber nicht den gesamten Lohnbereich bzw alle Löhne, die jeglicher Tätigkeit entsprechen. Dieses Verhältnis jeweils auszugestalten ist zu förderst Aufgabe der Tarifparteien. Damit kann der Mindestlohn auch keine Rechtfertigung dafür sein, über diesem liegende Löhne aus Gründen einer **europäischen Austeritätspolitik** abzusenken („Es gibt ja noch den Mindestlohn“).[24] Den Mindestlohn selbst mit dem Hinweis auf die Finanz- und Wirtschaftskrise zu reduzieren, dürften starke verfassungs-, völkerrechtliche und unionale Grundwerte entgegenstehen.[25]

20 Vergleichsweise moderat Brenke/Müller, Gesetzlicher Mindestlohn – Kein verteilungspolitisches Allheilmittel, DIW Wochenbericht Nr. 39.2013; eindeutig positioniert: Stellungnahme von BDA und ZDH, Ausschussdrucksache 18(11)148, S. 6, 14 (Ausschuss Arbeit und Soziales). Zur Einschätzung des Gesetzgebers vgl BT-Drucks. 18/2010 (neu), S. 3. Zur ökonomischen Diskussion aus juristischer Sicht Waltermann, NZA Beilage 3/2009, 110 ff, 118.

21 Ausschussdrucksache 18(11)148, S. 66 (Ausschuss Arbeit und Soziales), Sachverständiger Gerhard Bosch; Bosch/Weinkopf, Zur Einführung des gesetzlichen Mindestlohns von 8,50 € in Deutschland, Arbeitspapier 304/2014 Hans Böckler-Stiftung, S. 25 ff; Hierschel, FAZ 13.6.2014, 20. AA in der Landwirtschaftsbranche, vgl Handelsblatt v. 20.8.2014, S. 7.

22 Ausschussdrucksache 18(11)148, S. 66 (Ausschuss Arbeit und Soziales), Sachverständiger Gerhard Bosch.

23 Vgl Ausschussdrucksache 18(11)148, S. 69 (Ausschuss Arbeit und Soziales), Sachverständiger Gerhard Bosch. Wie Lohnpolitik auch aufgefasst werden kann, zeigen die jüngsten Äußerungen der Bundesbankspitze, vgl FAZ 31.7.2014, S. 16.

24 Zur Austeritätspolitik und den Auswirkungen auf die Tarifautonomie vgl Seifert, SR 2014, 14 ff.

25 Seifert, SR 2014, 14 ff, 24.

Die Einführung eines flächendeckenden gesetzlichen Mindestlohns folgt politisch aus einer Vereinbarung aus dem **Koalitionsvertrag** zwischen CDU/CSU und SPD zur 18. Legislaturperiode.[26] Mit der Einführung reiht sich Deutschland ab dem 1.1.2015 in eine große Anzahl von Staaten ein, die über dieses Instrument verfügen, allerdings mit erheblichen Unterschieden in der Höhe, je nach volkswirtschaftlichen Rahmendaten und verfolgter Zielrichtung des Mindestlohns. Überdies ist bei einer Bewertung der Zahlen das jeweilige Tarifrechtssystem zu beachten (zB tripartistische im Vergleich zu bipartistischen Systemen).[27] 9

Eurostat weist in seiner online-Datenbank (Stand 10.2.2014) für die EU folgende branchenübergreifende monatliche Brutto-Mindestlöhne aus (Auswahl): Belgien (1.502,00 Euro), Bulgarien (174,00 Euro), Frankreich (1.445,00 Euro), Griechenland (684,00 Euro), Litauen (290,00 Euro), Luxemburg (1.921,00 Euro), Niederlande (1.486,00 Euro), Polen (387,00 Euro), Portugal (566,00 Euro), Rumänien (191,00 Euro), Spanien (753,00 Euro), Ungarn (344,00 Euro), Vereinigtes Königreich (1.217,00 Euro). Ausgehend von einem Acht-Stunden-Tag und einem Monat mit 23 Arbeitstagen ergibt sich in Deutschland ein monatlicher Brutto-Mindestlohn von 1.564,00 Euro.[28] 10

II. Aufbau des Buches

Der gesetzliche Mindestlohn **durchdringt** das gesamte Arbeitsrecht in Deutschland. Seine Auswirkungen sind nicht auf reine Entgeltfragen beschränkt, sondern berühren mit diesen verbundene Rechtsfragen wie zB solche zu Fälligkeit und Arbeitszeit. Hinzu kommt die Komplexität des MiLoG mit zahlreichen Regel-Ausnahme-Strukturen sowie Regularien, die im Zusammenhang mit den weiteren Bestimmungen des Tarifautonomiestärkungsgesetzes stehen. Beide Befunde machen es erforderlich, „abgeschichtet" vorzugehen. 11

Im vorliegenden **Teil 1** folgen der soeben vollzogenen ersten Einordnung unter III. – VII ein Überblick über die Mindestlohnregelungen einschließlich einer verfassungs- und unionsrechtlichen Bewertung des Mindestlohns, eine systematisierte Verortung dieses Entgeltsockels innerhalb der Anspruchskataloge des Arbeitsrechts (Stichwort Günstigkeitsprinzip) sowie eine Darstellung der Gesetzesentstehung und Hinweise zu Informationsquellen. Insbesondere Punkt III. **„Die Mindestlohnregelungen auf einen Blick"** (und dabei die Rn 20–40) ermöglichen einen schnellen Zugang zum Thema und können ggf. als Zusammenfassung zur Information der Belegschaft in das Intranet eines Unternehmens gestellt werden. 12

26 Koalitionsvertrag (Deutschlands Zukunft gestalten) vom 16.12.2013, S. 48 f.

27 Zu Mindestlöhnen im Vergleich verschiedener Staaten siehe Ausschussdrucksache 18(11)148, S. 67 (Ausschuss Arbeit und Soziales), Sachverständiger Gerhard Bosch. Im Übrigen gilt für Rechtsvergleiche, ein „cherry picking" zu vermeiden. Vielmehr ist ein sog. „funktioneller Rechtsvergleich" anzustellen.

28 Zu den aktuellen Mindestlohnentwicklungen in Europa vgl Schulten, WSI-Mitteilungen 2013, 126 ff. In den USA gilt derzeit ein nationaler Mindestlohn in Höhe von 7,25 Dollar, Abweichungen nach oben und unten in den einzelnen Bundesstaaten sind zulässig, FAZ 5.9.2014, S. 19.

13 **Teil 2** vertieft Fragestellungen des MiLoG. Dabei werden zunächst der Regelfall und hiernach die Ausnahmen vom gesetzlichen Mindestlohn dargestellt. Es folgen Spezialregelungen im MiLoG zur Nachunternehmerhaftung, zur öffentlichen Auftragsvergabe, zur Arbeit der Mindestlohnkommission, zur Kontrolle der Zahlung des gesetzlichen Mindestlohns durch die Zollbehörden, Bußgeldregelungen sowie prozessuale Frage.

14 Mit der Rolle des Betriebsrates und den in der Öffentlichkeit bereits diskutierten und befürchteten Umgehungsstrategien beschäftigt sich **Teil 3**.

15 In **Teil 4** werden kurz und zusammengefasst die sozialrechtlichen Folgen des MiLoG beschrieben. Im Übrigen sind sozialrechtliche Fragen im Buch den Einzelthemen des MiLoG zugeordnet.

16 **Teil 5** und **Teil 6** erweitern die Sichtweise des Buches über das MiLoG hinaus und beschreiben in einem Überblick die Änderungen im AEntG und TVG.

17 Das Buch endet mit einem **Abdruck** des MiLoG sowie wichtiger Änderungen durch das Tarifautonomiestärkungsgesetz.

III. Die Mindestlohnregelungen auf einen Blick

1. Der Aufbau des Tarifautonomiestärkungsgesetzes

18 Das Tarifautonomiestärkungsgesetz ist als **Artikelgesetz** konzipiert. Es ist wie folgt aufgebaut:

Artikel	Name des Gesetzes/Gegenstand
1	Einführung des **Mindestlohngesetzes** – MiLoG (24 Paragrafen).
2	Änderungen im ArbGG, insbesondere Zuweisung zu den Arbeitsgerichten für Fragen der Wirksamkeit einer Allgemeinverbindlicherklärung bzw einer Rechtsverordnung nach §§ 7, 7 a AEntG, § 3 a AÜG.[29] LAG als Eingangsinstanz.
3	Änderung des Schwarzarbeitsbekämpfungsgesetzes.
3 a	Änderung des Nachweisgesetzes mit der Aufnahme von Praktikanten.
4	Änderung des Verdienststatistikgesetzes.
5	Änderung des Tarifvertragsgesetzes mit Erleichterungen für Allgemeinverbindlicherklärungen von Tarifverträgen.

29 §§ 2 a Abs. 1 Nr. 5 und 98 Abs. 2 ArbGG (Zuweisung zu den Arbeitsgerichten, Zuständigkeit der Landesarbeitsgerichte) gelten nicht im Falle einer Rechtsverordnung nach § 11 AEntG (Pflegemindestlohn) oder § 11 MiLoG. Da es sich um Rechtsverordnungen auf Vorschlag einer Kommission handelt, verbleibt es bei den bisherigen Regeln (Verwaltungsgerichte), BT-Drucks. 18/1558, S. 53. Im Übrigen fällt § 11 AEntG allerdings unter die Verweisungsregeln § 1 Abs. 3 MiLoG und § 24 Abs. 1 MiLoG.

Artikel	Name des Gesetzes/Gegenstand
6	Änderung des Arbeitnehmer-Entsendegesetzes mit der Erweiterung auf alle Branchen und mit besonderen Übergangsbestimmungen in § 24 a AEntG.
7	Änderung des Arbeitnehmerüberlassungsgesetzes.
8	Änderung des SGB III mit Ergänzungen hinsichtlich der Ausnahmeregelung Langzeitarbeitslosigkeit.
9	Änderung des SGB IV mit einer Ausweitung der Sozialversicherungsfreiheit durch einen neuen § 115 SGB IV.
10	Änderung des SGB X.
11	Änderung der Gewerbeordnung.
12	Änderung der Vergabeverordnung Verteidigung und Sicherheit.
13	Änderung der Beitragsverfahrensverordnung.
14	Aufhebung des Mindestarbeitsbedingungengesetzes.
15	Inkrafttreten, Geltungsdauer der Ausnahmevorschriften.

2. Die Struktur des Mindestlohngesetzes (MiLoG)

Artikel 1 des Tarifautonomiestärkungsgesetzes ist das eigenständig geltende Mindestlohngesetz. Dieses wiederum ist in **vier Abschnitte** untergliedert. 19

- **Abschnitt 1** (§§ 1–12 MiLoG):
  Mindestlohnanspruch, Fälligkeit, Unabdingbarkeit, Mindestlohnkommission
- **Abschnitt 2** (§ 13 MiLoG):
  Haftung des Auftraggebers
- **Abschnitt 3** (§§ 14–21 MiLoG):
  Kontrollvorschriften, Dokumentations- und Meldepflichten, Bußgeldvorschriften, Vergaberegeln, Anspruchsgrundlage (§ 20 MiLoG)
- **Abschnitt 4** (§§ 22–24 MiLoG):
  Ausnahmeregelungen (persönlicher Anwendungsbereich), Übergangsbestimmungen, Evaluation

3. Kerninhalte des MiLoG

Folgende Regeln **zum Mindestlohn** gelten (zusammengefasst) ab dem **1.1.2015** für alle inländischen und ausländischen Arbeitgeber, die in Deutschland Arbeitnehme- 20 rinnen und Arbeitnehmer[30] beschäftigen (§ 20 MiLoG). Im Übrigen wirken die Regelungen des Tarifautonomiestärkungsgesetzes **bereits** ab dem **16.8.2014.**

a) Der Anspruch auf Mindestlohn

21 Ab dem 1.1.2015 ist grundsätzlich ein Mindestlohn von **8,50 Euro brutto pro Zeitstunde** zu zahlen. Der Mindestlohn ist in der Regel **sozialversicherungspflichtig**, was die Sozialkassen entlasten wird (zu geringfügig Beschäftigten siehe Rn 34). Das Gesetz enthält Ausnahmen hinsichtlich des persönlichen Geltungsbereichs sowie besondere Übergangsregeln. Der Anspruch ergibt sich direkt aus dem Gesetz, die Anspruchsgrundlage ist in den §§ 1 Abs. 1, 20 MiLoG normiert. Arbeitsvertragliche oder tarifvertragliche Abweichungen, die diesen Betrag unterschreiten, sind – bis auf die gesetzlichen Übergangsvorschriften – **unzulässig**, § 3 MiLoG. Ein **Verzicht** auf den Mindestlohn ist nur zulässig, wenn er sich auf einen bereits entstandenen Mindestlohnanspruch bezieht und durch gerichtlichen Vergleich erfolgt, § 3 S. 2 MiLoG.[31] Der Anspruch unterliegt nur der **Verjährung.** Er kann **nicht verwirken.** Es gelten **keine Ausschlussfristen** (weder vertraglich noch tariflich). Arbeitnehmer können ihre Mindestlohnansprüche auch von einem **beauftragenden Unternehmen** verlangen, wenn der „eigene" Arbeitgeber nicht zahlt, § 13 MiLoG.

22 Der Mindestlohn steht **Stücklohnvereinbarungen** nicht entgegen. Diese sind umzurechnen in Vergütungen pro Zeitstunde. Auf den Mindestlohn wird jede Zahlung des Arbeitgebers **angerechnet**, die in einem Zusammenhang zum Austauschverhältnis aus dem Arbeitsverhältnis steht.[32] Diese **Formel** stellt sich als schwierig dar und wird, dies ist absehbar, Gegenstand von gerichtlichen Auseinandersetzungen werden.[33] Zieht man die Rechtsprechung des BAG und des EuGH zu Mindestentgeltregeln aus dem AEntG und Entsenderecht heran, so sind solche Zahlungen nicht in den Mindestlohn mit einzuberechnen, durch die eine besondere Leistung des Arbeitnehmers entgolten wird (zB Nachtarbeitszuschläge).[34] Gleiches gilt für Trinkgelder, was sich auch aus dem Steuerrecht ergibt (§ 3 Nr. 51 EStG).[35] Auch vermögenswirk-

30 Im Weiteren verwendet der Text – allein zur besseren Lesbarkeit – den Begriff Arbeitnehmer und meint damit selbstverständlich Arbeitnehmerinnen und Arbeitnehmer gleichermaßen.

31 BT-Drucks. 18/2010 (neu), S. 24.

32 Vgl Gegenäußerung der Bundesregierung zu der Stellungnahme des Bundesrates vom 23.5.2014 (BR-Drucks. 147/14 (Beschluss)), Kabinettssache Datenblatt-Nr. 18/11 017 mit Verweis auf EuGH 7.11.2013, C-522/12, NZA 2013, 1359 (Isbir); EuGH 14.4.2005, C-341/02, NZA 2005, 573 (Kommission / Deutschland).

33 Während die Gesetzesmaterialien meinen, es sei alles geklärt (Kabinettsache Datenblatt 18/11 017; anders: BR-Drucks. 147/1/14, S. 2), zeigen die Stellungnahmen zur Anhörung vor dem zuständigen Ausschuss das Streitpotential (Ausschuss für Arbeit und Soziales, Drucks. 18(11)148). Vgl zudem einerseits Däubler, NJW 2014, 1924 ff, 1926 und andererseits Spielberger/Schilling, NZA 2014, 414 ff, 415. In der Rechtsprechung BAG 18.4.2012, 4 AZR 139/10, NZA 2013, 392; jüngst zum AEntG BAG 16.4.2014, 4 AZR 802/11; EuGH 7.11.2013, C-522/12, NZA 2013, 1359 (Isbir); EuGH 14.4.2005, C-341/02, NZA 2005, 573 (Kommission / Deutschland); vgl auch Düwell, Stellungnahme zur öffentlichen Anhörung, Drucks. 18(11)148, S. 73 sowie den Vorschlag von Preis an gleicher Stelle, S. 80.

34 So auch Däubler, NJW 2014, 1924 ff, 1927.

35 Däubler, NJW 2014, 1924 ff, 1926.

same Leistungen werden nicht eingerechnet.[36] Problematisch könnte die Anrechnung von Weihnachtsgeld werden, da es unterschiedliche Ausgestaltungen gibt. Wird das Weihnachtsgeld auf die einzelnen Monate herunter gerechnet und jeweils ausgezahlt, ist es in den Mindestlohn einzubeziehen.[37] Ist das Weihnachtsgeld (oder eine andere Jahressonderzahlung) ausschließlich als Belohnung für **Betriebstreue** ausgewiesen, steht dies einer Einbeziehung in den Mindestlohn entgegen.[38] Wegegelder stellen in der Regel einen nicht anzurechnenden Aufwendungsersatz dar. Ausnahme ist der Bereich der Zeitungszustellung, wenn der Arbeitgeber in strukturschwachen, aber wegintensiven Zustellbezirken ein Stücklohnmodell um Wegegeld ergänzt (vgl ausführlich Rn 136 ff).[39]

Für die **Fälligkeit** des Mindestlohns gilt: Ohne arbeitsvertragliche oder tarifvertragliche Regelungen gilt § 614 BGB (§ 2 Abs. 1 S. 2 MiLoG). Abweichend hiervon können Arbeitsvertrag oder Tarifvertrag frühere oder spätere Fälligkeitstermine festlegen (§ 2 Abs. 1 S. 1 Nr. 1 MiLoG). Allerdings sind hinsichtlich eines Verschiebens des Fälligkeitstermins für den Mindestlohn Grenzen gesetzt. Dieser wird unabhängig von einer Vereinbarung spätestens **am Ende des folgenden Kalendermonats** (letzter Bankarbeitstag Frankfurt/M.) fällig (§ 2 Abs. 1 S. 1 Nr. 2 MiLoG). Dieser Termin ist für den Zoll und seine Prüfungspflichten maßgeblich, an diesen knüpft die Bußgeldbewährung an (§ 21 Abs. 1 Nr. 9 iVm 20 iVm 2 Abs. 1 S. 1 Nr. 2 MiLoG). Verdient der Arbeitnehmer mehr als 8,50 Euro brutto pro Zeitstunde, zwingt § 2 Abs. 1 MiLoG nicht dazu, gesplittet auszuzahlen. Dies gilt jedoch dann nicht, wenn eine Fälligkeitsregelung zB in einem Arbeitsvertrag ein Datum enthält, das über den Folgemonat des Arbeitsmonats, also über § 2 Abs. 1 S. 1 Nr. 2 MiLoG, hinaus verweist. Andernfalls könnte mit einem Lohn von 8,51 Euro und einem sehr späten Fälligkeitstermin das unternehmerische Risiko (zB Insolvenz) stark auf den Arbeitnehmer abgewälzt werden. 23

Nach § 2 Abs. 2 MiLoG wird für **Arbeitszeitkonten** eine von § 2 Abs. 1 MiLoG abweichende Fälligkeit geregelt. Dabei ging es dem Gesetzgeber darum, einerseits das Instrument „Arbeitszeitkonto" zu erhalten, um insbesondere tarifliche Lösungen nicht auszuhebeln, aber gleichzeitig Missbrauchskonstruktionen zu begegnen.[40] Es ist zu differenzieren: 24

- Zeitwertkonten nach dem **SGB IV** werden vom MiLoG nicht gesondert geregelt (§ 2 Abs. 3 MiLoG). Sie sind ausreichend durch §§ 7 b ff SGB IV geschützt.[41]
- Wird über die vertraglich vereinbarte werktägliche Arbeitszeit hinaus gearbeitet, so ist das **verstetigte Arbeitseinkommen** (= Arbeitsentgelt für die vertraglich vereinbarte regelmäßige Arbeitszeit unabhängig von der tatsächlich geleisteten Ar-

36 EuGH 7.11.2013, C-522/12, NZA 2013, 1359 (Isbir); vgl hierzu Anm. Kocher, 19. Frankfurter Newsletter zum Recht der Europäischen Union, 15.7.2014.
37 Vgl BT-Drucks. 18/2010 (neu), S. 17; Ulber, RdA 2014, 176 ff, 181.
38 Vgl Preis, SR 2012, 101 ff, 119.
39 BT-Drucks. 18/2010 (neu), S. 17.
40 Die gewählte Struktur ist bekannt aus der Baubranche, vgl Koberski/Asshoff/Eustrup/Winkler, AEntG, 3. Aufl., § 5 Rn 20.
41 BT-Drucks. 18/1558, S. 41.

beit) nach den Regeln des § 2 Abs. 1 MiLoG zu zahlen. Die Überstunden können in ein Arbeitszeitkonto (Flexikonto) mit dem Wert des Mindestlohns bzw des geschuldeten Stundenlohns überführt werden, müssen aber nach **12 Monaten** ausgeglichen (= Freizeitgewährung) oder ausgezahlt werden; bei Beendigung des Arbeitsverhältnisses **einen Monat nach** dieser.

- Die Zwölfmonatsgrenze wird **nicht** mit der Fälligkeitsregel des § 2 Abs. 1 MiLoG **kombiniert**. Die im Januar 2015 geleisteten Überstunden, die in diesem Monat erfasst und in das Arbeitszeitkonto eingestellt werden, sind spätestens Ende Januar 2016 auszugleichen bzw zu vergüten, also nicht erst im darauffolgenden Monat (Februar 2016).
- Das Arbeitszeitkonto bedarf einer **schriftlichen Grundlage**.
- Der Gesetzgeber hält daneben im MiLoG eine andere Regel für Arbeitszeitkonten vor, wenn ein deutlich **über dem Mindestlohn liegender Arbeitslohn** gezahlt wird (§ 2 Abs. 2 S. 1 MiLoG: „soweit …“).[42] Erhält beispielsweise (vereinfacht gerechnet) ein Arbeitnehmer 20,00 Euro pro Stunde (verstetigtes Entgelt) bezogen auf eine 40 Stunde Woche (= 800,00/Woche = 3.200,00 Euro/Monat) und überführt er 20 Überstunden auf ein Flexikonto (vgl § 3 ArbZG), unterfällt dieses Arbeitszeitkonto **nicht** dem § 2 Abs. 2 MiLoG und kann über 12 Monate gestaltet sein. Dies folgt aus der gesetzlich vorgegebenen Vergleichsrechnung: 60 Stunden mal vier Wochen mal 8,50 Euro Mindestlohn ergeben 2.040,00 Euro. Diese Summe ist niedriger als das verstetigte Entgelt. Verdient ein Arbeitnehmer dagegen 10,00 Euro die Stunde, ergibt sich unter den obigen Daten ein Monatslohn von 1.600,00 Euro. Sollen nun hier ebenfalls 20 Überstunden überführt werden, so gelten trotz eines über dem Mindestlohn liegenden Stundenlohns die Regeln des § 2 Abs. 2 MiLoG, denn der Arbeitnehmer erhält durch sein verstetigtes Entgelt weniger als der Mindestlohn für Entgelt und Überstunden beträgt.[43] Der Mindestlohnanteil ist nach 12 Monaten auszugleichen.
- Die auf das Arbeitszeitkonto eingestellten Arbeitsstunden dürfen monatlich jeweils **50 %** der vertraglich vereinbarten Arbeitszeit nicht übersteigen (§ 2 Abs. 2 S. 4 MiLoG). Dies bedeutet, dass sie zwar anfallen können, die über 50% liegenden Arbeitsstunden allerdings spätestens nach § 2 Abs. 1 MiLoG fällig werden. Beispiel (umgerechnet auf eine Woche): Arbeitnehmer A ist in Teilzeit (20 Stunden) bei Arbeitgeber B beschäftigt. Er erhält Mindestlohn. In diesem Falle sind 20 Stunden/Woche mit je 8,50 Euro zu vergüten; die Fälligkeit richtet sich nach § 2 Abs. 1 MiLoG. Leistet A Überstunden, so gilt für 10 Stunden pro Woche, dass diese in ein Arbeitszeitkonto (Flexikonto) überführt werden dürfen, aber nach 12 Monaten auszugleichen sind. Werden mehr Überstunden geleistet, sind die überschießenden Stunden wieder nach § 2 Abs. 1 MiLoG fällig.
- Die Regelungen in § 2 Abs. 2 MiLoG werden in der Praxis große Schwierigkeiten bereiten. Für den Zoll ergibt sich das Problem, dass dieser ausländische Arbeits-

42 BT-Drucks. 18/2010 (neu), S. 24.
43 BT-Drucks. 18/2010 (neu), S. 24.

zeitkonten mit zu überprüfen hat. Es verbleibt zudem bei den Arbeitszeitkonten die grundsätzliche Problematik der Übertragung von Risiken wie Insolvenz, Annahmeverzug, unternehmerisches Risiko.

Eine besondere **Dokumentationspflicht** hinsichtlich der Arbeitszeit (Beginn, Ende und Dauer der werktäglichen Arbeitszeit einschl. Pausen und Überstunden) trifft Arbeitgeber, die Minijobber (§ 8 SGB IV) beschäftigen oder in Branchen tätig sind, in denen Schwarzarbeit häufig anzutreffen ist, § 17 Abs. 1 MiLoG.[44] Diesbezüglich sind die geleisteten Arbeitsstunden nicht nur aufzuzeichnen, sondern auch stets und aktualisiert zur Einsicht durch die Aufsichtsbehörden vorzuhalten. 25

Jeder Arbeitnehmer kann sich bei der Geschäftsstelle der Mindestlohnkommission zum Thema Mindestlohn **beraten** lassen (§ 12 Abs. 3 MiLoG). Daneben ist eine Hotline beim BMAS eingerichtet. Dort bzw auf einer entsprechenden Internetseite wird man ggf auf Stellen der Zollverwaltung oder der Finanzkontrolle Schwarzarbeit verwiesen, wenn es um eine **konkrete Anzeige** der Nichtleistung des Mindestlohns geht. 26

b) Persönlicher Geltungsbereich

Der Mindestlohn gilt grundsätzlich für alle **Arbeitnehmer**, die in Deutschland arbeiten,[45] unabhängig davon, ob der Arbeitgeber seinen Sitz im Ausland hat. Beschäftigungsverhältnisse, deren rechtliche Grundlage nicht auf einem Arbeitsvertrag beruht, können einen Mindestlohn nicht beanspruchen (**ehrenamtlich Tätige**,[46] Beamte, arbeitnehmerähnliche Personen, **Auszubildende**), § 22 Abs. 3 MiLoG. Entscheidend ist dabei allerdings nicht die Bezeichnung des Vertrages, sondern der tatsächliche Gehalt der Tätigkeit. 27

Keine Arbeitnehmer, aber gleichwohl vom MiLoG erfasst, sind **Praktikanten** nach § 26 BBiG (vgl § 22 MiLoG).[47] Das MiLoG enthält eine Legaldefinition zu Praktikanten in § 22 Abs. 1 S. 3 MiLoG: 28

Praktikantin oder Praktikant ist unabhängig von der Bezeichnung des Rechtsverhältnisses, wer sich nach der tatsächlichen Ausgestaltung und Durchführung des Vertragsverhältnisses für eine begrenzte Dauer zum Erwerb praktischer Kenntnisse und Erfahrungen einer bestimmten betrieblichen Tätigkeit zur Vorbereitung auf eine berufliche Tätigkeit unterzieht, ohne dass es sich dabei um eine Berufsausbildung im Sinne des Berufsbildungsgesetzes oder um eine damit vergleichbare praktische Ausbildung handelt.

44 BT-Drucks. 18/2010 (neu), S. 25.

45 Dies gilt auch für Personen, die in Integrationsunternehmen nach § 132 ff SGB IX tätig sind, BT-Drucks. 18/2010 (neu), S. 18.

46 Vgl BT-Drucks. 18/2010 (neu), S. 17.

47 Volontäre fallen nicht unter das MiLoG, BT-Drucks. 18/2010 (neu), S. 26. Sie können aber sehr wohl Mindestlohn beanspruchen, wenn ein das Volontariat begleitendes Arbeitsverhältnis vorliegt, vgl auch die Bedenken bei Bayreuther, NZA 2014, 865 ff, 873.

29 Hiervon gibt es aber Ausnahmen; in den folgenden Fällen besteht also kein Anspruch auf den gesetzlichen Mindestlohn:

- **Pflichtpraktika** im Rahmen einer Ausbildung oder eines Hochschulstudiums bzw im Rahmen eines dualen Studienganges. **Beispiel:** Jurastudierende, die ein Gerichtspraktikum verpflichtend belegen müssen.
- Praktika bis zu **drei Monaten,** die der **Berufsorientierung** iwS dienen. **Beispiel:** Praktikant strebt Beruf in Gesundheitsbranche an und macht ein Praktikum in einem Krankenhaus. Dienen solche Praktika dagegen nicht der Berufsorientierung, ist ab dem ersten Tag Mindestlohn zu zahlen.
- Begleitende (**freiwillige**) Praktika zu Studium oder Ausbildung mit einer Dauer bis zu **drei Monaten,** wenn nicht zuvor ein solches Praktikumsverhältnis mit demselben Ausbildenden (§ 10 Abs. 1 BBiG) bestanden hat. **Beispiel:** BWL-Studentin macht freiwilliges Vertiefungspraktikum in einer Bank, wenn ein solches nicht bereits zuvor dort abgeleistet wurde (dann Mindestlohn).
- Praktika, die im Rahmen einer **Einstiegsqualifizierung** nach § 54 a SGB III oder einer Berufsausbildungsvorbereitung nach den §§ 68–70 BBiG stattfinden.

30 Hinsichtlich der Praktika ist Art. 3 a des Tarifautonomiestärkungsgesetzes hinzuzuziehen. Dieser führt Verpflichtungen zugunsten von Praktikanten im **Nachweisgesetz** (NachwG) ein. Nach § 2 Abs. 1 a NachwG nF hat jeder, der einen Praktikanten einstellt, **unverzüglich nach Abschluss** des Praktikumsvertrages, spätestens vor Aufnahme der Praktikantentätigkeit (also nicht wie sonst im NachwG innerhalb eines Monats[48]), die wesentlichen Vertragsbedingungen sowie die **Lern- und Ausbildungsziele** schriftlich niederzulegen, die Niederschrift zu unterzeichnen und dem Praktikanten auszuhändigen. Insofern gelten Praktikanten als Arbeitnehmer iSd NachwG.[49] Dies gilt seit dem 16.8.2014.

31 Bei der Frage, ob ein Praktikant Mindestlohn erhalten muss oder zu den Ausnahmefällen zu zählen ist, trägt der Arbeitgeber die **Beweislast.**[50]

32 Kein Anspruch auf Mindestlohn besteht für Personen **unter 18 Jahren,** sofern sie nicht eine abgeschlossen Berufsausbildung vorweisen können. § 22 Abs. 2 MiLoG i.v.m. § 2 Abs. 1 und 2 JArbSchG. Diese Regel gilt selbst dann, wenn die Tätigkeit des Jugendlichen keine Ausbildung verdrängen oder substituieren kann (Beispiel: es wird bereits eine Ausbildung durchlaufen, und es geht um den Nebenjob, oder der Abiturient jobbt, ohne dass er die Schullaufbahn abbrechen möchte). Die Vorschrift ist vor dem Hintergrund verfassungsrechtlicher (Art. 3 Abs. 1 GG) und unionaler Vorschriften (Schutz vor Altersdiskriminierung) **bedenklich.**[51]

48 Vgl auch Düwell, jurisPR-ArbR 32/2014, Nr. 1.
49 BT-Drucks. 18/2010 (neu), S. 27.
50 BT-Drucks. 18/2010 (neu), S. 25 (§ 22 Abs. 1 MiLoG: „es sei denn").
51 Siehe hierzu Rn 172 ff. Bereits an dieser Stelle: Fischer-Lescano, Verfassungs-, völker- und europarechtlicher Rahmen für die Gestaltung von Mindestlohnausnahmen, Gutachten 2014; Preis/Ulber, Die Verfassungsmäßigkeit des allgemeinen gesetzlichen Mindestlohns, Gutachten 2014; Däubler, NJW 2014, 1924 ff, 1925.

Keinen Anspruch auf Mindestlohn für **sechs Monate** haben Personen, die unmittelbar vor Beginn der Beschäftigung **langzeitarbeitslos** nach § 18 Abs. 1 SGB III waren. Auch diese Regelung steht in der Kritik. Hier wird insbesondere vortragen, dass sie das vom Gesetzgeber erstrebte Ziel (Heranführung von Langzeitarbeitslosen an den allgemeinen Arbeitsmarkt) nicht erreichen könne.[52] 33

Das Tarifautonomiestärkungsgesetz führt § 115 SGB IV neu ein. Für **Saisonarbeitskräfte** (kurzfristige Beschäftigung) gilt, dass sie Mindestlohn erhalten, es sei denn, ein Tarifvertrag, der nach dem AEntG zur Anwendung gelangt, gilt in der Branche. Vom 1.1.2015 bis 31.12.2018 gilt § 8 Abs. 1 Nr. 2 SGB IV (geringfügige Beschäftigung) dergestalt, dass die Beschäftigung nunmehr innerhalb eines **Kalenderjahres** auf längstens drei Monate (statt bislang zwei Monate) oder 70 Arbeitstage (statt bislang 50 Arbeitstage) begrenzt wird. Auf die Höhe des Verdienstes kommt es nicht an. Die kurzfristige Beschäftigung iSd SGB IV ist **sozialversicherungsfrei**. Stellt sich die Tätigkeit (ausnahmsweise) als **berufsmäßige Ausübung** dar,[53] gilt die sozialrechtliche Privilegierung nicht, wenn ihr Entgelt 450,00 Euro im Monat übersteigt. Ab **1.1.2019** gelten wieder die Grenzen von § 8 Abs. 1 Nr. 2 SGB IV wie bislang.[54] Bei kurzfristiger Beschäftigung muss im Voraus feststehen, dass die Tätigkeit zeitlich begrenzt ist. Bezugspunkt ist das Kalenderjahr.[55] Überschreitet die Beschäftigung die angegebenen zeitlichen Grenzen, so liegt vom Tage des Überschreitens an keine kurzfristige Beschäftigung mehr vor.[56] 34

Von Saisonarbeitskräften sind solche Mini-Jobber zu unterscheiden, die das ganze Jahr oder regelmäßig als **Aushilfen** für 450,00 Euro im Monat oder weniger tätig sind (§ 8 Abs. 1 Nr. 1 SGB IV, geringfügig entlohnte Beschäftigte). Auch diese erhalten Mindestlohn; sie müssen Rentenversicherungsbeiträge abführen, es sei denn, sie lassen sich befreien (§ 6 Abs. 1 b SGB VI).[57] Dann erhalten sie den Betrag **„brutto für netto"** – also 8,50 Euro Nettolohn. Der Arbeitgeber hat hierauf eine Pauschalabgabe in Höhe von 30% an die Minijob-Zentrale zu leisten. Für den Arbeitgeber verteuert sich also diese Form der prekären Beschäftigung.[58] Hat der Arbeitnehmer den 35

52 Vgl Stellungnahme des DGB, Ausschussdrucksache-BT, Ausschuss Arbeit und Soziales, 18(11)148, S. 37 f.

53 Hierzu Küttner/Schlegel, 21. Aufl., Stichworte Aushilfskräfte, Rn 33 ff und Geringfügige Beschäftigung Rn 70 ff. Vgl LSG Rheinland-Pfalz 25.6.2007, L 2 RI 340/04, NZS 2008, 373 zur Frage, wann eine Tätigkeit nicht nur von untergeordneter wirtschaftlicher Bedeutung ist bei grenzüberschreitenden Bezug. Grundsätzlich BSG 28.10.1960, 3 RK 31/56, SozR Nr. 1 zu § 166 RVO.

54 BT-Drucks. 18/2010 (neu), S. 28.

55 Vgl die Richtlinien für die versicherungsrechtliche Beurteilung von geringfügigen Beschäftigungen (Geringfügigkeits-Richtlinien) des GKV-Spitzenverbandes sowie DRV, DRV-Knappschaft-Bahn-See und BA, 20.12.2012, Punkt 2.3.

56 Vgl die Richtlinien für die versicherungsrechtliche Beurteilung von geringfügigen Beschäftigungen (Geringfügigkeits-Richtlinien) des GKV-Spitzenverbandes sowie DRV, DRV-Knappschaft-Bahn-See und BA, 20.12.2012, Punkt 3.2.

57 Vgl die Richtlinien für die versicherungsrechtliche Beurteilung von geringfügigen Beschäftigungen (Geringfügigkeits-Richtlinien) des GKV-Spitzenverbandes sowie DRV, DRV-Knappschaft-Bahn-See und BA, 20.12.2012, Punkte 2.2. und 2.2.4.

58 Vgl hierzu die Diskussion um Minijobs, Waltermann, Gutachten B zum 68. DJT, 27 ff.

Wunsch, geringfügig zu arbeiten und besitzt er einen Vertrag mit einem **festen Stundensatz**, so ist dieser anzupassen, da als Folge des Mindestlohns die Grenze von 450,00 Euro gerissen werden kann und dann Sozialabgaben zu leisten sind.[59]

c) Anpassung des Mindestlohns und Übergangsbestimmungen

36 Der Mindestlohn wird erstmals bis **Juni 2016** einer **Überprüfung** unterzogen. Die zuständige **Mindestlohnkommission** (ein Vorsitzender, drei Arbeitgebervertreter, drei Arbeitnehmervertreter sowie zwei Wissenschaftler mit beratender Stimme) tritt nach § 9 MiLoG bis zum 30.6.2016 zusammen, um der Bundesregierung Vorschläge zur Veränderung der Mindestlohnhöhe mit Wirkung zum 1.1.2017 (§§ 1 Abs. 2 S. 2, 11 MiLoG) zu unterbreiten. Hiernach trifft sich die Kommission alle **zwei Jahre**. Die Kommission **evaluiert** für die Bundesregierung zudem laufend die Auswirkungen des Mindestlohns auf Arbeitnehmerschutz, Wettbewerb, Produktivität und Arbeitsmarkt (§ 9 Abs. 4 MiLoG). Nach § 24 Abs. 1 MiLoG iVm § 24 a AEntG nF gehen nun bis zum 31.12.2017 abweichende (schlechtere) Regelungen aus Tarifverträgen dem Mindestlohn vor, wenn diese nach dem **AEntG** festgesetzte Mindestlöhne darstellen. Dies erfasst sowohl bereits bestehende Mindestlöhne nach dem AEntG (auch § 11 AEntG) bzw nach § 3 a AÜG als auch solche, die neu nach dem Verfahren des nunmehr veränderten AEntG etabliert werden.[60] Ab dem 1.1.2017 muss der dort festgelegte tarifliche Mindestlohn mindestens 8,50 Euro betragen, tarifliche Entgeltstufen bis dahin sind zulässig. Er kann sich aber bis zum 31.12.2017 noch unterhalb eines ggf neu festgelegten (erhöhten) Mindestlohns bewegen, falls die Mindestlohnkommission nach § 9 MiLoG zuvor (2016) den Mindestlohn für diesen Zeitraum (ab 2017) erhöht hat. Diese Erhöhung muss also **erst** zum 1.1.2018 **nachvollzogen** werden.[61]

37 **Beispiel:** Es gilt der gesetzliche Mindestlohn 8,50 Euro. Zusätzlich wirkt ein nach dem AEntG und der hierzu ergangenen Verordnung sowie dem zugrundeliegenden Tarifvertrag ein Stundenlohn von 8,00 Euro im Juli 2014. Bis zum 31.12.2016 darf der dortige Mindestlohn unter 8,50 Euro liegen, ab dem 1.1.2017 muss er mindestens 8,50 Euro betragen, aber eine Erhöhung des gesetzlichen Mindestlohns im Jahre 2017 ist erst zum 1.1.2018 nachzuvollziehen.

38 **Zulässig** sind solche Abweichungen dann, wenn sie erforderlich sind, um in der betreffenden Branche eine schrittweise Heranführung des Lohnniveaus an die Vorgaben des MiLoG zu bewirken und dabei faire und funktionierende Wettbewerbsbedingungen und den Erhalt sozialversicherungspflichtiger Beschäftigung zu berücksichtigen (§§ 24 a iVm 1 AEntG). Diese Vorgaben sind sowohl vom Tarifausschuss als auch vom Verordnungsgeber zu beachten.

---

59 Der Gesetzgeber gewährt geringfügig Beschäftigten zwar den gesetzlichen Mindestlohn – sie sind schlicht Arbeitnehmer. Ein weiteres Konzept hat er dagegen nicht aufgegriffen, nämlich die Beseitigung der Abgabenprivilegierung der geringfügigen Beschäftigung, vgl zu dieser Diskussion Waltermann, Gutachten B zum 68. DJT S, 40 ff; Schubert, NJW 2010, 2613 ff, 2616.

60 Vgl Jöris/von Steinau-Steinrück, BB 2014, 2101 ff, 2102; Sittard, NZA 2014, 951, 954.

61 BT-Drucks. 18/2010 (neu), S. 26.

Nach § 24 Abs. 2 MiLoG gilt – als einzige gesetzliche Branchenausnahme – für **Zeitungszusteller** folgende Staffelung:[62] 39

- Vom 1.1.2015 bis 31.12.2015 erhalten sie 75% des Mindestlohns, mithin 6,38 Euro;
- vom 1.1.2016 bis 31.12.2016 erhalten sie 85% des Mindestlohns, mithin 7,23 Euro;
- vom 1.1.2017 bis 31.12.2017 beträgt der Mindestlohn brutto 8,50 Euro pro Zeitstunde, auch wenn im Jahre 2017 eine Erhöhung des Mindestlohns erfolgt sein sollte. Ab 2018 nehmen auch Zeitungszusteller an der Weiterentwicklung des Mindestlohns teil.

Nach dem Gesetz sind Zeitungszusteller Personen, die in einem Arbeitsverhältnis **ausschließlich** periodische Zeitungen oder Zeitschriften an Endkunden zustellen; dies umfasst auch Zusteller von Anzeigenblättern mit redaktionellem Inhalt. 40

d) Änderungen des TVG und des AEntG

Die wesentlichen Änderungen außerhalb des MiLoG betreffen die Frage der Erstreckung der Wirkung von Tarifverträgen auch auf nicht tarifgebundende Arbeitsvertragsparteien. 41

Nach Artikel 5 des Tarifautonomiestärkungsgesetzes ist für eine **Allgemeinverbindlicherklärung** nach § 5 TVG nunmehr kein 50% Quorum mehr erforderlich. Dieses stand in einer sich verändernden Arbeitswelt der Nutzung des Instruments der AVE immer mehr entgegen (gerade einmal 1% der Tarifverträge wurde für allgemeinverbindlich erklärt).[63] Nunmehr genügt für die Feststellung eines **öffentlichen Interesses** entweder die überwiegende Bedeutung des Tarifvertrages für die Gestaltung der Arbeitsbedingungen in seinem Geltungsbereich (**Reichweite** des Tarifvertrages) oder dass der Tarifvertrag **wirtschaftliche Fehlentwicklungen** verhindern kann.[64] Auf einen sozialen Notstand als weitere Rechtfertigung für eine AVE (bislang § 5 Abs. 1 Ziff. 2 TVG) stellt der Gesetzgeber nicht mehr ab. 42

Formal erforderlich ist nunmehr ein **gemeinsamer** Antrag der Tarifvertragsparteien. Für die Allgemeinverbindlicherklärung **gemeinsamer Einrichtungen** enthält das Gesetz ebenfalls eine Neuerung. Entsprechende Tarifverträge können einmal auf „normalem" Wege durch § 5 Abs. 1 TVG nF erstreckt werden. Die AVE kann allerdings auch auf den neuen § 5 Abs. 1 a TVG gestützt werden. Dann ist eine Erstreckung erleichtert möglich. Zudem gehen hinsichtlich der abschließend aufgelisteten Gegenstände solcher Einrichtungen die Regelungen des so erstreckten Tarifvertrages anderen Tarifverträgen vor (§ 5 Abs. 4 S. 2 TVG nF). Hier enthält das Gesetz eine spezi- 43

62 Hintergrund der Ausnahme soll Art. 5 Abs. 1 S. 2 GG sein, vgl BT-Drucks. 18/2010 (neu), S. 26. Ebenso Di Fabio, Mindestlohn und Pressefreiheit, Gutachten 2014 und Degenhart, Pressefreiheit als Vertriebsfreiheit, Gutachten 2013. Dagegen zu Recht Barczak/Pieroth, Mindestlohnausnahme für Zeitungszusteller?, Gutachten 2014; vgl Rn 209.

63 BT-Drucks. 18/1558, S. 57; BT-Drucks. 18/2010 (neu), S. 1; Lakies, in: Däubler, TVG, 3. Aufl. § 5 Rn 13 ff.

64 BVerfG v. 24.5.1977, 2 BvL 11/74, BVerfGE 44, 322, Rn 61.

fische **Kollisionsregel.** Für das Verhältnis allgemeinverbindlicher Tarifverträge zur tariflichen Bindung nach § 3 TVG gelten dagegen weiterhin die allgemeinen Regeln, wobei hier vertreten wird, dass sich aus diesen durchaus eine Anwendbarkeit des Günstigkeitsprinzips ergeben kann (Rn 67). Streitigkeiten werden den Arbeitsgerichten zugewiesen, § 2 a Abs. 1 Nr. 5 ArbGG nF, Eingangsinstanz wird das LAG (§ 98 Abs. 2 ArbGG nF). Weiteres unter Teil 6.

44 Das AEntG wird auf **alle Branchen** erweitert. Nach der Neuregelung (Art. 6 Tarifautonomiestärkungsgesetz)

- bleiben die bereits aufgenommenen Branchen im Gesetz verankert;
- kann der Katalog erweitert werden, neue Branchen können also weiterhin explizit aufgenommen werden;
- findet eine Erweiterung auf alle Branchen statt, so dass eine Erstreckung des Tarifvertrages auch ohne Aufnahme der Branche in das Gesetz möglich ist. Hierfür ist ein Verfahren vorgegeben, welches im Vergleich zu § 7 AEntG aus Legitimitätsgründen etwas umfangreicher gestaltet ist (neuer § 7 a AEntG).

45 Das AEntG erfasst nur **bundesweit geltende** Branchentarifverträge. Auch hier ist ein Verzicht auf Ansprüche im Regelfall unzulässig. Das Tarifautonomiestärkungsgesetz hat hier eine Klarstellung in § 9 AEntG vorgenommen. Das AEntG gilt hinsichtlich der Erstreckung durch Rechtsverordnung nicht mehr nur für die Arbeitsbedingungen Mindestentgelt, Erholungsurlaub und gemeinsame Einrichtungen, sondern zukünftig auch für die Arbeitsbedingungen des § 2 Nr. 3–7 AEntG (zB Arbeitszeit). Der bisherige § 7 Abs. 1 S. 3 AEntG wurde **gestrichen.**

46 Die Regelung nach § 8 Abs. 3 AEntG wurde dergestalt umgebaut, dass es für die Verpflichtung des Verleihers zur Gewährung der Arbeitsbedingungen aus einem erstreckten Branchentarifvertrag allein auf die vom Leiharbeiter **ausgeübte Tätigkeit** ankommt. Ob der Betrieb des Entleihers dem fachlichen Geltungsbereich eines erstreckten Tarifvertrages unterfällt, ist irrelevant.[65] Im Übrigen siehe unter Teil 5.

IV. Rechtliches Umfeld des neuen Mindestlohnrechts – Vereinbarkeit mit höherrangigem Recht

47 Der Einführung eines flächendeckenden gesetzlichen Mindestlohns stehen weder unionsrechtliche, noch völkerrechtliche noch verfassungsrechtliche Erwägungen **entgegen.** Das heißt zwar nicht, dass alle diese Rechtsquellen gleichsam die Einführung verlangten. Die Einführung des gesetzlichen Mindestlohns ist aber aus verfassungs-

65 Beispiel: Bislang war kein Mindestlohn nach AEntG zu zahlen, wenn ein Maler an eine Restaurantkette überlassen wurde, um in den einzelnen Gaststätten die Wände zu streichen. Nunmehr kommt es nur darauf an, ob eine mindestlohnpflichtige Tätigkeit ausgeübt wird und nicht mehr darauf, ob der Entleiher unter den fachlichen Geltungsbereich des Mindestlohntarifvertrages fällt. Es ist daher der Mindestlohn des Maler- und Lackierhandwerks zu zahlen. Vgl auch beispielhaft § 1 der 2. VO über zwingende Arbeitsbedingungen im Gerüstbauerhandwerk vom 28.8.2014.

rechtlichen Gründen geradezu geboten. An der Verfassungsmäßigkeit des MiLoG kann deshalb nicht ernsthaft gezweifelt werden.[66]

1. Unionsrecht

Ein gesetzlicher Mindestlohn ist in den Verträgen der Europäischen Union nicht geregelt. Im **Primärrecht** wird zwar der Arbeitsmarkt angesprochen, dabei allerdings abstrakt, also eher als Unionsziel verstehend, ohne direkt verpflichtenden Charakter. So eingeordnet spricht es von sozialer Marktwirtschaft, sozialem Schutz und sozialem Fortschritt, Art. 3 Abs. 3 EUV, Art. 9 AEUV.[67] Arbeitsentgelt findet sich als Topos dort nicht. Im Gegenteil sieht **Art. 153 Abs. 5 AEUV** vor, dass der Union eine Kompetenz für das Entgelt fehlt. Der Bereich bleibt also den Mitgliedstaaten bzw den dortigen Sozialpartnern vorbehalten.[68] Diese Norm dürfte trotz ihres Anwendungsbereichs Ausstrahlungswirkung auf das gesamte Unionsrecht haben.[69] Jedoch dann, wenn bei einer Mindestlohnregelung diskriminierende Elemente enthalten wären, kämen Art. 157 AEUV bzw auf der Ebene des Sekundärrechts die Antidiskriminierungsrichtlinien in Betracht. Art. 153 Abs. 5 AEUV steht hier und solchen Entgeltregelungen, die lediglich eine Konsequenz aus anderen Erwägungen darstellen, nicht entgegen (zB equal pay bei Leiharbeit oder Entgeltfortzahlungsbestimmungen oder Diskriminierungsschutz für Teilzeit und Befristung). Ein gesetzlicher Mindestlohn könnte allenfalls aus **Art. 151 AEUV** gezogen werden, der auf die Europäische Sozialcharta (ESC) verweist (Völkerrecht). Aus der ESC wiederum wird ein solcher abgeleitet und bei der Frage der Sittenwidrigkeit betrachtet.[70] Art. 151 AEUV selbst hat aber lediglich programmatischen Ansatz und verleiht keine subjektiven Rechte.[71] 48

Die **EU-Grundrechte-Charta**, Rechtsquelle mit Primärrechtsqualität (Art. 6 Abs. 1 EUV), spricht in Art. 31 Abs. 1 von **würdigen Arbeitsbedingungen**. Unabhängig von der Frage, wie sich der Würdebegriff auf einen Mindestlohn und dessen Höhe auswirken würde, steht an dieser Stelle einer direkten Wirkung Art. 51 Abs. 1 der Charta entgegen.[72] Die Einführung des Mindestlohns stellt sich nicht als Durchführung des Unionsrechts dar. Art. 31 Abs. 1 der Charta zeigt allerdings, dass Mindestlohnregelungen nicht außerhalb des „Geistes“ der Charta stehen. Dies belegen auch andere Überlegungen aus dem allgemeinen Unionsrecht. So ist im Umfeld der **Dienstleistungsfreiheit** (Art. 56 AEUV) als einer der Binnenmarkfreiheiten und der Ausgestaltung dieser dienenden Richtlinie 96/71/EG[73] trotz aller zu kritisierenden Ausle- 49

66 Gleichwohl aA Löwisch, NZA 2014, 948 ff.

67 Vor diesem Hintergrund wird die Forderung nach einer sozialen Fortschrittsklausel im unionalen Primärrecht nachvollziehbar.

68 Rebhahn/Reiner, in: Schwarze, EU-Kommentar, 3. Aufl., Art. 153 AEUV, Rn 64.

69 HK-ArbR/J. Schubert, 3. Aufl., AEUV Rn 11.

70 LAG Berlin-Brandenburg (15. Kammer), Berliner Zeitung, 15.5.2014, S. 18.

71 Rebhahn/Reiner, in: Schwarze, EU-Kommentar, 3. Aufl., Art. 151 AEUV, Rn 8.

72 Zum teilweise weit interpretierte Anwendungsbereich der Charta vgl EuGH 26.2.2013, C-617/10, NJW 2013, 1415 (Fransson) und EuGH 19.1.2010, C-555/07, NZA 2010, 85 (Kücükdeveci).

73 ABl. EG, L 18 vom 21.1.1997, S. 1.

gungen durch die EuGH-Entscheidung **Rüffert** anerkannt, dass für In- und Ausländer unterschiedslos wirkende flächendeckende Mindestlöhne zulässig sind.[74] Für diese liegen – in der Sprache des EuGH – Rechtfertigungsgründe bzw zwingende Erfordernisse des Allgemeininteresses vor, die Beschränkungen der Dienstleistungsfreiheit ermöglichen. Der Mindestlohn stellt einen **Mindestlohnsatz** nach Art. 3 Abs. 1 Unterabs. 1 Buchst. c der Richtlinie 96/71/EG dar.

50 Anders stellt sich die Bedeutung des Unionsrechts für die Ausnahmen vom gesetzlichen Mindestlohn dar. So ist zB die Herausnahme von Jugendlichen aus dem MiLoG **altersdiskriminierend**, da der sachliche Grund fehlt und der Eingriff damit unverhältnismäßig ist (hierzu Rn 172 ff). An dieser Stelle greifen unionale Vorgaben zum Schutz vor Diskriminierung voll durch.

2. Völkerrecht

51 Völkerrechtliche Vorgaben/Verträge gelten im deutschen Recht grundsätzlich wie einfache Gesetze (Art. 59 Abs. 2 GG, stärker Art. 25 GG). Allerdings ist das gesamte Bundesrecht einschließlich der Verfassung gegenüber der Europäischen Menschenrechtskonvention **EMRK** (mit der Rechtsprechung des Europäischen Gerichtshofs für Menschenrechte, EGMR) und auch gegenüber der Europäischen Sozialcharta **ESC** völkerrechtsfreundlich auszulegen.[75]

52 Die EMRK enthält keine direkte Regelung zur Entlohnung von Beschäftigten. Nach **Art. 14 EMRK iVm Art. 1 des 12. Zusatzprotokolls** sind allerdings Diskriminierungen beim Entgelt wegen der dort aufgeführten Merkmale in der Regel unzulässig. Für die Ausnahmen vom gesetzlichen Mindestlohn können diese Bestimmungen relevant werden. Nach § 22 Abs. 2 MiLoG werden Jugendliche vom gesetzlichen Mindestlohn ausgeschlossen. Das Alter ist aber im genannten Zusatzprotokoll als Merkmal **„sonstiger Status“** enthalten.[76] Das Protokoll untersagt eine Diskriminierung hinsichtlich des „Genusses eines jeden gesetzlich niedergelegten Rechtes“.

53 Die ESC (1961, Deutschland hat die revidierte Fassung nicht ratifiziert) enthält in Art. 4 ESC folgende Regelung:

Artikel 4 – Das Recht auf ein gerechtes Arbeitsentgelt

Um die wirksame Ausübung des Rechtes auf ein gerechtes Arbeitsentgelt zu gewährleisten, verpflichten sich die Vertragsparteien:

1. **das Recht der Arbeitnehmer auf ein Arbeitsentgelt anzuerkennen, welches ausreicht, um ihnen und ihren Familien einen *angemessenen* Lebensstandard zu sichern; (...)**

   Die Ausübung dieser Rechte ist durch frei geschlossene Gesamtarbeitsverträge, durch *gesetzliche Verfahren der Lohnfestsetzung* oder auf jede andere, den Landesverhältnissen entsprechende Weise zu gewährleisten. [Hervorhebung durch die Verfasser]

---

74 EuGH 3.4.2008, C-346/06, Slg 2008, I-1989 (Rüffert); vgl jüngst in diesem Kontext Däubler, NZA 2014, 694 ff, 696 sowie EuGH 18.9.2014, C-549/13 (Bundesdruckerei).

75 Zur EMRK: BVerfG 4.5.2011, 2 BvR 2333/08 u.a. BVerfGE 128, 326 ff (Sicherungsverwahrung); BVerfG 14.10.2004, 2 BvR 1481/04, BVerfGE 111, 307 ff (Görgülü), Die ESC verstehend als Materie der ausgelagerten sozialen Grundrechte aus der EMRK: Nußberger, RdA 2012, 270 ff, 271; Körner, NZA 2011, 425 ff, 430.

76 Frowein/Peukert, EMRK, 3. Aufl., Art. 14 Rn 33.

Der Inhalt dieser Norm hat jedenfalls Einfluss darauf, in welcher Weise der Begriff der Sittenwidrigkeit bei Löhnen zu verstehen ist.[77] Zudem gibt die Vorschrift den Weg frei, über ein Gesetz einen Mindestlohn festzulegen. 54

Hinsichtlich der Sittenwidrigkeit hat das **Europäische Komitee für Soziale Rechte** vorgegeben, dass eine solche vorliegt, wenn das konkrete Entgelt unter die Grenze von 60% des Durchschnittslohns des Landes fällt.[78] Auf dieser Grundlage ergäbe sich ein bundesweiter Stundenlohn von über 8,50 Euro, so dass eine zügige Erhöhung des Mindestlohns angezeigt sein könnte.[79] Das LAG Berlin-Brandenburg legt eine 50%-Grenze vom Durchschnittslohn zu Grunde und gelangt zu 8,53 Euro.[80] 55

Dem Völkerrecht zuzuordnen, aber wohl in der Wirkung schwächer als EMRK und ESC[81] stehen die **ILO-Übereinkommen** 26, 99, 189. Gleiches gilt für Art. 2 und 7 des UN-Paktes über wirtschaftliche, soziale und kulturelle Rechte (**UN-Sozialpakt**). Diese Völkerrechtsquellen sind von Deutschland ratifiziert worden. Sie stehen einem gesetzlichen Mindestlohn nicht entgegen, sondern unterstreichen diesen. Sie fordern nämlich (für bestimmte Branchen) angemessene Mindestentgelte.[82] Da das Mindestarbeitsbedingungengesetz durch das Tarifautonomiestärkungsgesetz (Art. 14) aufgehoben wurde, kann im Übrigen dieses nicht herangezogen werden, um eine bereits vorliegende Umsetzung völkerrechtlicher Vorgaben zu behaupten. 56

3. Verfassungsrecht

Die Einführung des gesetzlichen Mindestlohns hält verfassungsrechtlichen Erwägungen sowohl in Bezug auf die Koalitions-, als auch auf die Berufsfreiheit (Art. 9 Abs. 3, 12 Abs. 1 GG) stand. 57

a) Koalitionsfreiheit

Art. 9 Abs. 3 GG steht der Einführung eines gesetzlichen Mindestlohns nicht entgegen. Die Tarifvertragsparteien und der Staat besitzen gemeinsam die Kompetenz, auf dem Gebiet der Arbeits- und Wirtschaftsbedingungen in Deutschland Regularien festzulegen. Dabei wird die Kompetenz des Staates zwar eher subsidiär sein,[83] Koalitionen werden durch Art. 9 Abs. 3 GG sogar im Grundsatz vor konkurrierender staatlicher Normsetzung geschützt.[84] Allerdings sieht die Verfassung in Art. 74 58

77 Körner, NZA 2011, 425 ff, 429 bezogen auf BAG 24.3.2004, NZA 2004, 971 ff, 974.

78 European Committee of Social Rights, 12.3.2010, Conclusions XIX-3 – Spain Art. 4-1. Vgl Europarat, ESC, Ein Leitfaden, 2002, S. 126; Körner, NZA 2011, 425 ff, 427; Lörcher, AuR 2011, 107 ff.

79 Vgl Lakies, AuR 2013, 69 ff, 73.

80 LAG Berlin-Brandenburg (15. Kammer), Berliner Zeitung, 15.5.2014, S. 18.

81 Die folgenden Übereinkommen halten nicht einer Kollision mit dem GG stand, wirken aber ggf einfach-gesetzlich und sind bei einer Auslegung einer nationalen Bestimmung zu berücksichtigen.

82 Vgl Fischer-Lescano, Gutachten 2014, S. 29 ff.

83 Vgl Picker, RdA 2014, 25 ff, 27.

84 Vgl BVerfG 11.7.2006, 1 BvL 4/00, AuR 2007, 95; BVerfG 29.12.2004, 1 BvR 2283/03 u.a., DB 2005, 110 ff.

Abs. 1 Nr. 12 GG eine Kompetenz für den Staat vor.[85] Überdies handelt es sich beim gesetzlichen Mindestlohn nur um eine **Untergrenze**. Er behindert damit nicht die **Betätigung** der Tarifvertragsparteien als solche. Über dem Mindestlohn liegende Entgelte sowie sonstige Arbeitsbedingungen sind (weiter) **frei tariflich verhandelbar**.[86] Der Gesetzgeber reguliert nicht Löhne an sich.[87] Hinzu kommt, dass die Mindestlohnkommission, ohne die eine Anpassung des Mindestlohnes (über eine Rechtsverordnung der Bundesregierung) nicht möglich ist, mit Vertretern der Tarifvertragsparteien besetzt ist, und diese jedenfalls in einem ersten Schritt allein stimmberechtigt sind (§ 10 Abs. 2, §§ 5 iVm 1 Abs. 2 S. 2 MiLoG).[88] Die Tarifvertragsparteien können ohnehin nur für die jeweils Tarifgebundenen Normen setzen. Sollen alle Arbeitnehmer angesprochen werden, ist ein Handeln des parlamentarischen Gesetzgebers unerlässlich.

59 Die **negative Koalitionsfreiheit** aus Art. 9 Abs. 3 GG schützt nach der Rechtsprechung des BVerfG nicht vor einer gesetzlichen Regulierung von Arbeitsbedingungen, die Tarifvertragsparteien haben kein Normsetzungsmonopol im Bereich des Art. 9 Abs. 3 GG.[89] Die negative Koalitionsfreiheit gewährt (nur) ein Fernbleiberecht von Koalitionen, staatliche Regulierung der Arbeitsbedingungen ist von dieser aber nicht erfasst.

60 Vor dem Hintergrund der oben dargestellten und sich jüngst verschärfenden Entwicklungen und Verwerfungen auf dem Arbeitsmarkt (Rn 2), insbesondere im Niedriglohnbereich, ist der Staat andererseits geradezu **verpflichtet**, angemessen Schutzmechanismen für die strukturell Unterlegenen des Arbeitsverhältnisses zu schaffen.[90] Diese Verpflichtung ergibt sich aus den Artikeln 1 Abs. 1, 12 Abs. 1, 20 Abs. 3 GG,[91] allesamt verfassungsimmanente Schranken des im Übrigen schrankenlos gewährten Art. 9 Abs. 3 GG. Sieht man im Mindestlohn auch eine Frage von Achtung der Beschäftigten, nämlich sich ohne staatliche Hilfe ein Existenzminimum erarbeiten zu können, so berührt dieser auch Art. 2 Abs. 1 GG (Persönlichkeitsschutz).[92]

61 Das BVerfG anerkennt in seiner Rechtsprechung zudem wichtige Ziele, die einen staatlichen Eingriff im vorliegenden Kontext rechtfertigen können. Zu diesen Zielen gehört:

85 Dies anerkennen auch die Kritiker von Mindestlohnregularien, vgl Sodan/Zimmermann, NJW 2009, 2001 ff, 2004.

86 Lakies, AuR 2014, 69 ff, 70; Preis/Ulber, Gutachten 2014, S. 56.

87 Bayreuther, NJW 2009, 2006 ff, 2006.

88 BT-Drucks. 18/1558, S. 33 und 42. Interessanterweise kritisch Waltermann, NZA 2014, 874 ff, 879, der den Einfluss der Tarifparteien hinsichtlich der staatlichen Aufgabe Mindestlohn für zu hoch hält, weil systemwidrig. Dagegen spricht die Logik einer Stärkung der Tarifautonomie. Überfordert werden die Tarifvertragsparteien mit dieser Beteiligung nicht.

89 BVerfG 11.7.2006, 1 BvL 4/00, AuR 2007, 95; BVerfG 29.12.2004, 1 BvR 2283/03 u.a., DB 2005, 110 ff.

90 BVerfG 29.12.2004, 1 BvR 2283/03 u.a., DB 2005, 110 ff; Lakies, AuR 2014, 69 ff, 70; Waltermann, NJW 2010, 801.

91 Zum Sozialstaatsprinzip Preis/Ulber, Gutachten 2014, S. 87.

92 BT-Drucks. 18/1558, S. 33; auch Lakies, AuR 2014, 69 ff, 71.

- die sozialen **Sicherungssysteme** zu **stabilisieren**[93] – so ist der Mindestlohn sozialversicherungspflichtig und führt dazu, dass staatliche Aufstockungsleistungen heruntergefahren werden können;[94]
- sozialversicherungspflichtige Beschäftigung zu erhalten, durch Eindämmung des Niedriglohnbereichs[95] sowie
- das System der Tarifautonomie bzw deren **Funktionsfähigkeit** zu **stärken.**[96] Tarifverhandlungen haben durch den Mindestlohn wieder eine Basis. Wettbewerb wird geringer als bisher über Löhne ausgeübt. Der Mindestlohn gibt Anreiz für günstigere tarifliche Lohngestaltungen.

Der Schutzauftrag bezüglich dieser Rechtsgüter fließt in die **verfassungsrechtliche Abwägung** mit ein.[97] Nach Einschätzung des Gesetzgebers werden die genannten Ziele durch den gesetzlichen Mindestlohn erreicht. Dem Gesetzgeber kommt diesbezüglich ein weiter **Einschätzungs- und Prognosespielraum** zu.[98] Ein milderes Mittel mit gleicher Wirkung ist nicht ersichtlich.[99] Art. 9 Abs. 3 GG gewährt nicht das Recht auf Unterbietung einer gesetzlichen Untergrenze.[100] 62

b) Berufsfreiheit

Soweit **Art. 12 Abs. 1 GG** (Berufsfreiheit) für die Arbeitgeber streitet, ist in einer Abwägung mit den Zielen des Mindestlohns (siehe Rn 7, 60 f und den Rechten der Arbeitnehmer ebenfalls auch aus Art. 12 Abs. 1 GG (**Schutz vor unangemessen niedriger Entlohnung**) einer Mindestlohnregelung in der vorliegenden Art der Vorzug zu geben.[101] Der Mindestlohn dient in Zeiten der Erosion der Tariflandschaft auch der (Wieder-)Herstellung der **Vertragsparität** im Arbeitsverhältnis (Art. 12 Abs. 1 GG ist in der Regel lex specialis zu Art. 2 Abs. 1 GG).[102] 63

Unter Abwägung der Rechte von Arbeitgebern und Arbeitnehmern jeweils aus Art. 12 Abs. 1 GG spielt hinzukommend eine Rolle, in welcher Weise Unternehmen durch **gesetzliche Ausnahmen** im MiLoG entlastet wurden sowie in der Lage sind, erhöhte Arbeitskosten über Preisanhebungen ausgleichen zu können. Insgesamt schätzt der Gesetzgeber die Belastungen durch den Mindestlohn als hinnehmbar im 64

93 BVerfG 3.4.2001, 1 BvL 32/97, NZA 2001, 777.
94 Lakies, AuR 2014, 69 ff, 73.
95 BVerfG 20.3.2007, 1 BvR 1047/05, AuR 2007, 179; BVerfG 3.4.2001, 1 BvL 32/97, NZA 2001, 777.
96 BVerfG 4.7.1995, 1 BvF 2/86 u.a., NZA 1995, 754.
97 Für das AEntG bereits Koberski/Asshoff/Winkler/Eustrup, AEntG, 3. Aufl., § 1 Rn 9 ff. Mit anderer Bewertung Sodan/Zimmermann, NJW 2009, 2001 ff, 2003.
98 BVerfG 29.12.2004, 1 BvR 2283/03 u.a., DB 2005, 110 ff.
99 Lakies, AuR 2014, 69 ff, 71.
100 Lakies, AuR 2014, 69 ff, 71.
101 Lakies, AuR 2014, 69 ff, 72; Fischer-Lescano, Gutachten 2014, S. 4 ff; Preis/Ulber, Gutachten 2014, S. 71 u. 119; BVerfG 23.11.2006, 1 BvR 1909/06, NZA 2007, 85; vgl jüngst BVerfG 23.10.2013, 1 BvR 1842/11 u.a., NJW 2014, 46.
102 Barczak/Pieroth, Gutachten 2014, S. 113 ff und These 5.

Vergleich zu den Zielen des Mindestlohns ein.[103] Der Mindestlohn erhöht im Übrigen die Binnennachfrage (siehe bereits Rn 7).

4. Der Mindestlohn in der Normenhierarchie/Sittenwidrigkeit

65 Mit der Einführung eines flächendeckenden gesetzlichen Mindestlohnes, der unabhängig von einer Branche und ohne tarifvertragliche Anbindung einen unabdingbaren Anspruch auf eine bestimmte Mindestlohnhöhe festschreibt, wird das bislang in Deutschland vorherrschende zersplitterte Mindestlohnrecht in der Weise geglättet, dass eine **einheitliche Basis** eingeführt wird. Bisher bestand folgendes Bild:

- **Privatautonome** Entgeltfestsetzung:
  Durch Arbeitsvertrag, Tarifvertrag, bei AT-Beschäftigten durch Betriebsvereinbarung.
- Gesetzliche Entgeltfestsetzung in **bestimmten Wirtschaftszweigen**:
  Nach Mindestarbeitsbedingungengesetz (nunmehr aufgehoben durch Art. 14 des Tarifautonomiestärkungsgesetzes).
- **Kooperative** Regulierung[104] des Entgelts:
  - Allgemeinverbindlicherklärung eines Tarifvertrages nach § 5 TVG;
  - Erstreckung von Branchentarifverträgen durch Rechtsverordnung nach dem AEntG (einschließlich der Sonderregel für den Bereich der Pflege in § 10 AEntG);
  - Festlegung von Lohnuntergrenzen durch Rechtsverordnung nach § 3 a AÜG.[105]

66 Die erste Form der Entgeltfestsetzung sowie die zuletzt genannten drei Erstreckungsformen (mit Tarifwirkung auch für nicht tarifgebundene Personen) bestehen auch noch nach Einführung des flächendeckenden gesetzlichen Mindestlohns. Ihr Verhältnis untereinander ist u.a. in §§ 1 Abs. 3, 24 MiLoG und § 24 a AEntG nF geregelt. Folgende Entgeltkaskade kann sich daher nunmehr neu ergeben, wobei – und dies macht das Finden der anzuwendenden Rechtsquelle so schwierig – gesetzliche Anordnungen über das Verhältnis von Rechtsquellen (zB § 1 Abs. 3 MiLoG, § 8 Abs. 2 AEntG), der Spezialitätsgrundsatz und das Günstigkeitsprinzip an verschiedenen Stellen ansetzen. Zwischen Rechtsquellen auf derselben Hierachieebene gilt beispielsweise das Günstigkeitsprinzip an sich nicht. Auch sind Sonderregelungen wie § 5 Abs. 4 TVG nF (AVE für gemeinsame Einrichtungen) zu beachten. Zudem ist die Frage, welche **Kollisionsregel** zur Anwendung gelangt, von deren Wirkung zu unterscheiden. So gilt eine Verdrängung nur für den Bereich überschneidender Regelungen zu einem Sachthema. **Beispiel:** Kollidierende Entgeltregelungen müssen einer Kollisionsregel (gesetzlich, Spezialität, Günstigkeit) zugeführt werden, die dann Aus-

---

103 BT-Drucks. 18/2010 (neu), S. 3.
104 Begriff von Schwarze, ZfA 2011, 867 ff.
105 Vgl auch Sittard, RdA 2013, 301 ff; Koberski/Asshoff/Winkler/Eustrup, AEntG, 3. Aufl., § 1 Rn 9 ff.

sagen zur Verdrängung tätigt. Enthält die verdrängte Rechtsquelle aber noch weitere andere Regulierungen (Urlaub, Arbeitszeit etc.), gelten diese fort.

Die sogleich folgende Graphik beschreibt ausgehend vom gesetzlichen Mindestlohn nach oben den Verlauf des **Günstigkeitsprinzips** (rechter Pfeil) und nach unten (linker Pfeil) die **zeitbegrenzten Ausnahmen**. Dabei **gehen** den Regelungen des MiLoG **günstigere Entgeltbestimmungen** in Tarifverträgen **vor**. Zudem: 67

- Zwischen allgemeinverbindlichen Tarifverträgen und Tarifverträgen nach § 3 TVG gilt nach umstrittener Auffassung ebenfalls das Günstigkeitsprinzip, obwohl in beiden Fällen ein Tarifvertrag als Rechtsquelle gegeben ist.[106] Hintergrund hierfür ist, dass dem allgemeinverbindlichen Tarifvertrag ein konkretes **öffentliches Interesse** zugrunde liegt, und dieses durch eine andere Art der Legitimation (Regierung) flankiert wird. Insofern wird zwar nicht die ursprüngliche Legitimation der Tarifparteien für die Tarifgebundenen verstärkt, der Tarifvertrag erhält allerdings nach einem besonderen Verfahren das „Siegel", im öffentlichen Interesse hinsichtlich bestimmter Mindestarbeitsbedingungen zur Vermeidung von „Schmutzkonkurrenz" zu sein, weswegen er aufgewertet nunmehr für alle Beschäftigten in seinem Geltungsbereich wirkt. Deshalb ist der AVE-Tarifvertrag in der Normenhierarchie oberhalb des „normalen" Tarifvertrages angesiedelt, was dogmatisch Raum für das Günstigkeitsprinzip lässt.[107] Hierfür spricht auch, dass das BVerfG in der Allgemeinverbindlichkeit einen Rechtsakt sui generis zwischen autonomer Regelung und staatlicher Rechtssetzung erblickt, die zudem auf der subsidiären Regelungszuständigkeit des Staates beruht.[108] Der Tarifvertrag und dessen Legitimation sind also nicht allein ausschlaggebend. Im „Konzert" der erstreckten Entgeltregelungen hat der Gesetzgeber überdies ganz grundsätzlich deutlich gemacht, dass er den Anwendungsbereich des Günstigkeitsprinzips erweitert sehen will (vgl § 8 Abs. 2 AEntG).
- Im Verhältnis eines erstreckten Tarifvertrages nach AEntG und allgemeinverbindlichen Tarifverträgen oder solchen, die nach § 3 TVG gelten, müsste nach strenger Dogmatik der **Spezialitätsgrundsatz** greifen. Eine Unterschreitung des AEntG-Tarifvertrages scheidet aber aus, weil dies der Europafestigkeit entgegenstünde, und ein Überschreiten wird nach dem Günstigkeitsprinzip aufgelöst, schlicht weil es der Gesetzgeber so angeordnet hat, § 8 Abs. 2 AEntG.[109]
- Gegenläufig zum Günstigkeitsprinzip verläuft das **Rangprinzip**. Dieses bewirkt, dass das ranghöhere MiLoG grundsätzlich ab dem 1.1.2015 alle bestehenden Tarifverträge (Haustarifverträge, regionale Flächentarifverträge, regionale allgemeinverbindliche Tarifverträge) und Mindestlöhne in den Ländern, die weniger

106 Schubert/Zachert, in Kempen/Zachert, TVG, 5. Aufl., § 4 Rn 333 mwN; aA BAG 26.1.1994, 10 AZR 611/92, NZA 1994, 1038 ff; Seifert, in Kempen/Zachert, TVG, 5. Aufl., § 5 Rn 82; Sittard, RdA 2013, 301 ff, 302.

107 Mit gleichem Ergebnis Brecht-Heitzmann, GS Zachert, 2010, 514; vgl auch Schwarze, R., ZfA 2011, 867 ff, 874.

108 BVerfG 24.5.1977, 2 BvL 11/74, AuR 1977, 380.

109 Bayreuther, in: Thüsing, AEntG, § 8 Rn 19; BT-Drucks. 16/10386, S. 13; Seifert, in: Kempen/Zachert, TVG, 5. Aufl., Anhang zu § 5: AEntG, § 8 Rn 4; Sittard, RdA 2013, 303 ff, 303.

als 8,50 Euro ausweisen, insoweit verdrängt (im Übrigen bleiben sie also wirksam). Auf die Laufzeit dieser Tarifverträge kommt es nicht an. Dies gilt für eine Übergangszeit dann nicht (schlechtere Regelungen sind also möglich), wenn tarifliche Entgelte nach dem AEntG erstreckt wurden.

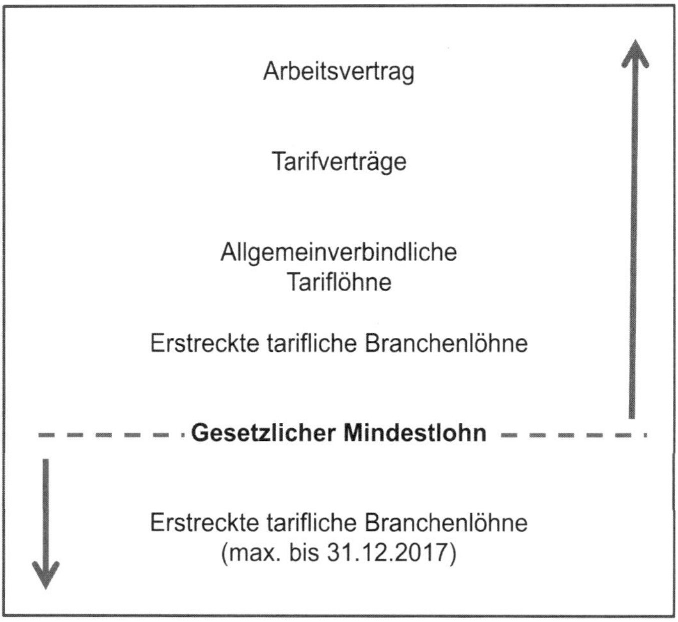

Abbildung 1

68 Der gesetzliche Mindestlohn stellt zudem im Regelfall die Grenze der **Sittenwidrigkeit** beim Entgelt iSv § 138 BGB dar. In der Übergangszeit des § 24 MiLoG beschreiben allerdings die dortigen Löhne die Sittenwidrigkeitsgrenze. Für die Ausnahmen im persönlichen Anwendungsbereich (Jugendliche und Langzeitarbeitslose) ist dagegen die Feststellung einer Sittenwidrigkeitsgrenze schwierig. Einerseits hat der Gesetzgeber diese Gruppen bewusst weniger schützenswert erachtet, andererseits erscheint, auch vor den genannten völkerrechtlichen Quellen (siehe Rn 51), eine Übertragung der bisherigen Formel aus der Rechtsprechung (ein Drittel unterhalb der Lohngrenze beginnt die Sittenwidrigkeit)[110] nicht ohne Weiteres fortschreibbar, da sich der gesetzliche Mindestlohn bereits an einer unteren Grenze bewegt. Bei den Zeitungszustellern hat der Gesetzgeber in der ersten Übergangsphase 75% des gesetzlichen Mindestlohns angesetzt. Überträgt man diesen Gedanken des Gesetzgebers unabhängig von der Zulässigkeit der Branchenausnahme, ergebe sich eine Sittenwidrigkeitsgrenze generell bezüglich der persönlichen Ausnahmefälle bei 75%

110 BAG 18.4.2012, 5 AZR 630/10, NZA 2012, 978; BAG 22.4.2009, 5 AZR 436/08, DB 2009, 1599.

(also nicht bei 66%) von 8,50 Euro, mithin bei 6,37 Euro brutto pro Zeitstunde. Andererseits führt der Mindestlohn nicht dazu, dass 8,50 Euro nunmehr die alleinige Sittenwidrigkeitsgrenze darstellt. Vielmehr ist der Schutz des § 138 BGB **relativ** zur betrachteten Beschäftigung zu sehen. Bei einem angestellten Rechtsanwalt/Arzt/Apotheker/Ingenieur/Handwerksmeister etc. liegt daher die Sittenwidrigkeitsgrenze selbstverständlich über 8,50 Euro.[111] Die Drittel-Betrachtung des BAG wird hier allerdings aufrecht zu erhalten sein. Für solche **Praktikanten**, die nicht unter das MiLoG fallen, gilt § 17 BBiG. Für die **Zeitungszusteller** stellt der abgesenkte Mindestlohnsatz die Sittenwidrigkeitsgrenze dar (zur Sittenwidrigkeit siehe auch Rn 152).

V. Zur Einordnung des gesetzlichen Mindestlohns und erstreckter tariflicher Mindestlöhne

69 Die Zwecke und die verfassungsrechtlichen Grundlagen des flächendeckenden und gesetzlichen Mindestlohns, des gesetzlichen Branchenmindestlohns nach AEntG und der Allgemeinverbindlicherklärung (AVE) nach § 5 TVG weisen zwar Überschneidungen auf, sind aber **nicht deckungsgleich**. Die Instrumente **ergänzen einander** auf dem Weg zu fairen Arbeitsbedingungen für Arbeitnehmer, sie verdrängen bzw ersetzten sich aber keineswegs; alle drei Ebenen sind erforderlich, um den beschriebenen Verwerfungen auf dem Arbeitsmarkt zu begegnen. Sie flankieren das „normale" Tarifgeschäft der Tarifvertragsparteien. Hiervon geht auch § 1 Abs. 3 MiLoG aus.

70 Im Einzelnen ist die rechtliche Einordnung der **Typen** wie folgt vorzunehmen:

- Der gesetzliche Mindestlohn ist – wie gesehen – Ausdruck der Wertungen aus Art. 1 GG (**Würdeschutz**) sowie des **Sozialstaatsprinzips** (Art. 20 Abs. 3 GG).[112] Durch seinen Bezug auf Arbeitsleistungen geht er über die Existenzsicherung nach dem SGB II und XII hinaus, enthält aber Elemente dieser. Der gesetzliche Mindestlohn bindet insofern über die Klammer des Sozialstaatsprinzips Gerechtigkeitserwägungen (was ist für Arbeitsleistung allermindestens zu entrichten), berührt damit auch Art. 12 Abs. 1 GG, die **Berufsfreiheit**, sowie die Bemühung zur Eindämmung von Altersarmut in der Zukunft mit ein. Der Gesetzgeber stellt für den Mindestlohn auch auf Art. 2 Abs. 1 GG ab.[113]
- Der **gesetzliche Branchenmindestlohn auf tarifvertraglicher Basis** nach dem AEntG ist wie der gesetzliche Mindestlohn auch grenzüberschreitend wirkend. Das AEntG stellt ebensolches zwingendes Recht dar, mithin Eingriffsnormen iSd Internationen Privatrechts.[114] Die in § 1 AEntG genannten Ziele werden auch

111 Däubler, NZA 2014, 1924 ff, 1927.

112 So auch Bepler, Gutachten B zum 70. DJT, 106; vgl zudem die Entschließung des EP v. 20.10.2010 zu der Bedeutung des Mindesteinkommens für die Bekämpfung der Armut und die Förderung einer integrativen Gesellschaft in Europa, Nr. 35 zitiert nach BR-Drucks. 780/10.

113 BT-Drucks. 18/1558, S. 33.

114 Lakies, in: Däubler, TVG, 3. Aufl., § 5 Rn 166 a; Nielebock, in: FS Kempen, 2013, S. 181 ff, 191; Sittard, RdA 2013, 301 ff, 303. Die Regelungen des AEntG mit Wirkung auch für ausländische Arbeitnehmer verstoßen weder gegen die Dienstleistungsfreiheit noch gegen die Dienstleistungsrichtlinie.

unionsrechtlich anerkannt. Das AEntG bezieht seinen Mindestschutz aber nicht nur auf Entgeltfragen, sondern bestimmt Mindestregularien für weitere Arbeitsbedingungen. Es fußt ebenfalls auf dem Sozialstaatsprinzip, enthält aber überdies stärkere Elemente von Art. 12 GG (Berufsfreiheit der Beschäftigten, hier: berechtigtes Interesse der Arbeitnehmer an zumutbaren Arbeitsbedingungen) sowie der Tarifautonomie (Art. 9 Abs. 3 GG), die nach der Rechtsprechung des BVerfG zu stärken und zu stabilisieren ist. Hinzu kommen wettbewerbsrechtliche Erwägungen sowie das Verhindern grenzüberschreitenden Sozialdumpings.[115] Der Erhalt sozialversicherungsrechtlicher Beschäftigungsverhältnisse, ein Wert mit Verfassungsrang, wird ebenfalls vom AEntG erfasst.[116] Die verbindlichen Entgelte nach dem AEntG liegen regelmäßig über dem gesetzlichen Mindestlohn und werden auch nach dessen ausnahmsloser Geltung weiter benötigt, um die im AEntG beschriebenen Ziele (§ 1 AEntG), zu erreichen.

- Die Allgemeinverbindlicherklärung (AVE) nach § 5 TVG wirkt nach der Rechtsprechung des BAG nur für Inlandssachverhalte.[117] Sie erfasst ganze **Tarifgitter**[118] bzw (Mantel-, Entgelt- oder Rahmen-) Tarifverträge. Mit ihr soll „Schmutzkonkurrenz", und zwar bezogen auf alle nach dem Tarifvertrag behandelten Tätigkeiten verhindert werden. Sie wirkt damit effektiv und über einen Mindestschutz hinaus sowohl auf den Wettbewerb als auch in sozialer Hinsicht. Die AVE ist nach dem BVerfG Rechtsetzung eigener Art und beruht auf Art. 9 Abs. 3 GG.[119]

VI. Ablauf des Gesetzgebungsverfahrens

1. Aus dem Koalitionsvertrag

71 Im Koalitionsvertrag zur 18. Legislaturperiode haben die Koalitionsparteien zum Mindestlohn grundsätzlich festgelegt:[120]

> „Gute Arbeit muss sich einerseits lohnen und existenzsichernd sein. Andererseits müssen Produktivität und Lohnhöhe korrespondieren, damit sozialversicherungspflichtige Beschäftigung erhalten bleibt. Diese Balance stellen traditionell die Sozialpartner über ausgehandelte Tarifverträ-

---

115 BVerfG 11.7.2006, 1 BvL 4/00, BVerfGE 116, 202; BVerfG 20.3.2007, 1 BvR 1047/05, BVerfK 10, 450.

116 Vgl bereits BT-Drucks. 16/10486, S. 13.

117 BAG 4.5.1977, 4 AZR 10/76, AP Nr. 30 zu § 1 TVG Tarifverträge: Bau; BAG 9.7.2003, 10 AZR 593/02, NZA 2003, 1424; aA Lakies, in: Däubler, TVG 3. Aufl. § 5 Rn 166 a. Dieser Streit dürfte sich teilweise entschärfen, weil das AEntG nunmehr für alle Branchen offen ist und jedenfalls dieses Gesetz europarechtsfest ist. Überdies können nunmehr auch Arbeitszeitregelungen über das AEntG erstreckt werden. Der Streit bleibt aber hinsichtlich regional für allgemeinverbindlich erklärte Tarifverträge.

118 Beim AEntG ist das Erfassen des gesamten Tarifgitters umstritten. Hierfür könnte der Wortlaut der Vorschrift sprechen („Mindestentgelt**sätze**"); nach anderer Auffassung bezieht sich dieser Begriff und sein Bezug in § 5 Nr. 1 AEntG nur auf Mindestlohnsätze verschiedener Tätigkeitsgruppen und Qualifikationsniveaus (Dachdecker/Maler – ungelernt/gelernt), vgl Waas, in Thüsing, AEntG, § 5 Rn 2.

119 BVerfG v. 24.5.1977, 2 BvL 11/74, BVerfGE 44, 322.

120 Koalitionsvertrag zur 18. Legislaturperiode, S. 67 f.

ge her. Sinkende Tarifbindung hat jedoch zunehmend zu weißen Flecken in der Tariflandschaft geführt. Durch die Einführung eines allgemein verbindlichen Mindestlohns soll ein angemessener Mindestschutz für Arbeitnehmerinnen und Arbeitnehmer sichergestellt werden."

2. Der Referentenentwurf

Diese Vorgaben wurden zunächst in einem **Referentenentwurf** aus dem BMAS (19.3.2014) umgesetzt.[121] Im Vergleich zur nunmehr vorliegenden gesetzlichen Fassung ging das Ministerium noch von weniger Ausnahmen vom gesetzlichen Mindestlohn aus – eine Sonderregelung für Zeitungszusteller und Saisonkräfte sah der Entwurf nicht vor. Für Praktikanten war ein Orientierungspraktikum ohne Zahlung des Mindestlohns nur für vier Wochen möglich (§ 22 Abs. 3 MiLoG-RefE). Auch bei den Übergangsvorschriften für unter dem Mindestlohn liegenden Tarifverträgen, die nach dem AEntG oder § 3 a AÜG erstreckt wurden, galten andere Daten (§ 23 MiLoG-RefE). Der Mindestlohn sollte hiernach ausnahmslos ab 2017 gezahlt werden. Über eine Erhöhung des Mindestlohns hatte die Kommission erst 2017 zu beraten, allerdings hiernach jährlich (§ 9 Abs. 1 MiLoG-RefE). 72

Dem Referentenentwurf gingen erstmals umfassende und systematisierte **Branchendialoge** voraus, die im Koalitionsvertrag angekündigt waren.[122] An diesen nahmen Vertreter verschiedener Bundesministerien (regelmäßig BMAS, BMWi, BMI, BMF, BK), Branchenverbände (jeweils zuständigen Gewerkschaften und Arbeitgeberverbände) sowie Vertreter der Bundestagsfraktionen von CDU, CSU und SPD teil. Es wurde über Einführung, Ausgestaltung und Wirkung von Mindestlöhnen in der jeweiligen Branche diskutiert. 73

Zu dem Referentenentwurf haben sich die Sozialpartner in Stellungnahmen geäußert. Während der Entwurf im Grundsatz vom DGB begrüßt wurde,[123] erteilte die BDA in ihrer Stellungnahme dem Entwurf eine Absage.[124] 74

3. Der Kabinettsbeschluss

Am 2.4.2014 legte das Bundeskabinett einen **Kabinettsbeschluss** über den Erlass eines Tarifautonomiestärkungsgesetzes vor (BT-Drucks. 18/1558). Nach diesem konnten Praktikanten in einem Orientierungspraktikum bis zu sechs Wochen der Mindestlohn verweigert werden. Im Übrigen entsprach der Kabinettsbeschluss mit wenigen Ausnahmen dem Referentenentwurf.[125] Eine davon enthielt eine Ver- 75

---

121 Referentenentwurf des BMAS vom 19.3.2014, zu beziehen über das Ministerium. Die Arbeitnehmergruppe der Bundestagsfraktion von CDU und CSU hatte sich bereits am 27.2.2014 in einem Positionspapier grundsätzlich positiv zu einem flächendeckenden Mindestlohn gestellt, allerdings eine tarifliche Lösung („tarifliche Untergrenze") bevorzugt. Zu den diskutierten Mindestlohnkonzepten in der jüngeren Vergangenheit vgl Riechert/Stomps, NJW 2013, 1050 ff und Waltermann, NZA Beilage 3/2009, 110 ff.

122 Z.B. Branchendialoge zu Handel/Hotel und Gaststätten, Call-Center, Private Sicherheitswirtschaft, Taxi-Gewerbe, Zeitungszusteller/Anzeigenblätter.

123 Stellungnahme vom 21.3.2014.

124 Stellungnahme vom 24.3.2014.

125 Vgl auch die Stellungnahme des DGB vom 7.4.2014.

schlechterung bei den Langzeitarbeitslosen, bei denen nicht mehr auf eine Förderung abgestellt wird, sondern nur noch auf § 18 Abs. 1 SGB III. Hierdurch erfasst die Ausnahme deutlich mehr Personen als zuvor.

76 Am 11.4.2014 sandten BDA und DGB ein **gemeinsames Eckpunktepapier** an die Bundeskanzlerin mit Vorschlägen zur Anpassung des Mindestlohns durch die Kommission, die sich teilweise umgesetzt in § 9 MiLoG wiederfinden. Nicht durchgesetzt hat sich der Vorschlag, die Anpassung des Mindestlohnes an den Tarifindex des Statistischen Bundesamtes zu koppeln. Es ist bei der Formel aus dem Kabinettsbeschluss geblieben (§ 9 Abs. 2 MiLoG): „Die Mindestlohnkommission orientiert sich bei der Festsetzung des Mindestlohns **nachlaufend** an der Tarifentwicklung."

4. Stellungnahme des Bundesrates

77 Der Kabinettsbeschluss war in der Folge Gegenstand der Beratungen im Ausschuss für Arbeit und Soziales, im Rechtsausschuss und im Wirtschaftsausschuss des Bundesrats – das Tarifautonomiestärkungsgesetz ist Zustimmungsgesetz. Seine Empfehlungen vom 12.5.2014 (BR-Drucks. 147/1/14) mündeten in die Stellungnahme des Bundesrates (23.5.2014, BR-Drucks. 147/14 ((Beschluss)). Dem Bundesrat ging es in seiner Stellungnahme u.a. um **Klarstellungen** bezüglich

- der Frage, welche Lohnbestandteile auf den Mindestlohn anzurechnen sind,
- der Rechtsfolge, wenn mehr als 50% der vertraglichen Arbeitszeit auf ein Arbeitszeitkonto eingestellt werden,
- der Generalunternehmerhaftung,
- der Herausnahme von Praktikanten.

78 Diese Hinweise wurden nur teilweise von der Bundesregierung aufgenommen, wie deren **Gegenäußerung** zeigt (Kabinettssache, Datenblatt-Nr.: 18/11 017). Insbesondere wird die Frage der Anrechnung von Leistungen auf den Mindestlohn als durch die Rechtsprechung des EuGH (Kommission / Deutschland, 2005 und Isbir 2013) geklärt angesehen (vgl Rn 136 ff).

5. Ausschussanhörung und Beschlüsse

79 Eine dann doch deutliche Umgestaltung hat der Kabinettsentwurf nach der **Expertenanhörung** am 30.6.2014 und nochmals intensivierten Diskussionen im politischen Umfeld durch den Ausschuss für Arbeit und Soziales des Bundestages am 2.7.2014 erfahren (BT-Ausschussdrucksache 18/2010 (neu)), die vom **Bundestag** am 3.7.2014 beschlossen und vom **Bundesrat** durch Beschluss am 11.7.2014 gehalten wurden. Quasi am Ende des Gesetzgebungsprozesses wurden damit eingeführt:

- Erstmalige **Anpassung** des Mindestlohnes bereits für 2017, dafür wird die Mindestlohnkommission nur alle zwei Jahre tätig (§ 9 Abs. 1 MiLoG). Der Kommission kommen neben Prüfpflichten auch **Evaluationsaufgaben** zu (§ 9 Abs. 4 MiLoG).

- Herausnahme von **Flexikonten** aus dem Regime des MiLoG, wenn bereits das verstetigte Einkommen höher ist als die Summe aus Normalarbeitszeit und Überstunden berechnet mit 8,50 Euro brutto pro Zeitstunde (§ 2 Abs. 2 S. 1 MiLoG: „soweit …“).
- Verstärkung der Anspruchsgrundlage aus § 1 MiLoG durch einen neuen § 20 MiLoG mit ausdrücklicher Benennung der Pflichten der Arbeitgeber. Anspruchsgrundlage sind daher gemeinsam die §§ 1 Abs. 1, 20 MiLoG. Auf § 20 MiLoG beziehen sich auch wesentliche Bußgeldbestimmungen.
- Hinsichtlich der **Haftung des Auftraggebers**, die ursprünglich recht ausführlich im Kabinettsbeschluss geregelt war, wird schlicht ein Verweis auf § 14 AEntG aufgenommen.
- Die besonderen **Dokumentationspflichten** hinsichtlich der Arbeitszeit treffen solche Arbeitgeber, die Minijobber beschäftigten oder in Branchen tätig sind, die im Schwarzarbeitsbekämpfungsgesetz (§ 2 a SchwarzArbG) aufgeführt sind sowie – nunmehr nicht mehr die Arbeitnehmerüberlassung in Gänze erfassend – nur noch Entleiher von Arbeitnehmern, die in den Branchen des § 2 a SchwarzArbG tätig sind, § 17 Abs. 1 MiLoG.
- Beim **Orientierungspraktikum** und dem **freiwilligen** Praktikum wurde die Grenze von sechs Wochen auf drei Monate erhöht (§ 22 Abs. 1 Nr. 2, 3 MiLoG). Neu in das Gesetz ist auch die **Legaldefinition** von Praktikantin und Praktikant aufgenommen worden (§ 22 Abs. 1 S. 3 MiLoG). Hintergrund hierfür war die Empfehlung des Rates der EU vom 10.3.2014, Erwägungsgrund 27.[126] Eine weitere Neuerung ist, dass Praktikanten nunmehr als Arbeitnehmer iSd **NachweisG** gelten. Dort sind die in einem Praktikumsvertrag aufzunehmenden Mindestinhalte aufgelistet (§ 2 Abs. 1 a NachweisG nF). Hinsichtlich der **Beweislast** hat es eine Klarstellung gegeben: Trägt der Praktikant Indizien vor, dass er zu der Gruppe von Praktikanten gehört, denen sogleich Mindestlohn zu zahlen ist (keine Ausnahme nach § 22 Abs. 1 Nr. 1–4 MiLoG gegeben), hat der Arbeitgeber das Gegenteil zu beweisen (§ 22 Abs. 1 S. 2 MiLoG: „es sei denn …“).[127]
- Die **Überprüfung** der Regelung für **Langzeitarbeitslose** in § 22 Abs. 4 MiLoG hat bereits zum 1.6.2016 zu erfolgen. Die Vorschrift verweist weiterhin nur auf § 18 Abs. 1 SGB III.
- Die Beschlussempfehlung des Ausschusses enthält zudem hinsichtlich der **Übergangsbestimmungen** ein neues Stufenverhältnis: Ab dem 1.1.2015 ist grundsätzlich der Mindestlohn zu zahlen. Bis 31.12.2016 können Tarifverträge, die den Anforderungen des § 24 MiLoG genügen, Abweichungen unterhalb von 8,50 Euro vorsehen, wenn sie bis zum 1.1.2017 8,50 Euro als Mindestlohnstufe enthalten. Wird für das Jahr 2017 eine Erhöhung des Mindestlohnes durch die Mindestlohnkommission und die Bundesregierung eingeführt, so muss diese für solche Tarifverträge erst zum 1.1.2018 nachvollzogen werden. Im Laufe des Jah-

126 Empfehlung des Rates (2014/C 88/01).
127 BT-Drucks. 18/2010 (neu), S. 25.

res 2017 müssen sie also lediglich den „alten" Mindestlohnsatz von 8,50 Euro vorsehen. Es ist auch möglich, dass Tarifverträge schlicht einen Mindestlohnsatz in Höhe von 8,50 Euro brutto pro Zeitstunde von 2015 bis zum 31.12.2017 ohne Stufen vorsehen.

- Zu den Neuerungen gehört auch die Sonderregel für **Zeitungszusteller** nach § 24 Abs. 2 MiLoG: Im Jahr 2015 erhalten diese 75% und im Jahr 2016 85% des Mindestlohns. Im Jahre 2017 sind diesen mindestens 8,50 Euro zu zahlen, allerdings unabhängig von einer für dieses Jahr erfolgten Erhöhung.

Dies dürften die bedeutendsten Änderungen des ursprünglichen Entwurfes darstellen.

80 Trotz Forderungen während des Gesetzgebungsprozesses wurden dagegen **nicht** in das Gesetz installiert:

- Ein **Verbandsklagerecht** für die im Betrieb vertretenen Gewerkschaften,
- eine **Beweislastumkehr** zur Durchsetzung des Mindestlohnanspruches für Arbeitnehmer und
- ein explizites **Maßregelungsverbot**, wenn Verstöße gegen das MiLoG öffentlichen Stellen gemeldet werden.

6. Unterzeichnung durch den Bundespräsidenten/Bundesgesetzblatt

81 Nach Art. 15 Tarifautonomiestärkungsgesetz tritt das Gesetz am Tag nach der Verkündung in Kraft. Dies gilt zB für die Gebote zur Behandlung von Praktika durch Arbeitgeber. Der gesetzliche Mindestlohn ist ab dem 1.1.2015 zu zahlen, sofern keine Übergangsbestimmungen greifen. Nachdem der Bundespräsident das Gesetz unterzeichnet hat, wurde es am 15.8.2014 verkündet und trat damit am **16.8.2014 in Kraft**. Im **Bundesgesetzblatt** ist es unter BGBl. I 2014, 1348 zu finden.

Die Absätze 2 und 3 des Artikels betreffen die Übergangsbestimmungen und deren **Außerkrafttreten** mit Ablauf des 31.12.2017 (insbesondere § 24 MiLoG) bzw mit dem 31.12.2018 (§ 115 SGB IV).

VII. Adressen und Hilfsangebote

82

- Hotline/spezielle Internetseiten des Bundesministeriums für Arbeit und Soziales. Diese Hotline wird gelegentlich als „Denunzianten-Hotline" bezeichnet. Sieht das Gesetz oder eine Verordnung ein solches Hilfsangebot aber gerade vor, ist deren Nutzung zulässig und erwünscht, eine **Maßregelung** derentwegen dagegen nicht, § 612 a BGB. Im Übrigen ist ein „Whistleblowing" im Arbeitsverhältnis zulässig, wenn der Arbeitgeber keinerlei Aufforderungen nachkommt bzw Hinweisen nicht nachgeht (in Konstellationen des § 13 MiLoG, Subunternehmerketten).[128]

128 Vgl EGMR 21.7.2011, 28274/08, AuR 2011, 355 (Heinisch).

Die Hotline des BMAS ist zu erreichen über: Bürgertelefon des Bundesministeriums für Arbeit und Soziales, montags bis donnerstags zwischen 8.00 und 20.00 Uhr, **Tel.: 030 221 911 004.** Weitere Informationen liefert die **Internetseite** http://www.der-mindestlohn-kommt.de/ml/DE/Ihre-Fragen/Fragen-und-Antworten/faq-zum-mindestlohn-info.html.

- Gleiches gilt für eine mögliche Hotline bei der Geschäftsstelle der **Mindestlohnkommission** (§ 12 Abs. 3 MiLoG), die neben den Angeboten des BMAS stehen wird.[129]
- Hotline Finanzkontrolle Schwarzarbeit, **FKS** (nicht anonym).
- **Gewerkschaftlicher Rechtsschutz** (Rechtsberatung und Rechtsvertretung) für Mitglieder einer Einzelgewerkschaft im DGB.

129 BT-Drucks. 18/1558, S. 47.

Teil 2: Das Mindestlohngesetz

I. Regelfall: Flächendeckender gesetzlicher Mindestlohn

83 Nach §§ 1 Abs. 1 iVm 20 MiLoG hat jeder Arbeitnehmer Anspruch auf Zahlung eines Arbeitsentgeltes in Höhe des Mindestlohns nach § 1 Abs. 2 MiLoG. Dies gilt ab dem 1.1.2015. Die erstgenannten Normen stellen die **zivilrechtliche Anspruchsgrundlage** für Forderungen bzw Klagen dar. Bezug des Anspruches ist ein flächendeckender gesetzlicher Mindestlohn als **Bruttoentgelt** bezogen auf die **Zeitstunde**. Der Mindestlohn ist grundsätzlich **sozialversicherungspflichtig**.

1. Voraussetzungen des Anspruches

a) Arbeitnehmer

84 Das Gesetz knüpft an den allgemeinen Arbeitnehmerbegriff des deutschen Arbeitsrechts an (§ 22 Abs. 1 S. 1 MiLoG). Arbeitnehmer ist hiernach jeder, der in **persönlicher Abhängigkeit** Dienste auf privatrechtlicher Basis für einen anderen leistet.[130] Damit haben weder Beamte noch Soldaten, noch **arbeitnehmerähnliche Personen**, noch Freiberufler, noch Solo-Selbstständige, noch Auszubildende, noch ehrenamtlich Tätige,[131] noch die nach Familienrecht mitarbeitende Ehefrau,[132] noch in der Regel DRK-Schwestern[133] Anspruch auf den gesetzlichen Mindestlohn. Für **Heimarbeiter** gilt dies ebenfalls, obzwar die Regularien des Heimarbeitsausschusses (§§ 4, 18 f HAG) vergleichbar mit denen zur Mindestlohnkommission sind und ein Schutzbedürfnis für sie in anderen Arbeitsgesetzen durchaus gesehen wird (§ 1 Abs. 1 EFZG). Entscheidend ist bei alledem die **tatsächliche Ausgestaltung** des Vertragsverhältnisses und nicht die Bezeichnung des Vertrages, weswegen **Werkvertragsbeschäftigte**, wenn sie Arbeiten bei Auftraggebern ausführen, die sonst regelmäßig von Arbeitnehmern geleistet werden (Substituierung von Arbeitsleistung), und Weisungen von diesen unterliegen, Arbeitnehmer sind.

85 Als Arbeitnehmer iSd MiLoG gelten dagegen Praktikanten nach § 26 BBiG (§ 22 Abs. 1 S. 2 MiLoG). Auch Personen, die **befristet**, **geringfügig** oder in **Teilzeit** beschäftigt werden, sind Arbeitnehmer. **Rentner**, die neben ihrem Rentenbezug auf dem freien Arbeitsmarkt bei einem Arbeitgeber tätig sind, sind Arbeitnehmer. Der Anspruch auf Mindestlohn richtet sich nicht danach, ob man bereits ausreichend

---

130 Statt vieler ErfK/Preis, 14. Aufl. § 611 BGB Rn 35. Es gilt nicht der EU-Arbeitnehmerbegriff, der sich zB auf Art. 39, 157 oder Richtlinien bezieht und auch Beamte erfassen kann, vgl zu den Unterschieden HK-ArbR/J. Schubert, 3. Aufl., AEUV, Rn 54 ff.

131 Für diese könnten steuerrechtliche Entlastung relevant werden (Grenzen für Aufwandsentschädigungen).

132 Unterliegt die Ehefrau im Rahmen des geschäftlichen Handelns den Weisungen ihres Ehemanns ist sie Arbeitnehmerin. Auf den dann entstehenden Anspruch kann sie nicht verzichten (§ 3 MiLoG), der Zoll prüft dies nach objektiven Kriterien (zB mitarbeitende Ehefrau in Gaststätte oder Metzgerei).

133 Vogelsang, in: Schaub, Arbeitsrechts-Handbuch, 15. Aufl., § 8 Rn 19 (str.).

(ohnehin nicht bestimmbare) Mittel zum Lebensunterhalt aus anderen Quellen bezieht. Eine andere Frage ist, ob der Gesetzgeber für diese Fälle das Befristungsrecht ändert oder diese Tätigkeiten einer anderen Sozialversicherungspflicht unterwirft. Der Anspruch auf Mindestlohn bleibt.[134] Eindeutig Arbeitnehmer sind Werkstudenten.[135]

In der Regel keine Arbeitnehmer sind Personen, die im Rahmen von Maßnahmen in **Behindertenwerkstätten** tätig sind (§ 138 SGB IX). Sie sind ohne Arbeitsvertrag arbeitnehmerähnliche Personen. Dies ist für das Mindestlohnrecht dann kritisch, wenn die Produkte aus der Behindertenwerkstatt auf dem allgemeinen Markt angeboten werden. Arbeitnehmer sind dagegen Personen, die in einem Integrationsunternehmen (§§ 132 SGB IX) arbeiten, unabhängig von einem Grad der Behinderung. Dies, weil sie mit Nichtbehinderten zusammenarbeiten und hier der Grundsatz der **Inklusion** wirken soll. Sie haben also Mindestlohn zu erhalten. Der Arbeitgeber kann Lohnkostenzuschüsse aus der Schwerbehindertenausgleichsabgabe erhalten.[136] Im Vergleich zu den Behindertenwerkstätten stellen sich hier Fragen zur Gleichbehandlung aus Art. 3 Abs. 1 und Abs. 3 GG aus der Richtlinie 2000/78/EG sowie aus Art. 5 der Behindertenrechtskonvention (Völkerrecht).[137] Hieran wird sich § 138 SGB IX messen lassen müssen. Der Mindestlohn kann nicht vom Zufall abhängen, ob Inklusion betrieben wird oder nicht. 86

b) Ort der Tätigkeit

Der Arbeitnehmer muss im Hoheitsgebiet Deutschlands tätig sein. Der Mindestlohn ist aber auch zu zahlen, wenn ein Arbeitsvertrag besteht, der sich nach **deutschem Recht** richtet, vgl Art. 8, 9 Rom I-VO. 87

c) Arbeitgeber

Angesprochen sind durch das Gesetz Arbeitgeber **mit Sitz im In- und Ausland,** wenn sie im Inland Arbeitnehmer beschäftigen, § 20 MiLoG. Als Arbeitgeber können natürliche und juristische Personen (auch ausländische) wie auch Gesellschaften mit Teilrechtsfähigkeit (zB oHG) in Frage kommen. **Konzerne** sind dagegen nie Arbeitgeber. Sie verfügen nicht über eine Rechtspersönlichkeit. In Konzernstrukturen können Ausnahmeregelungen deshalb in einer Art Drehtür ausgenutzt werden (vgl zB bezüglich des Einsatzes von Praktikanten nach § 22 Abs. 1 Nr. 3 MiLoG, der nur auf ein vorheriges Praktikum beim **selben Ausbildenden,** § 10 Abs. 1 BBiG, abstellt). 88

2. Rechtsfolgen

Liegen die beschriebenen Voraussetzungen vor, besteht ein Anspruch mindestens auf Zahlung des gesetzlichen Mindestlohns je Zeitstunde. Das Gesetz bewirkt aber noch mehr: Der Gesetzgeber hat mit dem Mindestlohnrecht eine Art „**Arbeitsrecht im Ar-** 89

134 Vgl auch Preis/Ulber, Gutachten, S. 135.
135 Bayreuther, NZA 2014, 865 ff, 873.
136 BT-Drucks. 18/2010 (neu), S. 18 f.
137 BGBl. 2008 Teil II Nr. 35 v. 31. Dezember 2008.

beitsrecht" hinsichtlich des **Entgelts** geschaffen.[138] Das neue Mindestlohnrecht durchdringt das gesamte Arbeitsrecht. Insbesondere wegen § 3 MiLoG (Unabdingbarkeit) werden höhere Entgelte insoweit erfasst, dass bis zu einem Betrag von 8,50 Euro das Regime des MiLoG gilt. Die Auswirkungen auf die Arbeitszeit sind offensichtlich. Wegen des eindeutigen Bezugspunkts der Zeitstunde dürften zB pauschale Monatsbetrachtungen zur Vermeidung von Überstundenzahlungen nicht zulässig sein. Selbst Besserverdiener, die Überstunden auf Anordnung des Arbeitgebers leisten und die keine Vergütungsregelung für diese haben, können jetzt 8,50 Euro je Überstundenzeitstunde verlangen.[139] Daran ändert auch die Fälligkeitsbestimmung in § 2 Abs. 1 MiLoG nichts, da diese sogar auf den übernächsten Monat verweist, also eine Monatsbetrachtung nicht vorgibt und zudem zwischen dem Anknüpfungspunkt der Anspruchsgrundlage (Zeitstunde) und der Erfüllung des Mindestlohns zu unterscheiden ist. **In jedem Entgelt steckt** also als Teilmenge **der Mindestlohn.** Das MiLoG kann somit nicht durch einen Lohn in Höhe von 8,51 Euro ausgehebelt werden. Von diesem Prinzip macht der Gesetzgeber zunächst eine Ausnahme, und zwar bezüglich Arbeitszeitkonten von Arbeitnehmern, deren verstetigtes Entgelt (weit) über dem Mindestlohn liegt (§ 2 Abs. 2 MiLoG: „soweit …"). Hier können Arbeitszeitkonten unabhängig von den Mindestlohnregelungen gestaltet werden (vgl Rn 111). Eine weitere Ausnahme stellt § 1 Abs. 3 MiLoG dar, wenn also nach dem AEntG/AÜG erstreckte Tarifverträge den Mindestlohn übersteigende Mindestentgelte vorsehen. Im Grundsatz gilt aber ab dem 1.1.2015 bzw am Ende der Übergangszeiten Folgendes:

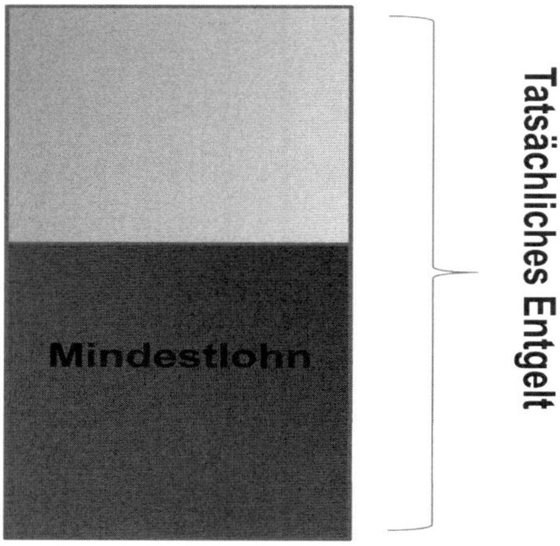

Abbildung 2

138 Vgl hierzu auch Bepler/Hanau, Ausschussdrucksache-BT, Ausschuss Arbeit und Soziales 18(11)148, S. 142. Im Ergebnis mit gleicher Einschätzung Bayreuther, NZA 2014, 865 ff, 866; ebenso Preis/Ulber, Ausschlussfristen und Mindestlohngesetz, 14 ff, 36; Sittard, NZA 951 ff, 953.

139 Hoffend auf andere Auslegung durch die Rechtsprechung Sittard NZA 2014, 951 ff, 951.

a) Zahlung des Mindestlohns

Liegen die Voraussetzungen vor, so hat der Arbeitgeber den in § 1 Abs. 2 MiLoG angegebenen Mindestlohn zu zahlen. Der gesetzliche Mindestlohn bezieht sich auf **Zeitstunden** und weist einen **Bruttobetrag** aus. Der Mindestlohn ist wie vertragliches oder tarifliches Entgelt zu behandeln, zB bei der Frage der Überweisung des Betrages auf ein Konto des Arbeitnehmers. 90

Liegt die Entgeltvereinbarung zum 1.1.2015 unter 8,50 Euro, wird der Arbeitgeber in der Regel eine **Anpassung des Arbeitsvertrages** vornehmen wollen. Hier ist eine gewisse Vorsicht angebracht, falls mit der Entgeltfrage andere Arbeitsbedingungen mit verändert werden sollen. Hinzu kommt Folgendes: Liegt der vertraglich geschuldete Lohn unter dem gesetzlichen Mindestlohn, ist jener insoweit unwirksam. Bleibt die Frage, wie die Lücke aufzufüllen ist? In Betracht kommt die Anwendung des § 612 BGB also ein Anknüpfen an den **üblichen Lohn**, der über 8,50 Euro liegen kann. Dagegen wird in der Literatur die Ansicht vertreten, dass nur der Mindestlohn verlangt werden könne, wenn der Arbeitgeber eine Vertragsanpassung angeboten hat, der Arbeitnehmer diese aber abgelehnt habe. In diesem Falle wäre es missbräuchlich (§ 242 BGB), sich auf § 612 BGB zu berufen.[140] Dies ist allerdings so einfach nicht, sondern hängt von der Art der angedachten Vertragsänderung im Einzelfall ab (nur Entgelt oder Verknüpfung mit weiteren Arbeitsbedingungen, zutreffende neue Entgelthöhe etc.). 91

Für die **Fälligkeit** des Mindestlohns sind verschiedene Konstellationen denkbar: 92

- Ohne arbeitsvertragliche oder tarifvertragliche Regelungen gilt **§ 614 BGB** (§ 2 Abs. 1 S. 2 MiLoG). Hiernach wird der Lohn am Ende des Monats fällig, in dem die Arbeitsleistung erbracht wird.
- Abweichend hiervon können Arbeitsvertrag oder Tarifvertrag **frühere oder spätere** Fälligkeitstermine festlegen (§ 2 Abs. 1 S. 1 Nr. 1 MiLoG).
- Allerdings sind hinsichtlich eines Verschiebens des Fälligkeitstermins zeitlich nach hinten für den Mindestlohn **Grenzen gesetzt.** Der Mindestlohn wird unabhängig von einer Vereinbarung **spätestens am Ende des folgenden Kalendermonats** (letzter Bankarbeitstag Frankfurt/M.)[141] fällig (§ 2 Abs. 1 S. 1 Nr. 2 MiLoG). Dieser Zeitpunkt ist für den Zoll und seine Prüfungspflichten maßgeblich, an diesen knüpft die Bußgeldbewährung an (§ 21 Abs. 1 Nr. 9 iVm 20 iVm 2 Abs. 1 S. 1 Nr. 2 MiLoG).
- Verdient der Arbeitnehmer mehr als 8,50 Euro, zwingt § 2 Abs. 1 MiLoG nicht dazu, den Lohn an zwei unterschiedlichen Terminen auszuzahlen.[142] Dies gilt nicht, wenn eine Fälligkeitsregelung zB in einem Arbeitsvertrag ein Datum enthält, das über den Folgemonat des Arbeitsmonats also über § 2 Abs. 1 S. 1 Nr. 2 MiLoG verweist. In diesem Falle werden 8,50 Euro nach § 2 Abs. 1 Nr. 2 Mi-

140 Bayreuther, NZA 2014, 865 ff, 866.

141 Der letzte Bankarbeitstag kann kein Samstag, Sonntag oder Feiertag sein. Ggf ist der gesetzliche Mindestlohn am Tag vor einem solchen fällig.

142 Vgl Jöris/von Steinau-Steinrück, BB 2014, 2101 ff, 2104.

LoG fällig und der **überschießende Lohnbestandteil** zu dem im Arbeitsvertrag/Tarifvertrag vereinbarten späteren Zeitpunkt. Diese Trennung ist, wie erwähnt, erforderlich, denn andernfalls könnte mit einem Lohn von 8,51 Euro und einem sehr späten Fälligkeitstermin das unternehmerische Risiko (Annahmeverzug, Insolvenz) auf den Arbeitnehmer abgewälzt werden, was dem Mindestlohnkonzept widerspricht und die Rechtsprechung auch an anderer Stelle (in Ansätzen) zu unterbinden versucht.[143] § 2 Abs. 1 MiLoG untersagt dies deshalb. In der Praxis werden solche Konstruktionen zwar selten sein. Umgehungslücken sollen aber gleichwohl nicht vom Gesetzgeber angeboten werden. Ausnahmen hält das Gesetz zudem für Arbeitszeitkonten vor (§ 2 Abs. 2 MiLoG).

- Zulässig sind in Arbeitsverträgen/Tarifverträgen mithin folgende Regelungen:
  - „Das Arbeitsentgelt ist am 15. eines jeden Monats der Arbeitsleistung fällig".
  - „Die Fälligkeit des Arbeitsentgeltes bestimmt sich nach § 614 BGB".
  - „Das Arbeitsentgelt wird am Beginn des Monats fällig, in dem die Arbeitsleistung erfolgen soll (Vorweggewährung)."
  - „Das Arbeitsentgelt ist am 15. des Monats, der auf den Monat der Arbeitsleistung folgt, fällig".
- Unklarheiten bei Fälligkeitsklauseln in Arbeitsverträgen gehen zulasten des Arbeitgebers, §§ 305 c, 307 BGB. Bei verspäteten Zahlungen gerät der Arbeitgeber in Verzug (§ 286 Abs. 2 Nr. 1 BGB) und wird bei Überschreiten des letzten zulässigen Fälligkeitstermins bußgeldpflichtig, § 21 Abs. 1 Nr. 9 MiLoG.

93 Der Fälligkeitszeitpunkt des § 11 Abs. 2 BUrlG geht dem § 2 Abs. 1 MiLoG als **lex specialis** vor.

b) Arbeitszeit – Bereitschaftszeit

94 Mit dem Bezug auf Zeitstunden sagt das Gesetz auch etwas darüber aus, in welcher Weise der Mindestlohn zu zahlen ist, wenn anstelle bzw neben der regelmäßigen Arbeitszeit **Bereitschaftsdienste** oder Rufbereitschaftsdienste anfallen (zB Krankenhäuser, Feuerwehr).

95 Nach der Rechtsprechung des EuGH stellt Bereitschaftsdienst Arbeitszeit, und Rufbereitschaft Freizeit dar (Arbeitszeit liegt dagegen vor, wenn der Arbeitnehmer aus der Rufbereitschaft zur Arbeit gerufen und tatsächlich tätig wird).[144] Der Unterschied zwischen beiden Formen liegt darin, in welcher Weise sich der Arbeitnehmer aufzuhalten hat: Hält er sich in den Räumlichkeiten des Arbeitgebers oder von ihm **vorgegebenen Orten** auf, liegt Bereitschaft vor. Ist der Arbeitnehmer frei in der Wahl des Ortes und bestehen keine kurzen Fristen für das Erreichen des Arbeitsplat-

---

143 Vgl BAG 7.12.2005, 5 AZR 535/04, NZA 2006, 423 ff. Wie hier Bayreuther, NZA 2014, 865 ff, 866.

144 Spengler, in: Hahn/Pfeiffer/Schubert, ArbZG, § 2 Rn 5 ff mwN; EuGH 3.10.2000, C-303/98, NZA 2000, 1227 (Simap); EuGH 9.9.2003, C-151/02, NJW 2003, 2971 (Jaeger); EuGH 1.12.2005, C-14/04, NZA 2006, 89 (Dellas).

zes, liegt Rufbereitschaft vor. Da Bereitschaftszeit Arbeitszeit darstellt, ist jene auch bei der Berechnung von Pausen und Ruhezeiten zu beachten.[145]

Das Problem liegt nun darin, dass der EuGH zwar Aussagen zur arbeitszeitrechtlichen Dimension von Bereitschaftsdiensten getätigt hat, nicht aber zur **Vergütungsfrage.**[146] Das bedeutet, dass der Lohn während der Bereitschaftszeit durchaus niedriger sein kann, als der übliche Stundenlohn. Tarifverträge sehen dies regelmäßig vor. Ab dem 1.1.2015 sind dagegen mindestens 8,50 Euro für die Bereitschaftszeit zu leisten! Da Bereitschaftszeit Arbeitszeit darstellt und § 1 Abs. 2 S. 1 MiLoG allein auf die Zeitstunde abstellt, können 8,50 Euro – **unabdingbar** – nicht unterschritten werden, § 3 MiLoG. Regelungen in Tarifverträgen, die Bereitschaftszeiten vergütungsrechtlich niedriger als die Vollarbeitszeit ansetzen, sind zukünftig nur noch wirksam, wenn bezogen auf die Zeitstunde mindestens 8,50 Euro vom Arbeitgeber geleistet werden. 96

Diese Vorgaben gelten auch, wenn Tarifverträge in **branchentypischen Regelungen** zunächst Bereitschaftszeiten nach der möglichen Inanspruchnahme des Arbeitnehmers in dieser Zeit bewerten und hiernach jeder Bewertung einen bestimmten Arbeitszeitfaktor zuordnen. Auch in diesem Falle sind umgerechnet auf die Zeitstunde 8,50 Euro zu leisten. **Beispiel:** In einem Tarifvertrag sind folgende Regeln enthalten: 97

„In der Zeit von 22.00 Uhr bis 06.00 Uhr können Bereitschaftsdienste angeordnet werden. Fallen in dieser Zeit erfahrungsgemäß (ermittelt über Tagebuchaufzeichnung unter Beteiligung des Betriebsrates) Arbeiten im Umfang von 20%-30% der Vollarbeitszeit an, so wird diese mit 50% des üblichen Lohnes vergütet. Fallen Arbeiten im Umfang von 31% bis 49%[147] an, so wird diese mit 75% des üblichen Lohnes vergütet. 50% bzw 75% werden auch dann entrichtet, wenn in der Bereitschaftszeit keine Arbeiten anfallen. War mehr Arbeit als erwartet im genannten Zeitraum zu leisten, so ist diese entweder nach der höheren Stufe oder wie Vollzeitarbeit zu vergüten".

Die genannten 50% bzw 75 % müssen nunmehr ab dem 1.1.2015 **mindestens 8,50 Euro pro Zeitstunde** ergeben. Ggf zu erhaltende Nachtarbeitszuschläge (§ 6 Abs. 5 ArbZG) sind dabei auf den Mindestlohn **nicht** anzurechnen (s. Rn 140). 98

Liegt das Entgelt unter 8,50 Euro, so ist auf 8,50 Euro aufzustocken. 99

Anders stellt sich die Situation in den Fällen dar, in denen Tarifverträge unter Nutzung der Übergangsbestimmungen nach dem **AEntG** erstreckt wurden. Diese können längstens bis 31.12.2016 Entgelte unterhalb von 8,50 Euro brutto pro Zeitstunde vorsehen (§ 24 Abs. 1 MiLoG). Enthalten diese Tarifverträge auch Bestimmungen zur Vergütung während Bereitschaftszeiten, und zwar unter 8,50 Euro, ja sogar un- 100

145 ErfK/Wank, 14. Aufl., § 5 ArbZG Rn 3.

146 Vgl ErfK/Wank, 14. Aufl. § 2 ArbZG Rn 31. Bislang sind Vorhaben zur Änderung der Arbeitszeitrichtlinie nicht zu einem Abschluss gelangt. Diskussionen um eine Unterscheidung zwischen aktiver und inaktiver Zeit bezüglich der Bereitschaftszeit haben daher aktuell keinen Einfluss auf die Gesetzeslage.

147 Nach der Rechtsprechung des BAG ist ab einer prognostizierten Inanspruchnahme über 49% von Vollarbeitszeit auszugehen, BAG 5.6.3003, 6 AZR 114/02, NZA 2004, 164.

ter dem entsprechenden tariflichen Mindestlohn, so werden diese ebenfalls vom Privileg der **Übergangsbestimmung** erfasst, da § 24 Abs. 1 MiLoG auf den **gesamten abweichenden** Tarifvertrag verweist und es sich bei dem Entgelt für Bereitschaftszeiten eben auch um Entgelt und nicht um Lohnersatzleistungen, die nicht vom MiLoG erfasst werden, handelt. Der Mindestentgeltsatz nach dem AEntG-Tarifvertrag kann also 8,00 Euro betragen; die Bereitschaftszeit mit einer darunter liegenden Summe in Erscheinung treten. Eine Vergütung der Bereitschaftsdienste mit Null ist allerdings unzulässig. Die Grenze für diese liegt vielmehr in § 138 BGB.[148]

101 Liegen die Entgelte eines erstreckten Tarifvertrages **oberhalb** des gesetzlichen Mindestlohns, gelten gemäß § 1 Abs. 3 MiLoG allein das AEntG und entsprechende Rechtsverordnungen. Bei den den Mindestlohn übersteigenden Entgelten können daher ebenfalls (erst recht) Abweichungen für Bereitschaftszeiten vorgesehen werden. Dies gilt auch für den problematischen Fall, dass die Entgelte für die Bereitschaftszeiten ihrerseits unterhalb des gesetzlichen Mindestlohns liegen. An den Überlegungen zur Sittenwidrigkeit ändert dies allerdings nichts. Im Übrigen folgt aus dem Wortlaut des § 1 Abs. 3 MiLoG („soweit"), dass bei Tarifverträgen, die einmal über und einmal unter dem gesetzlichen Mindestlohn liegen (**West-Ost-Regelungen**), eine differenzierte Betrachtung zu erfolgen hat: Für Bereiche oberhalb des MiLoG gilt § 1 Abs. 3 MiLoG, für darunter liegende Teile § 24 Abs. 1 MiLoG.

c) Keine Ausschlussfristen/Verjährung/Unabdingbarkeit

aa) Grundsätze

102 Als zivilrechtlicher gesetzlicher Anspruch und aufgrund seiner starken verfassungsrechtlichen Verankerung (siehe Rn 57 ff) unterliegt der Mindestlohn nur wenigen Beschränkungen, konkret allein der **dreijährigen Verjährung** (§ 195 BGB). Nicht dagegen wird er von arbeitsvertraglichen oder tarifvertraglichen **Ausschlussfristen bzw Verfallfristen** erfasst.[149]

103 Durch Arbeitsvertrag, Betriebsvereinbarung oder Tarifvertrag kann der Anspruch **nicht eingeschränkt** werden (§ 3 S. 1 MiLoG).[150] Das Gesetz untersagt Vereinbarungen, die den Anspruch auf Mindestlohn unterschreiten oder seine Geltendmachung beschränken oder ausschließen. Sie sind unwirksam (§ 134 BGB), aber nur „**insoweit**", Arbeitsverträge bleiben daher im Übrigen erhalten.[151] Entgeltregelungen, die aus **Garantielohn** unter 8,50 Euro und unsicheren „Erfolgsbeteiligungen", die erst den Gesamtbetrag über diese Grenze anheben, bestehen, sind unwirksam.[152] 8,50 Euro ist der Betrag, der in jedem Fall geleistet werden muss.

104 In der Begründung zu § 3 MiLoG wird ausgeführt, dass eine **Entgeltumwandlung** nach dem Betriebsrentengesetz (§ 1 a BetrAVG) unberührt bleibt bzw von § 3 S. 1

148 BAG 28.1.2004, 5 AZR 530/02, NZA 2004, 656.
149 Vgl Preis/Ulber, Ausschlussfristen und Mindestlohngesetz, 21 ff, 36.
150 BT-Drucks. 18/1558, S. 42.
151 § 139 BGB findet keine Anwendung. So auch Schweibert/Leßmann, DB 2014, 1866 ff, 1870; Bayreuther, NZA 2014, 865 ff, 865.
152 Vgl auch Bayreuther, NZA 2014, 865 ff, 868.

MiLoG nicht erfasst wird.[153] Sie bleibt weiterhin möglich und stellt keine von § 3 S. 1 MiLoG nicht gewollte Vereinbarung dar.

Der Mindestlohnanspruch **verwirkt nicht** (§ 3 S. 3 MiLoG). Auf ihn kann man nur nach Entstehung in einem gerichtlichen Vergleich **verzichten** (§ 3 S. 2 MiLoG). Die Unabdingbarkeitsregel des § 3 MiLoG gilt auch für die **abgesenkten Mindestlohnsätze** für Zeitungszusteller (§ 24 Abs. 2 MiLoG). 105

bb) Verjährung

Die regelmäßige dreijährige Verjährung[154] beginnt nach § 199 BGB mit dem **Schluss des Jahres**, in dem der Anspruch entstanden ist (Fälligkeit) und **kumulativ** der Gläubiger (Arbeitnehmer) von den den Anspruch begründenden Umständen und der Person des Schuldners Kenntnis erlangt oder ohne grobe Fahrlässigkeit erlangen müsste.[155] Im Kontext des Arbeitsverhältnisses dürfte die Verjährung damit in der Regel am Ende des Jahres liegen, in welchem der Mindestlohn in einem Monat (oder länger) nicht gezahlt wurde. Etwas anderes kann sich zB ergeben, wenn im Monat Dezember der Mindestlohn nicht in voller Höhe gezahlt wird, der Arbeitnehmer dies aber erst im Januar durch Abrechnungsbögen zur Kenntnis nehmen kann. Die Verjährung des Mindestlohnanspruchs für Dezember beginnt daher in diesem Falle erst am Ende des Folgejahres. Zahlt der Arbeitgeber nach 12 Monaten nicht die Beträge aus einem **Arbeitszeitkonto** aus (vgl § 2 Abs. 2 MiLoG), so gilt auch für diese hinsichtlich des Mindestlohnes die Regelverjährungsfrist, da diese Beiträge „eingefrorene" Mindestlöhne darstellen. 106

cc) Ausschlussfristen

Ausschlussfristen, also tarifliche oder arbeitsvertragliche Regelungen, die die Durchsetzung von Ansprüchen aus dem Arbeitsverhältnis an zeitliche und formelle Vorgaben knüpfen,[156] sind vom Gesetzgeber im MiLoG nicht geregelt worden. Nach der Rechtsprechung des BAG können auch unabdingbar gesetzliche Ansprüche von tariflichen Ausschlussfristen grundsätzlich erfasst werden.[157] Unabdingbarkeit bezüglich des Anspruches als solchen (zB Entgeltfortzahlung, Nachteilsausgleich) und Modalitäten der Geltendmachung sind hiernach zu unterscheiden.[158] Dies gilt gleichwohl nicht für den gesetzlichen Mindestlohn, denn § 3 S. 1 MiLoG steht **Vereinbarungen entgegen**, die nicht nur den Anspruch als solchen betreffen, sondern auch dessen **Geltendmachung beschränken** wollen. Ausschlussfristen können daher den Mindestlohn in seiner Durchsetzung nicht begrenzen;[159] auch hier hat der Ge- 107

153 BT-Drucks. 18/1558, S. 42.
154 Frühere Vorschläge sahen eine zehnjährige Verjährung vor, Riechert/Stomps, NJW 2013, 1050 ff, 1053.
155 Vgl hierzu ErfK/Preis, 14. Aufl. §§ 194-218 Rn 7.
156 Vgl Schaub/Treber, Arbeitsrechts-Handbuch, § 209 Rn 7 ff; Preis/Ulber, Ausschlussfristen und Mindestlohngesetz, 19 f.
157 BAG 16.1.2002, 5 AZR 430/00, NZA 2002, 746.
158 Vgl Schaub/Treber, Arbeitsrechts-Handbuch, § 209, Rn 14.
159 Ebenso Jöris/von Steinau-Steinrück, BB 2014, 2101 ff, 2103; Preis/Ulber, Ausschlussfristen und Mindestlohngesetz, 36, 46, 76.

setzgeber ein „Arbeitsrecht im Arbeitsrecht“ geschaffen. Bei **Löhnen von über 8,50 Euro** ist daher wieder zu differenzieren und zu splitten.[160] **Arbeitsvertragliche** Ausschlussfristen sind damit auch im Recht der **AGB-Kontrolle** neu zu bewerten (§ 307 BGB).[161] § 3 MiLoG ist im Hinblick auf tarifliche Ausschlussfristen **verfassungsgemäß**.[162]

108 Interessant ist zudem folgende Beispielskonstellation: Mittels eines neuen Tarifvertrages, der durch das AEntG auch auf nicht tarifgebundene Personen erstreckt werden soll, soll vom Mindestlohn unter Nutzung der Übergangsvorschrift § 24 Abs. 1 MiLoG nach unten abgewichen werden. Die Tarifvertragsparteien fragen sich, ob sie in den Tarifvertrag Ausschlussfristen verankern können, obgleich § 3 MiLoG solche für den gesetzlichen Mindestlohn ausschließt. Zur Beantwortung dieser Frage sind Wortlaut und Systematik des Gesetzes genau zu betrachten. § 24 Abs. 1 MiLoG bestimmt: „... gehen abweichende Regelungen eines Tarifvertrages repräsentativer Tarifvertragsparteien ... *dem Mindestlohn* vor ...“. Damit knüpft das MiLoG zwar auch hier an den Tarifvertrag als Ganzes an, so dass gemäß § 9 Abs. 3 AEntG Ausschlussfristen dann erlaubt wären, wenn sie von vornherein im Tarifvertrag verankert waren. Bezugspunkt in § 24 Abs. 1 MiLoG ist aber – wie oben bei der Bereitschaftszeit gesehen – **(nur) der Mindestlohn**. § 24 Abs. 1 MiLoG verweist auf § 1 MiLoG, der ausweislich seiner Überschrift den Mindestlohn bestimmt, nicht aber auch auf § 3 MiLoG. Ausnahmen sind daher nur beim Thema Entgelt pro Zeitstunde, nicht aber bei sonstigen tariflichen Bestimmungen eines Tarifvertrags, denkbar. Nach der Systematik des MiLoG ist es also möglich, für eine Übergangszeit vom gesetzlichen Mindestlohn nach unten abzuweichen, nicht aber solche Entgeltansprüche auch noch Ausschlussfristen zu unterwerfen. Ein anderes Ergebnis würde den Ausnahmecharakter zu stark und entgegen dem Telos des MiLoG ausdehnen.[163] Anders der umgekehrte Fall: Ein Tarifvertrag, der nach dem AEntG erstreckt wurde und der **günstigere Entgeltregelungen** als das MiLoG enthält, kann weiterhin, gestützt auf § 9 Abs. 3 AEntG, Ausschlussfristen enthalten. Dies ergibt die Auslegung des § 1 Abs. 3 MiLoG.[164] Ausschlussfristen sind zudem **außerhalb des Anwendungsbereichs** des MiLoG (§ 22 MiLoG) vereinbar.[165] Arbeitsverträge oder Tarifverträge mit Jugendlichen können beispielsweise Ausschlussfristen enthalten, ggf gelten die einschränkenden Vorgaben des AEntG.[166] An dieser Stelle könnte die Herausnahme von Jugendlichen verfassungsrechtlich an Art. 3 Abs. 1 GG scheitern (vgl auch Rn 172).[167]

160 Bayreuther, NZA 2014, 865 ff, 870; Preis/Ulber, Ausschlussfristen und Mindestlohngesetz, 47 ff.
161 Bayreuther, NZA 2014, 865 ff, 870.
162 Preis/Ulber, Ausschlussfristen und Mindestlohngesetz, 57 ff.
163 AA Preis/Ulber, Ausschlussfristen und Mindestlohngesetz, 39, allerdings ohne Wortlautauslegung des § 24 Abs. 1 MiLoG. Sinn und Zweck der Regelung werden dagegen zutreffend beschrieben, Preis/Ulber, Ausschlussfristen und Mindestlohngesetz, 35.
164 Zutreffend Preis/Ulber, Ausschlussfristen und Mindestlohngesetz, 37 f.
165 Preis/Ulber, Ausschlussfristen und Mindestlohngesetz, 41 ff.
166 Preis/Ulber, Ausschlussfristen und Mindestlohngesetz, 43.
167 Preis/Ulber, Ausschlussfristen und Mindestlohngesetz, 43.

dd) Verwirkung

109 Auch die Verwirkung des Anspruches auf gesetzlichen Mindestlohn ist ausgeschlossen. Damit entfällt eine schwierige Prüfung, ob die für eine Verwirkung erforderlichen Zeit- und Umstandsmomente im jeweiligen Falle vorliegen.[168]

ee) Verzicht

110 Der Verzicht auf den Mindestlohn ist grundsätzlich unzulässig. Arbeitnehmer können daher nicht auf ihn in einem Arbeitsvertrag zB im „Tausch“ gegen Bestandsschutz verzichten. Lediglich, wenn der Verzicht **nach Entstehung** des Anspruchs auf gesetzlichen Mindestlohn im Rahmen eines **gerichtlichen** Vergleichs erklärt wird, also nach Belehrung durch das Gericht, ist er zulässig. Damit scheiden auch Verzichtserklärungen im außergerichtlichen Umfeld (zB Vergleich, der von Rechtsanwälten ausgehandelt wird) oder notarielle Verzichtserklärungen mit Bezug auf den Mindestlohn (oder auch Abgeltungsklausel/Ausgleichsquittungen am Ende eines Arbeitsverhältnisses) aus. Gerichtlicher Vergleich bezieht sich auf §§ 794 Abs. 1 Nr. 1, 278 Abs. 6 ZPO. Wird ein Verzicht gleichwohl ausgesprochen, so ist dieser nach § 134 BGB nichtig. Der Arbeitnehmer kann folglich seinen Anspruch trotz des Verzichtes weiterhin geltend machen. Dies stellt kein widersprüchliches Verhalten (§ 242 BGB) dar.[169] § 3 MiLoG ist an dieser Stelle § 4 Abs. 4 TVG nachgebildet.[170]

d) Arbeitszeitkonten

111 Die recht ausdifferenzierte und nicht tarifdispositive Regelung zu Arbeitszeitkonten versucht, das Instrument weiterhin der Praxis zur Verfügung zu stellen, ohne aber **Missbrauchsmöglichkeiten** zur Umgehung des Mindestlohnes zu eröffnen. Bekannt geworden sind in diesem Umfeld Praktiken, bei denen Teilzeit von wenigen Stunden (zB zwei Stunden) vereinbart, aber wesentlich länger tatsächlich gearbeitet wurde (zB zehn Stunden) und der Mehrarbeitsanteil (acht Stunden) in ein Guthabenkonto verbracht wurde. Dieses schnell anwachsende Konto sollte dann erst nach Monaten zum Ausgleich gebracht werden. Derartige Konstruktionen finden sich häufig mit Auslandsbezug, wenn also die Arbeitsleistung in Deutschland erfolgt, dem Ausgleich der Mehrarbeit aber in einem anderen Land am Sitz des Unternehmens „hinterhergerannt“ werden muss, verbunden mit allen rechtlichen Risiken (Beweisbarkeit, Insolvenzgefahr, kaum Kontrolle durch den Zoll etc.). Solche Missbrauchskonstruktionen sind nach § 2 Abs. 2 MiLoG nicht möglich.

112 § 2 Abs. 2 MiLoG regelt eine von § 2 Abs. 1 MiLoG abweichende Fälligkeit, wenn ein Arbeitszeitkonto zwischen Arbeitgeber und Arbeitnehmer **schriftlich** vereinbart wurde und Arbeitsstunden, die über die vertraglich vereinbarte Arbeitszeit hinaus geleistet wurden, auf das Arbeitszeitkonto eingestellt werden. Rechtsgrundlagen für Arbeitszeitkonten sind der Arbeitsvertrag, aber auch eine Betriebsvereinbarung oder

168 Vgl hierzu jüngst BAG 17.10.2013, 8 AZR 974/12, NJW 2014, 2461 ff.

169 Vgl Thüsing/Thüsing, AEntG, § 9 Rn 6. Mit dem Verbot der Verwirkung werden alle Fälle von angeblich missbräuchlichen Interessendurchsetzungen erfasst, vgl Zwanziger, in: Däubler, TVG, 3. Aufl. § 4 Rn 1075.

170 BT-Drucks. 18/2010 (neu), S. 24.

ein Tarifvertrag (normativ wie über vertragliche Inbezugnahmeklausel).[171] Die auf das Arbeitszeitkonto eingestellten Arbeitsstunden dürfen monatlich **nicht mehr als 50 %** der vertraglich vereinbarten Arbeitsstunden überschreiten (also bei 165 Stunden Monatsarbeitszeit nicht mehr als 82,5 Stunden). Bei einer vereinbarten geringeren Arbeitszeit (Teilzeit) gelten entsprechend geringere Stundenzahlen. Teilzeitbeschäftigte dürfen bei dieser Umrechnung nicht benachteiligt werden (§ 4 Abs. 1 TzBfG). Voraussetzung für ein derartiges Arbeitszeitkonto ist, dass ein **monatlich verstetigtes Einkommen** auf der Basis der vertraglich vereinbarten Arbeitszeit gezahlt wird. Die auf dem Arbeitszeitkonto eingestellten Stunden sind **spätestens innerhalb von 12 Kalendermonaten nach ihrer monatlichen Erfassung** (immer zum Monatsende) entweder durch bezahlte Freizeitgewährung oder Zahlung des Mindestlohnes auszugleichen. D.h., der Zahlungsverpflichtung bzw Ausgleichsverpflichtung für die auf dem Arbeitszeitkonto eingestellten Arbeitsstunden kann später als unter § 2 Abs. 1 MiLoG festgelegt, nachgekommen werden; sie muss aber spätestens innerhalb von 12 Monaten erfüllt werden (die im Januar 2015 geleisteten Arbeitsstunden, die Ende Januar erfasst sind und in das Arbeitszeitkonto übertragen wurden, sind spätestens Ende Januar 2016 auszugleichen bzw zu vergüten). Es ist also nicht am Ende eines jeden Kalenderjahres eine Abrechnung vorzunehmen. Werden über die 50%-Grenze hinaus Überstunden geleistet, so gilt für diese, wenn andere Regeln fehlen, die Fälligkeit des § 2 Abs. 1 MiLoG.

113 In Arbeitszeitkonten (Flexikonten) sind nicht nur Überstunden, sondern auch **„Minusstunden“** denkbar.[172]

114 **Beispiel 1:** Der Arbeitsvertrag von A sieht wegen häufiger Messeveranstaltungen und hiernach folgenden Phasen einer Arbeitsberuhigung eine Arbeitsleistung von durchschnittlich 40 Stunden in der Woche vor, wobei Plus- und Minusstunden anfallen können.

115 **Beispiel 2:** Der Arbeitsvertrag erlaubt zugunsten der Arbeitnehmer Minusstunden im Umfang von fünf Stunden im Monat, wenn sie in den drei darauffolgenden Monaten ausgeglichen werden.

116 Sieht man in der Minusstunde eine (ggf vorweggenommene) bezahlte Abgeltung in Freizeit für Plusstunden, die das Gesetz ausdrücklich erlaubt, so können unterjährig Plus- und Minusstunden **verrechnet** werden.[173] Dabei hat aber A im Beispiel 1 jeden Monat das **verstetigte Entgelt** zu erhalten. Dies gilt auch, wenn Plus- und Minusstunden in einem **Ampelkonto** geführt werden, welches bei Vorliegen einer Rotphase das weitere Anwachsen von Plus- oder Minusstunden verbietet. Endet das Arbeitsverhältnis, so ist das Zeitguthaben **spätestens einen Monat nach der Beendigung** des Arbeitsverhältnisses auszugleichen. Bei Minusstunden ist eine Regelung

171 BT-Drucks. 18/1558, S. 41; Jöris/von Steinau-Steinrück, BB 2014, 2101 ff, 2104.

172 Die Konstruktion der Minusstunde ist vor dem Hintergrund des Fixschuldcharakters der Arbeitsleistung kritisch zu sehen, vgl aber zB Manteltarifvertrag Zeitarbeit v. 17.9.2013, Ziffer 3.2.2.

173 Vgl Jerchel, in: Hahn/Pfeiffer/Schubert, ArbZG, § 3 Rn 6; BAG 26.1.2011, 5 AZR 819/09, NJW 2011, 1693.

denkbar, bei der in absehbaren Fällen Gelegenheit zur Nacharbeit zu geben ist. Im Übrigen sind Verrechnungen mit ausstehenden Ansprüchen (Urlaubsentgelt, § 7 Abs. 4 BUrlG) unter Beachtung von Ausschlussfristen möglich.[174] **Technische Anpassungen** in den Betrieben werden sicherlich erforderlich werden, zumal sich die Zwölfmonatsfrist auf jede einzelne Überstunde bezieht. Zu erwarten sind rollierende Berechnungssysteme (jede Überstunde erhält eine Markierung für eine Wiedererkennung bei Ausgleich oder Auszahlung sowie eine Art Wiedervorlageschlüssel), um – auch für den Zoll – den Ausgleich der Stunde spätestens nach 12 Monaten belegen zu können. Dies bezieht sich auf den **Mindestlohnanteil** und nicht auf überschießende Entgeltbestandteile.[175]

Das „schriftlich vereinbarte Arbeitszeitkonto" (§ 2 Abs. 2 S. 1 MiLoG) spricht so- **117**
wohl **arbeitsvertragliche** als auch **tarifliche** Regelungen sowie solche in **Betriebsvereinbarungen** an.[176] **Bestehende** Regelungen sind hinsichtlich der zukünftig vorgegebenen Ausgleichsmechanismen anzupassen.

§ 2 Abs. 2 MiLoG gilt nicht für **Zeitwertkonten** nach dem SGB IV (§§ 7 b ff **118**
SGB IV), die nicht das Ziel der flexiblen Gestaltung der werktäglichen oder wöchentlichen Arbeitszeit oder den Ausgleich betrieblicher Produktions- und Arbeitszyklen verfolgen, sondern Wertguthaben aufbauen wollen, die den Zwecken nach § 7 c SGB IV (Rentenübergangsvorhaben, Pflegezeiten, Elternzeitmodelle) dienen. Die Zeitwertkonten sind insolvenzgesichert (§ 7 e SGB IV).[177]

§ 2 Abs. 2 MiLoG enthält darüber hinaus eine Sonderregelung, die bestimmte Kon- **119**
stellationen **aus dem Fälligkeitsregime** für Arbeitszeitkonten nach dem MiLoG herausnimmt. An dieser Stelle wird also nicht getrennt nach Mindestlohn und höherem Entgelt betrachtet. Die Vorschrift lautet an dieser Stelle:

..., soweit der Anspruch auf den Mindestlohn für die geleisteten Arbeitsstunden nach § 1 Abs. 1 nicht bereits durch Zahlung des verstetigten Arbeitsentgelts erfüllt ist.

In den Materialien heißt es hierzu:[178] **120**

> „Hingegen macht die Regelung keine allgemeinen Vorgaben für sämtliche Arbeitszeitkonten. Durch die Ergänzung von Absatz 2 Satz 1 wird aus Gründen der Rechtssicherheit klargestellt, dass die dortigen Vorgaben nicht einschlägig sind, soweit der Anspruch auf den Mindestlohn bereits durch die Zahlung des verstetigten Arbeitsentgelts erfüllt ist. Die Führung eines Arbeitszeitkontos unterfällt mithin **nicht den Vorgaben des Absatzes 2**, wenn bereits durch das verstetigte Monatseinkommen für sämtliche geleisteten Arbeitsstunden **einschließlich der Überstunden** der vom Arbeitgeber nach § 1 Absatz 1 gesetzlich geschuldete Mindestlohn bewirkt wird." [Hervorhebung durch die Autoren]

174 Vgl hierzu zB § 3.2.4. des MTV Zeitarbeit v. 17.9.2013. Zur ungerechtfertigten Bereicherung im Arbeitsverhältnis vgl HK-ArbR/Boemke, 3. Aufl. § 611 BGB Rn 362 f.
175 Jöris/von Steinau-Steinrück, BB 2014, 2101 ff, 2104.
176 BT-Drucks. 18/1585, S. 41.
177 Vgl auch Jöris/von Steinau-Steinrück, BB 2014, 2101 ff, 2104.
178 BT-Drucks. 18/2010 (neu), S. 24.

121 Verdient ein Arbeitnehmer allein durch sein verstetigtes Entgelt mehr als die mit dem gesetzlichen Mindestlohn vergüteten geleisteten Arbeitsstunden einschließlich der Überstunden, unterfällt dieses Arbeitszeitkonto, das diese Überstunden aufnimmt, **nicht** dem § 2 Abs. 2 MiLoG und kann **über 12 Monate** hinaus gestaltet sein.[179] Alleine die Tatsache, dass der geschuldete Lohn über dem gesetzlichen Mindestlohn liegt, reicht allerdings nicht aus, da es auf den Abstand beider zueinander sowie die Anzahl der geleisteten Überstunden ankommt. Dies zeigt sich bei Löhnen, die den Mindestlohn nur knapp überschreiten. Ergänzend zu dem ersten Beispiel unter Rn 24 gilt Folgendes: Verdient eine Person den gesetzlichen Mindestlohn und leistet sie zB zwei Überstunden, so wirkt für diese die Zwölfmonatsgrenze. Verdient sie 9,00 Euro, sind 8,50 Euro nach dem MiLoG und 50 Cent nach anderen, beispielsweise arbeitsvertraglichen Regeln zu behandeln. Verdient die Person allein durch ihr verstetigtes Entgelt mehr als die tatsächlich geleisteten Arbeitsstunden mit 8,50 Euro multipliziert, können die (alle) Entgelte für Überstunden auch länger als 12 Monate in ein Flexikonto überführt werden.[180]

122 Ob auch für **Besserverdiener** die **50%-Grenze** für eine Übertragbarkeit der Arbeitszeit in ein Flexikonto gilt, ist unklar. Einerseits folgt aus der systematischen Stellung der 50%-Grenze in der Norm und ihrem Wortlaut, dass diese Anwendung findet. Sie steht nämlich am Ende der Vorschrift, also ohne Zusammenhang mit dem „soweit…“-Satz und bezieht sich eindeutig allein auf das Arbeitszeitkonto, während der „soweit…“-Satz auch einen vergütungsrechtlichen Bezug hat und im Zusammenhang mit der Zwölfmonats-Ausgleichsgrenze steht. Andererseits knüpfen die Gesetzesmaterialien hinsichtlich der Herausnahme von Arbeitszeitkonten Besserverdienender an den **gesamten** § 2 Abs. 2 MiLoG und nicht nur an § 2 Abs. 2 S. 1 MiLoG an.

123 Betrachtet man zur Auflösung dieser Unklarheit **Sinn und Zweck** der Vorschrift, ist danach zu fragen, ob die angesprochenen Arbeitnehmergruppen schützenswert sind und die Mindestlohngewährung als solche durch die Herausnahme von der 50%-Regelung gefährdet werden würde. Hier kann wohl gesagt werden, dass jeder, der durch sein verstetigtes Entgelt bereits mehr Entgelt erhält als die Summe aus verstetigtem Entgelt und Überstundenvergütung gerechnet mit 8,50 Euro (außerhalb des Arbeitszeitrechts), keines besonderen Schutzes durch das MiLoG bedarf.[181]

124 **Beispiel**: A verdient 4.000,00 Euro bei einer 30 Stunden-Woche (Teilzeit). Will er 20 Überstunden (anstelle von 15) leisten und übertragen, so liegt sein Verdienst des verstetigten Entgelts deutlich über einer Vergütung der Arbeit einschließlich Überstunden mit 8,50 Euro gerechnet. Hier können die 20 Stunden in das Arbeitszeitkonto verbracht werden, und der Ausgleich kann später als in 12 Monaten erfolgen. An dieser Stelle hat der Gesetzgeber also kein „Arbeitsrecht im Arbeitsrecht“ vorgese-

179 Vgl auch Bayreuther, NZA 2014, 865 ff, 870; Jöris/von Steinau-Steinrück, BB 2014, 2101 ff, 2104.

180 Jöris/von Steinau-Steinrück, BB 2014, 2101 ff, 2104, die von „doppelter Buchführung“ und von „Schattenrechnung“ sprechen.

181 In diese Richtung auch Bayreuther, NZA 2014, 865 ff, 873; Preis/Ulber, Ausschlussfristen und Mindestlohngesetz, 15.

hen. Der „soweit…“-Satz ist aber in jedem Fall unglücklich in das Gesetz verbracht worden. Ließe man dagegen – quasi als Gegenkontrolle – die 50%-Grenze im Beispiel gelten, so könnte A lediglich 15 Überstunden in das Arbeitszeitkonto überführen (er wäre hierfür allerdings nicht an die Zwölfmonatsgrenze gebunden). Die weiteren fünf Stunden wären hinsichtlich des Anteils von 8,50 Euro spätestens nach § 2 Abs. 1 MiLoG fällig, der Restbetrag ggf nach anderen Regularien (Tarifvertrag, Arbeitsvertrag). Ob es dieser Behandlung bedarf, um den Mindestlohn als solchen zu schützen, dürfte fraglich sein.

Losgelöst von diesem Problem stellt sich die Frage, ob die 50%-Grenze nicht **zu** 125
hoch ist (bezogen auf die Mindestlohnbezieher), da die Gefahr des Aufbaus relativ großer Zeitguthaben besteht, die tatsächlich nicht ausgeglichen werden. Im Falle der Arbeit auf Abruf (§ 12 TzBfG) hat die Rechtsprechung, auch wegen der Verteilung des unternehmerischen Risikos, eine (bereits sehr hohe) 25%-Grenze erarbeitet.[182] Diese hätte man im Umfeld des Mindestlohns übertragen können.[183] Im Übrigen wirkt sich die 50%-Grenze vor allem bei Teilzeitarbeit negativ aus.[184] Umgekehrt dürfte die 50%-Grenze keinen Eingang bezüglich der Arbeit auf Abruf finden, da sonst das unternehmerische Risiko unangemessen stark auf den Arbeitnehmer abgewälzt werden würde.[185]

Ein Sonderproblem besteht in der **Leiharbeitsbranche**. Da § 8 Abs. 3 AEntG nF nun- 126
mehr auf die Tätigkeit des Leiharbeitnehmers abstellt und nicht auf die Frage, ob der Entleihbetrieb unter den fachlichen Geltungsbereich eines erstreckten Tarifvertrages fällt, sind für die Frage der Anwendbarkeit von Arbeitszeitkonten zunächst nicht die Regelungen des über § 3 a AÜG erstreckten Leiharbeitstarifvertrages relevant, sondern der jeweils einschlägige AEntG-Tarifvertrag und dessen Regelung zu Arbeitszeitkonten. Wird beispielsweise eine Dachdeckerleistung erbracht, sind die dortigen Regeln über Arbeitszeitkonten anzuwenden.[186] Fehlen im entsprechenden Tarifvertrag Regelungen zu Arbeitszeitkonten (zB Fleischwirtschaft), könnte behauptet werden, dass Überstunden grundsätzlich sofort zum Fälligkeitstermin des Entgelts auszuzahlen sind. Zwischen dem AEntG und § 3 a AÜG gilt aber das Günstigkeitsprinzip („**zumindest**“),[187] so dass auf ein Arbeitszeitkonto beim Verleiher Überstunden, die beim Entleiher entstanden sind, nach den Regeln des MTV Zeitarbeit übertragen werden können.[188] Zu beachten ist, dass im Osten der Entgelttarifvertrag in der Leiharbeitsbranche im Jahre 2015 unter 8,50 Euro liegt, so dass nach den Vorgaben des § 24 Abs. 1 MiLoG (und nicht nach § 1 Abs. 3 MiLoG) für Ar-

182 BAG 7.12.2005, 5 AZR 535/04, NZA 2006, 432.
183 Düwell, Ausschussdrucksache-BT, Ausschuss Arbeit und Soziales, 18(11)148, S. 74.
184 Bepler/Hanau, Ausschussdrucksache-BT, Ausschuss Arbeit und Soziales, 18(11)148, S. 143.
185 Vgl zum Problem die Stellungnahme des DAV, Ausschussdrucksache-BT, Ausschuss Arbeit und Soziales, 18(11)148, S. 96.
186 Vgl daneben § 1 der 2. VO über zwingende Arbeitsbedingungen im Gerüstbauerhandwerk vom 28.8.2014.
187 ErfK/Schlachter, 14. Aufl., § 8 AEntG Rn 5.
188 Da das AEntG nunmehr für alle Arbeitsbedingungen des § 2 offen ist, verweist die Neufassung des § 8 Abs. 3 folgerichtig auf den gesamten § 5 AEntG.

beitszeitkonten § 2 Abs. 2 MiLoG gilt, da § 24 Abs. 1 MiLoG nur Ausnahmen bezüglich des Mindestlohns gestattet, nicht aber bezüglich Arbeitszeitkonten.

e) Sonderproblem Stücklohn

127 Auch nach der Einführung des MiLoG bleiben **Stücklohnvereinbarungen zulässig**, wenn sie gewährleisten, dass der Mindestlohn für die geleistet Arbeit erreicht wird.[189] Dies stellt die Frage nach der **Umrechnung** von Stücklöhnen (Akkordlöhnen) in Zeitlöhne. Stücklöhne sind zB üblich in der Zeitungszustellerbranche.

128 Zwei Feststellungen können vorab gemacht werden: Stücklöhne – und dies hat der Gesetzgeber erkannt – können selbstverständlich einer Umrechnung zugeführt werden. Zudem stehen einer Umrechnung auch **keine rechtlichen Bedenken** entgegen, im Gegenteil führt die Umrechnung zu mehr Transparenz und häufig zu gerechteren Regelungen bei unklaren Wegegeldregelungen.[190] Ein **Neuabschluss des Arbeitsvertrages** ist nicht geboten.[191] Vor einem entsprechenden Angebot (zB zur Neugestaltung des Stücklohns und zur Anrechnung bestimmter Leistungen) ist in jedem Fall **Rechtsrat** einzuholen.

aa) Umrechnung am Beispiel der Zeitungszustellerbranche

129 Es kann regelmäßig wie folgt umgerechnet werden; die Umrechnung von Stücklöhnen erfolgt dabei unter Zugrundelegung der Haustarifverträge, die in der Zeitungszustellerbranche bestehen und mit ver.di (bzw vormals IG Medien) abgeschlossen wurden:

- 1. Schritt: Berechnung des Zeitaufwands für das Einzelexemplar einer auszutragenden Zeitung

  In einem ersten Schritt wird die durchschnittlichen Entfernung zwischen zwei Briefkästen gemessen, um daraus den **üblichen Zeitaufwand** für diese Wegstrecke zu ermitteln (wie schnell kann man diesen Weg mit verschiedenen Verkehrsmitteln oder zu Fuß – immer bepackt mit der Trägertasche – zurücklegen?). Zu diesem Zeitaufwand für den Weg wird dann noch der Zeitaufwand für das Einwerfen selbst addiert (zB Absteigen vom Fahrrad, Herausnehmen der Zeitung aus der Trägertasche, Öffnen der Haustür bei Mehrfamilienhäusern, Einstecken in den Briefkasten). Das ergibt den Zeitaufwand für das Einzelexemplar – zB 1 Minute und 30 Sekunden.[192]

- 2. Schritt: Umrechnung auf eine Stunde

  60 Minuten sind alsdann durch 1,5 Minuten zu teilen. Die **Normalleistung** in einer Stunde beträgt daher 40 Exemplare der Zeitung im Beispiel.

---

189 BT-Drucks. 18/1585, S. 40. Im Ergebnis auch Schweibert/Leßmann, DB 2014, 1866 ff, 1869.
190 Pieroth, Gutachten 2014, S. 58 und S. 118 These 8.
191 AA wohl Schweibert/Leßmann, DB 2014, 1866 ff, 1869.
192 Der Zeitaufwand erhöht sich (= Normalleistung reduziert sich) ggf um Zeiten des Einsortierens von Werbebeilagen in die eigentliche Zeitung/Zeitschrift.

- 3. Schritt: Umrechnung auf den vorgegebenen Mindestlohn

  Der gesetzliche Mindestlohn soll im Jahre 2015 6,38 Euro betragen (§ 24 Abs. 2 MiLoG). Diese Summe wird **geteilt** durch die Anzahl der in Normalleistung möglichen Zeitungsexemplare. 6,38 Euro geteilt durch 40 Exemplare ergeben 15,95 Cent pro Stück. Der Stücklohn von 15,95 Cent gewährleistet also einen Mindestlohn von 6,37 Euro brutto pro Zeitstunde. Bei einem Mindestlohn von 8,50 Euro würde sich im Beispiel ein Stücklohn pro Stunde in Höhe von 21,25 Cent errechnen.

- 4. Schritt: Umrechnung auf Monatsabonnement

  Da bei Zeitungsausträgern ein Monats-Stücklohn bezahlt wird (weil auch das Zeitungsabonnement üblicherweise einen Monatspreis hat), wird der errechnete Tages-Stücklohn dann mit 24 Arbeitstagen (Sechstagewoche) multipliziert, was in dem Beispiel einen monatlichen Trägerlohn pro Zeitungsabo von 3,83 Euro ergibt.[193]

Wird zu diesem Stücklohn ein Wegegeld gezahlt, das besondere Entfernungen zwi- 130
schen zwei Zustellempfängern ausgleichen soll und der Tatsache Rechnung trägt, dass in diesen Fällen die Normalleistung kaum erreicht werden kann, so ist dieses Wegegeld auf den gesetzlichen Mindestlohn anzurechnen.[194]

bb) Bewertung

Auch wenn die Regelung zum Mindestlohn für Zeitungszusteller eine (geringe) Ver- 131
besserung darstellen und ein Zeitlohn als Referenzgröße zu mehr Entlohnungsgerechtigkeit beiträgt[195], behält doch der Zeitungsausträger einen wesentlichen Teil des **unternehmerischen Risikos**, schlicht deshalb, weil das zu verdienende Entgelt direkt von der Anzahl der verkauften Zeitungsabonnements in seinem Zustellbezirk abhängt.[196] Problematisch wird zukünftig auch sein, wie der Zeitaufwand (Normalleistung) ermittelt wird. In **Betrieben ohne Betriebsrat** sind Zusteller ohne Einfluss auf diese Berechnung. Nachtarbeitszuschläge dürfen aber ab dem 1.1.2015 nicht auf den (auf Mindestlohn umgerechneten) Stücklohn angerechnet werden. Letztlich werden Arbeitgeber die Chance nutzen, um **Kündigungen** auszusprechen, und zwar dann, wenn die individuelle Zustellgeschwindigkeit unter der Normalleistung liegt. Hinweise hierzu werden in der Literatur bereits gegeben.[197]

Bei alledem ist festzuhalten, dass die Ausnahme für die Zeitungszustellerbranche 132
nicht durch die Pressefreiheit geboten ist (s. Rn 205 ff).

---

193 Die Vornahme einer Durchschnittsberechnung dürfte an dieser Stelle zulässig sein, da sie sich auf die Zeitstunde zurückfahren lässt, vgl Bepler/Hanau, Ausschussdrucksache-BT, Ausschuss Arbeit und Soziales 18(11) 148 S. 143; sich dem anschließend Schweibert/Leßmann, DB 2014, 1866 ff, 1868.

194 BT-Drucks. 18/2010 (neu), S. 17.

195 Barczak/Pieroth, Gutachten 2014, S. 118 These 8.

196 Vgl Barczak/Pieroth, Gutachten 2014, S. 57.

197 Schweibert/Leßmann, DB 2014, 1866 ff, 1868.

f) EU-Arbeitnehmer/Drittstaatler

133 Arbeitnehmer innerhalb der EU genießen **Arbeitnehmerfreizügigkeit** (Art. 39 AEUV). Kommen sie nach Deutschland, um dort zu arbeiten, steht auch ihnen mindestens der gesetzliche Mindestlohn zu, **es sei denn**, sie unterfallen Branchen, für die es Übergangsbestimmungen gibt oder den Besonderheiten im Hinblick auf den persönlichen Anwendungsbereich. Entsandte Arbeitnehmer haben ebenfalls – mit den Ausnahmen aus dem MiLoG – Mindestlohn zu erhalten.

134 Werden Arbeitnehmer nach Deutschland entsandt, so kommt es hinsichtlich der Sozialversicherungspflicht darauf an, ob der Arbeitnehmer eine sog. **A 1 Bescheinigung** vorlegen kann, die zu einer sozialrechtlichen Zuordnung zum Sicherungssystem des Herkunftslandes führt (Art. 12 Abs. 1 VO 883/2004 iVm Art. 19 Abs. 2 VO 987/2009).[198] Ggf sind also vom Arbeitgeber Sozialversicherungsbeiträge in dieses zu leisten. Der Arbeitnehmer ist in Deutschland nicht sozialversicherungspflichtig, erhält aber auch keine Leistungen. Die A 1 Bescheinigung ist regelmäßig bindend.[199]

135 Arbeitnehmer aus **Drittländern** erhalten ebenfalls Mindestlohn, wenn sie in Deutschland arbeiten (im Rahmen eines permanenten Aufenthaltes oder einer Entsendung). Das MiLoG wirkt als zwingende Norm des Internationalen Privatrechts auch für diese.

3. Einzuberechnende Zahlungen

136 Das MiLoG verpflichtet zur Zahlung eines Mindestlohnes in Höhe von 8,50 Euro brutto pro Zeitstunde. Keinerlei Regelung hat dabei trotz Stellungnahme des Bundesrates[200] die Frage erfahren, was in den Mindestlohn hinein- bzw was auf diesen **angerechnet** werden kann. Die Bundesregierung hält die Frage für „geklärt", sie überträgt die Rechtsprechungslinien zum Mindestlohn nach dem AEntG und der Entsenderichtlinie auf den gesetzlichen Mindestlohn. Diese Übertragung dürfte im Grundsatz zulässig sein – der Gesetzgeber setzt Mindestlöhne und Mindestentgeltsätze gleich –, sie löst aber längst nicht alle Fragen zweifelsfrei und gilt auch **nicht grenzenlos.**[201]

137 EuGH und BAG setzen bei folgenden Erwägungen an: Ausgangspunkt ist das **Äquivalenzprinzip**, wonach solche Leistungen anzurechnen sind, die in ihrer Zwecksetzung dem Mindestlohn **funktional** gleichwertig sind. Umgekehrt erfasst damit der Mindestlohn keine Vergütungsbestandteile, die das Gleichgewicht zwischen der Leistung des Arbeitnehmers (Normalleistung) und der von ihm erhaltenen Gegen-

198 Schüren/Wilde, NZS 2011, 121 ff, 122.
199 EuGH 26.1.2006, C-2/05, ZESAR 2006, 225 (Herbosch Kiere). Zur strafrechtlichen Dimension vgl Zimmermann, ZIS 2007, 407 ff.
200 BR-Drucks. 147/14 (Beschluss).
201 BT-Drucks. 18/1585, S. 85 (Stellungnahme der Bundesregierung); Bayreuther, NZA 2014, 865 ff, 865; Kocher, 19. Frankfurter Newsletter zum Recht der Europäischen Union, 15.7.2014; Brors, NZA 2014, 938 ff, 938. Kritisch Schweibert/Leßmann, DB 2014, 1866 ff, 1870.

leistung verändern.[202] Für das AEntG hat das BAG jüngst durch Auslegung eines Tarifvertrages sowie unter Heranziehung der Entscheidungen des EuGH in Sachen Kommission/Deutschland und Isbir diesbezüglich eine zum Teil **restriktive Haltung** eingenommen. Das BAG formuliert:[203]

> „Bestimmt ein aufgrund Rechtsverordnung verbindlicher Tarifvertrag einen Mindestlohnanspruch "je Stunde" unabhängig von der zeitlichen Lage der Arbeitszeit, können vom Arbeitgeber aufgrund anderer Rechtsgrundlagen geleistete Zulagen für erbrachte Spätschichten vorbehaltlich anderslautender gesetzlicher oder tariflicher Regelungen auf einen Mindestlohnanspruch angerechnet werden. Dies gilt jedenfalls dann, wenn dem Mindestlohntarifvertrag nicht entnommen werden kann, dass die Arbeitsleistung unter den Bedingungen einer Spätschicht einer gesonderten Vergütungsregelung vorbehalten worden ist."

Nach diesem Verständnis können – je nach tarifvertraglicher Formulierung – Zuschläge im Einzelfall auf den Mindestentgeltsatz angerechnet werden. Hiernach kann es dem Arbeitgeber also möglich sein, im Tarifvertrag angelegte und festgelegte Zulagen mit einem Mindestentgeltsatz zu addieren, um so den Entgelt-Grenzwert zu erreichen.[204] 138

Diese Auffassung kollidiert mit der Auslegung der Bundesregierung zum gesetzlichen Mindestlohn,[205] die allerdings, dies ist zu konzedieren, nicht primär den Gesetzesmaterialien zuzurechnen sein dürfte. Entscheidender ist vielmehr, dass die Entscheidung des BAG zum AEntG **nicht** vollständig auf den gesetzlichen Mindestlohn **übertragbar** ist, da dieser einen **Grundlohn** beschreibt und absichern soll; einen Grundlohn der im Übrigen – anders als das AEntG – unbeeinflusst von tariflichen Einordnungen wirkt. Was in einen Mindestentgeltsatz nach AEntG, der gemäß § 5 Nr. 1 AEntG nach Tätigkeit und Qualifikation **variieren** kann, hinein zu rechnen ist, muss nicht sogleich auch auf den gesetzlichen Mindestlohn anzurechnen sein.[206] Folgende Einteilung, die bei der Vielzahl denkbarer Zahlungsformen nicht abschließend ist, kann deshalb vorgenommen werden:[207] 139

---

202 EuGH 7.11.2013, C-522/12, NZA 2013, 1359 (Isbir); EuGH 14.4.2005, C-341/02, NZA 2005, 573 (Kommission / Deutschland); BAG 18.4.2012, 4 AZR 139/10, BAGE 141, 163. Vgl auch Kocher, 19. Frankfurter Newsletter zum Recht der Europäischen Union, 15.7.2014; Ulber, RdA 2014, 176 ff.; Brors, NZA 2014, 938 ff, 939. Für die ESC und hier Art. 4 vgl Europarat, ESC, Ein Leitfaden, 2002, S. 126.

203 BAG 16.4.2014, 4 AZR 802/11.

204 BAG 16.4.2014, 4 AZR 802/11 (Rn 47 ff).

205 BT-Drucks. 18/1585, S. 85 (Stellungnahme der Bundesregierung).

206 Als Folge der Entscheidung BAG 16.4.2014, 4 AZR 802/11 werden die Tarifpartner zukünftig Lohnbestandteile genau einordnen bzw bewusst ungeregelt lassen.

207 Gegen den Bezugspunkt des Normalarbeitsverhältnisses und damit zu breitere Anrechnungen von Zahlungen auf den gesetzlichen Mindestlohn gelangend Bayreuther, NZA 2014, 865 ff, 868. Der Bezugspunkt des Normalarbeitsverhältnisses stammt aus EuGH 7.11.2013, C-522/12, NZA 2012, 1359 (Isbir) und soll nach dem Willen des Gesetzgebers auf den gesetzlichen Mindestlohn übertragen werden. Dem ist zuzustimmen, ist doch der Mindestlohn für eine Arbeitsleistung etwas anderes als beispielsweise eine Grundleistung nach SGB II oder XII.

140 **Nach hier vertretener Ansicht nicht einzubeziehende Zahlungen:**[208]

- **Überstundenentgelte.** Überstunden stellen eine zusätzliche über die Normalleistung hinausgehende Leistung dar. Überstundenentgelte können deshalb nicht auf den Mindestlohn angerechnet werden. Der Arbeitgeber schuldet bei Überstunden mindestens 8,50 Euro, bei einer anderen arbeitsvertraglichen Regelung ggf. einen höheren Stundenlohn. Diese Wertungen werden einen Widerhall im **AGB-Recht** finden. Für das Überstundenentgelt werden Klauseln wie: „Mit dem Gehalt sind x Überstunden abgegolten." im Niedriglohnbereich nicht mehr, auch nicht in geringem Stundenumfang wie bisher, zulässig sein. Wegen § 3 MiLoG (Unabdingbarkeit) und dem eindeutigen Bezug des Mindestlohns auf die Zeitstunde (§ 1 MiLoG) muss man sogar davon ausgehen, dass Überstunden ohne eine Zahlung wenigstens des Mindestlohns gar nicht mehr möglich sind.[209] Dies wirkt sich auch auf **technische Systeme** (elektronische Stechuhren etc.) aus, die bestimmte Überstunden nicht mehr erfassen. Diese sind umzuprogrammieren, da ein Nichterfassen von arbeitgeberseitig veranlassten Überstunden unzulässig ist. Ebenfalls nicht angerechnet werden **Überstundenzuschläge** (vgl auch § 11 Abs. 1 BUrlG), die für besondere Beanspruchungen bei Überstunden neben dem Entgelt gezahlt werden.[210]
- **Vermögenswirksame** Leistungen,[211]
- **Aufwendungsersatzleistungen,**
- **Schmutzzulagen/Gefahrenzulagen**, da hier der Faktor der besonders unangenehmen, beschwerlichen, gefährlichen oder körperlich bzw psychisch besonders belastenden Umstände maßgeblich ist.[212] Arbeitet zB eine Arbeitnehmerin in einer Autowäscherei 40 Stunden in der Woche, vergütet mit 8,50 Euro pro Stunde, und sind 80,00 Euro im Monat als Schmutzzulage vereinbart, so hat sie zu ihrem Lohn von 1496,00 Euro (22 Arbeitstage im Monat) die Zulage in Höhe von 80,00 Euro zu erhalten. Diese darf nicht angerechnet werden.

---

208 Vgl in diesem Umfeld die Ausführungen des Zolls unter http://www.zoll.de/DE/Fachthemen/Arbeit/Mindest-arbeitsbedingugen/Mindestlohn_Lohnuntergrenze/mindestlohn_lohnuntergrenze_node.html#doc99790bodyText2 sowie Kocher, 19. Frankfurter Newsletter zum Recht der Europäischen Union, 15.7.2014; Däubler, NJW 2014, 1924 ff, 1926; Ulber, RdA 2014, 176 ff, 181. Koberski/Asshoff/Eustrup/Winkler, AEntG, 3. Aufl., § 5 Rn 16; EuGH 7.11.2013, C-522/12, NZA 2013, 1359 (Isbir); EuGH 14.4.2005, C-341/02, NZA 2005, 573 (Kommission / Deutschland); BAG 18.4.2012, 4 AZR 139/10, BAGE 141, 163.

209 Das Beispiel von Bayreuther (NZA 2014, 865 ff, 867, Bsp. 1) ist in dieser Hinsicht missverständlich. Der Mindestlohn bezieht sich auf die Zeitstunde, contra legem mit einer Monatsbetrachtung können daher Überstundenvergütungen nicht umgangen werden, aA im Ergebnis Sittard, NZA 2014, 951 ff, 951.

210 Der Zoll (FN 208) sieht dagegen bislang – anders als es die Gesetzesbegründung ausweist – bei bestimmten Überstundenzuschlägen eine Anrechnungsmöglichkeit, wenn der Arbeitgeber aufgrund eines Tarifvertrags im Sinne von § 3 AEntG oder in der Pflegebranche aufgrund einer Rechtsverordnung nach § 11 AEntG zur Zahlung von Überstundenzuschlägen verpflichtet ist. Beim gesetzlichen Mindestlohn stellt sich diese Konstellation allerdings nicht. Im Übrigen wie hier Brors, NZA 2014, 938 ff, 941.

211 Ebenso BAG 16.4.2014, 4 AZR 802/11 (Rn 60 ff).

212 BT-Drucks. 18/1558, S. 85 (Stellungnahme der Bundesregierung).

- Beiträge für zusätzliche **betriebliche Altersversorgungssysteme**,
- **Erschwerniszulagen**,
- **Abfindungszahlungen**, diese werden nicht direkt für die geleistet Arbeit gezahlt, sondern (jedenfalls aus der Sicht des Arbeitsrechts) freiwillig, um den Übergang zu einem anderen Arbeitsverhältnis (Arbeitslosigkeit) zu erleichtern. Sie stellen sich insofern als Dank für vergangene Betriebstreue dar.
- **Nacht-, Feiertags- und Sonntag**szuschläge,[213]
- **Trinkgelder**, was sich aus dem Steuerrecht ergibt (§ 3 Nr. 51 EStG) aber auch daraus, dass es sich um freiwillige Leistungen **des Gastes** handelt,
- **Qualitätsprämien**,
- **Wegegeld** (I), wenn es sich um einen Aufwandsausgleich handelt,
- **Wäschegeld**,
- **Wechselschichtzulagen**,[214]
- **Urlaubsgeld**, da es einer verbesserten Erholungsmöglichkeit dient, also dem grundsätzlichem Erhalt der Arbeitskraft, aber nicht ausschließlich im Leistungs-Gegenleistungsverhältnis des Arbeitsverhältnisses steht,[215]
- **Akkordprämien**,
- Leistungen, die die **Betriebstreue** honorieren wollen.[216] Hierzu gehört eine **Weihnachtsgeldregelung** (I), die verknüpft wurde mit einer Stichtags- oder Rückzahlungsklausel.[217]

Für diese Zahlungen **gilt nicht** das Fälligkeitsregime des § 2 Abs. 1 MiLoG. Sie können Ausschlussfristen unterliegen. Vertragliche Konstruktionen, die die genannten Entgelte in den Mindestlohn mit einbeziehen wollen, sind am AGB-Recht zu messen und regelmäßig unzulässig. 141

Einzubeziehende Zahlungen: 142

- Laufendes **Entgelt**,
- **Wegegeld (II)**, wenn es wie bei Zeitungszustellen mit großen Zustellbezirken als Gegenleistung für die Tätigkeit gezahlt wird,[218]

---

213 Auch das BAG (16.4.2014, 4 AZR 802/11) anerkennt, dass Nachtarbeitszuschläge nicht angerechnet werden (Rn 50 ff). Nachtarbeitszuschläge fallen dagegen nicht an, wenn Tarifverträge andere Ausgleichsregelungen festlegen. Je nach Ausgestaltung kann es dann zu einer Anrechnung auf den Mindestlohn kommen.

214 Jöris/von Steinau-Steinrück, BB 2014, 2101 ff, 2103.

215 Ulber, RdA 2014, 176 ff, 181; Koberski/Asshoff/Eustrup/Winkler, AEntG, 3. Aufl., § 5 Rn 16.

216 Hierzu Preis, SR 2012, 101 ff, 119; Schweibert/Leßmann, DB 2014, 1866 ff, 1870; Jöris/von Steinau-Steinrück, BB 2014, 2101 ff, 2104; Däubler, NJW 2014, 1924 ff, 1927.

217 Koberski/Asshoff/Eustrup/Winkler, AEntG, 3. Aufl., § 5 Rn 15; Ulber, RdA 2014, 176 ff, 180; Bayreuther, NZA 2014, 865 ff, 868, der zu Recht darauf hin weist, dass dies unabhängig von einer AGB-rechtlichen Einordnung gilt.

218 BT-Drucks. 18/2010 (neu), S. 17.

- Zuschläge, die bereits für die Normalleistung gezahlt werden (zB Bauzuschlag).[219] Hierzu gehören auch die **Branchenzuschläge** in der Leiharbeitsbranche,[220]
- **Weihnachtsgeld** (**II**) bzw 13. Monatsgehalt, das anteilig jeden Monat tatsächlich und unwiderruflich gezahlt wird. Dieses wird zum jeweiligen Fälligkeitszeitpunkt des Mindestlohnes angerechnet.[221]

143 **Problemfall Einmalzahlung:**

Problematisch für die Frage der Anrechnung bleiben Weihnachtsgeldzahlungen (III), 13. Monatsgehalt und sonstige **jährliche Einmalzahlungen**, die nicht wegen der Betriebstreue gezahlt und die nicht anteilig jeden Monat ausgezahlt werden. Die Umrechnung solcher Zahlungen auf den einzelnen Monat (damit gleichbedeutend mit der Anrechnung) erscheint im Entsendezusammenhang, in dem der EuGH eine solche vorsieht,[222] für nachvollziehbar. Auf den gesetzlichen Mindestlohn ist dies aber nicht in Gänze übertragbar. Zwar könnten die Wertungen des § 23 a SGB IV für eine Anrechnung sprechen; hiernach stellen einmalig gezahlte Entgelte Zuwendungen dar, die dem Arbeitsentgelt grundsätzlich zuzurechnen sind.[223] § 23 a SGB IV steht jedoch nicht im Kontext eines Mindestlohns, sondern im Kontext von Beitragsfragen der Sozialversicherungen. Auch ist nicht zu verkennen, dass die Zahlungen dem Leistungs-/Gegenleistungsverhältnis entstammen. Sinn und Zweck des Mindestlohns ist es aber, einen angemessenen Mindestschutz der Arbeitnehmer permanent zu gewährleisten. Wird dagegen eine Einmalzahlung zum Ende des Jahres gewährt, steht dem Arbeitnehmer für die davor liegenden Monate ein Mindestlohn nicht in voller Höhe zur Verfügung. Dies widerspricht dem Telos des Mindestlohngesetzes und der gesetzlichen Wertung in §§ 2 Abs. 1 MiLoG (Fälligkeitsregel) und 3 MiLoG (Unabdingbarkeit).[224] Nach der hier vertretenen Auffassung werden also jährliche Einmalzahlungen im Grundsatz nicht angerechnet.[225] Allein eine anteilige Anrechnung im Auszahlungsmonat (1/12 des Weihnachtsgelds) ist zulässig. In der Praxis werden sich – so ist zu prognostizieren – Modelle durchsetzen, die klar zu einer Anrechnung führen.[226] Auch ist mit entsprechenden Verfahren zu rechnen, ggf ist nochmals (bei unionalem Zusammenhang) ein weiteres Vorlageverfahren beim EuGH durchzuführen.

219 Kocher, 19. Frankfurter Newsletter zum Recht der Europäischen Union, 15.7.2014 mit Verweis auf BAG 18.4.2012, 4 AZR 139/10, BAGE 141, 163; Ulber, RdA 2014, 176 ff.

220 Bayreuther, NZA 2014, 865 ff, 868.

221 Ulber, RdA 2014, 176 ff, 181; Koberski/Asshoff/Eustrup/Winkler, AEntG, 3. Aufl., § 5 Rn 16.

222 Vgl Däubler, NJW 2014, 1924 ff, 1927.

223 Vgl ErfK/Preis, 14. Aufl. § 611 BGB Rn 527; mit dem gleichen Ergebnis ders. Ausschussdrucksache (Ausschuss Arbeit und Soziales), 18(11)148, S. 80.

224 Ulber, RdA 2014, 176 ff, 180 f; Bayreuther, NZA 2014, 865 ff, 868.

225 Vgl auch BT-Drucks. 18/1585, S. 85 (Stellungnahme der Bundesregierung).

226 Vgl Jöris/von Steinau-Steinrück, BB 2014, 2101 ff, 2014.

Problem Kost und Logis: 144

Kost und Logis sind nach § 107 Abs. 2 GewO grundsätzlich geeignet, Lohnbestandteile darzustellen, aber auch nur **Teile.**[227] Hierzu will aber die Bundesregierung (mehrere Ministerien) eine **Festlegung** bezogen auf § 107 GewO und die bereits vorhandene Sozialversicherungsentgeltverordnung erlassen. Nach dieser soll zB für Saisonkräfte geregelt werden, inwieweit die gewährte Kost und Logis auf den gesetzlichen Mindestlohn angerechnet werden könne.[228] Auch der Zoll, als Kontrollstelle, soll hierzu entsprechend instruiert werden. Aber selbst wenn Kost und Logis nicht einberechnet werden, darf der Arbeitgeber solche Leistungen in Rechnung stellen. Dann fungiert der Arbeitgeber gleichzeitig als Vermieter und Gastwirt. Eine Übertragung der Situation wie bei der Entsendung, bei der Unterkunft und Verpflegung nicht angerechnet werden,[229] erscheint schwierig, da beim gesetzlichen Mindestlohn keine typische Entsendesituation vorliegt. An dieser Stelle wäre es vorstellbar, dass der gesetzliche Mindestlohn und die Mindestentgeltsätze im grenzüberschreitenden Entsendefall unterschiedlich behandeln werden.

Lohnausfallprinzip: 145

Für die Berechnung der Entgeltfortzahlung zB bei Krankheit und Erholungsurlaub gilt das Lohnausfallprinzip. Beim **Erholungsurlaub** (§ 11 BUrlG) wird der Verdienst zugrunde gelegt, den der Arbeitnehmer in den letzten 13 Wochen vor Beginn des Urlaubs durchschnittlich erhalten hat. Bei dieser Betrachtung ist im **Übergang von 2014 zu 2015** auch der Mindestlohn einzubeziehen, zumal dieser eine dauerhafte Entgelterhöhung darstellt (§ 11 Abs. 1 S. 2 BUrlG). Entgelte, die nicht auf den Mindestlohn angerechnet werden, kommen zur Auszahlung während des Urlaubs, wenn sich nicht aus der Natur der Sache etwas anderes ergibt (zB keine Schmutzzulage während des Urlaubs). So können während des Urlaubs Überstundenentgelte zur Auszahlung gelangen, bei der Berechnung des Urlaubsentgelts bleiben sie allerdings unberücksichtigt (§ 11 Abs. 1 S. 1 BUrlG). § 11 Abs. 2 BUrlG, nach welchem das Urlaubsentgelt vor Antritt des Urlaubs auszuzahlen ist, steht neben § 2 Abs. 1 MiLoG und stellt dispositives Recht dar. Gibt es keine Regelung hierzu in Arbeits- oder Tarifverträgen geht § 11 Abs. 2 BUrlG als **lex specialis** vor.

Bei der **Entgeltfortzahlung im Krankheitsfall** wird in der Regel nur auf das verstetigte Entgelt Bezug genommen (also nicht auf vergangene 13 Wochen). Auch hier bleiben Überstundenentgelte unberücksichtigt (§ 4 Abs. 1 a EFZG). Hat ein Arbeitnehmer bis Ende 2014 unter dem Mindestlohn verdient und wird er im Januar 2015 krank, so hat er eine Entgeltfortzahlung auf Basis des Mindestlohns zu erhalten. 146

Ob auch im Falle der Entgeltfortzahlung der Zoll die Einhaltung des MiLoG prüft, ist unklar. Mit dem Hinweis auf § 2 Abs. 1 Nr. 2 MiLoG, der auf die Arbeitsleistung abstellt und nicht auch **Phasen der Nichtarbeit** erfasst, wird dies verneint.[230] Hinzu 147

227 ErfK/Müller-Glöge, 14. Aufl., § 107 GewO Rn 4.

228 Vgl auch Schweibert/Leßmann, DB 2014, 1866 ff, 1866.

229 Koberski/Asshoff/Eustrup/Winkler, AEntG, 3. Aufl., § 5 Rn 14; Brors, NZA 2014, 938 ff, 940 mit Verweis auf Art. 3 Abs. 7 RL 96/71/EG

230 Bepler/Hanau, Ausschussdrucksache-BT, Ausschuss Arbeit und Soziales, 18(11)148, S. 143 f.

kommt, dass sich § 14 MiLoG (staatliche Kontrolle) nur auf den Mindestlohn und nicht auch auf aufrechterhaltende Entgeltansprüche[231] bezieht. Das Problem ist, dass mit dieser Auffassung weiter argumentiert werden könnte, dass beim Urlaubsentgelt oder der Entgeltfortzahlung im Krankheitsfall andere Fälligkeitstermine bestimmt werden können (weil § 2 Abs. 1 MiLoG nicht gelte). Dies würde bedeuten, dass eine Person, die 8,50 Euro Mindestlohn verdient, im Falle des Erholungsurlaubs das Urlaubsentgelt bei entsprechender Vereinbarung erst zum Ende Jahres beanspruchen könnte. Das ist aber sicher nicht vom Gesetzgeber intendiert. Das BUrlG und das EFZG sind auch nicht vom Anwendungsbereich des MiLoG ausgenommen worden. Andererseits will der Mindestlohn europarechtsfest sein. Die Entgeltfortzahlung stellt aber kein Mindestentgelt im Sinne des Internationalen Privatrechts dar.[232] Ein öffentlich-rechtliches Kontrollorgan könnte hier unionsrechtliche Probleme bei der Kontrolle von Unternehmen aus dem EU-Ausland bekommen. Insgesamt wird wohl der Zoll Urlaubsentgelt und Entgeltfortzahlung im Krankheitsfalle nicht kontrollieren, verschobene Fälligkeitstermine in diesen Fällen aber am AGB-Recht scheitern.

4. Europarechtsfestigkeit

148 Der gesetzliche Mindestlohn gilt für inländische wie für ausländische Arbeitnehmer gleichermaßen, wenn sie im Inland (Deutschland) arbeiten. Damit werden auch **Grenzgänger** erfasst. Der Mindestlohn zählt zu den Eingriffsnormen iSv Art. 9 Rom I-VO.[233] Er ist vor dem Hintergrund der Dienstleistungsfreiheit und der Rechtsprechung zur Entsende-Richtlinie 96/71/EG zulässig.

5. Verhältnis zu anderen Mindestlohnregeln

149 Das MiLoG ist, wie gesehen, nicht die einzige Rechtsquelle, die Mindestentgeltregelungen setzt. Hinzu kommen die Festlegung von Mindestentgeltsätzen nach dem AEntG (über Rechtsverordnungen) sowie Tarifverträge, die nach § 5 TVG für allgemeinverbindlich erstreckt wurden und ebenfalls Entgeltregelungen auf unterster Stufe (Tarifgruppe 1) enthalten. Sie alle können **nebeneinander** bestehen, es stellt sich aber die Frage der Auflösung von Konkurrenzen.

150 Den Grundregeln von Rang- und Günstigkeitsprinzip, wenn es um Rechtsquellen verschiedener Hierarchiestufen geht, sowie Spezialität oder Mehrheitsprinzip, wenn es sich um Rechtsquellen gleicher Hierarchiestufe handelt, hat der Gesetzgeber an bestimmten Stellen **durchbrechende Vorschriften** entgegengesetzt, teils aus Gründen der Europarechtskonformität, teils um günstigere Regelungen zur Anwendung zu bringen, wenn sich diese eigentlich nicht durchsetzen würden. Das Günstigkeitsprinzip ist seinerseits ausdrücklich nur in § 4 Abs. 2 Alt. 2 TVG geregelt, also für das Verhältnis Tarifvertrag zu Einzelarbeitsvertrag, gleichwohl stellt es ein Prinzip dar,

231 Hierzu BAG 20.8.1980, 5 AZR 955/78, AP Nr. 12 zu § 6 LohnFG.
232 Koberski/Asshoff/Eustrup/Winkler, AEntG, 3. Aufl., § 2 Rn 5 ff.
233 Vgl auch Nielebock, in: FS Kempen, 2013, S. 181 ff, 191.

welches die gesamte Rechtsordnung durchdringt.[234] Folgende **Formeln** gelten unter dem Regime des neuen Mindestlohnrechts:

1. Der Mindestlohn setzt sich im Anwendungsbereich des MiLoG gegen alle hinsichtlich des Entgeltes schlechteren Regelungen durch, gleich welche Rechtsquelle vorliegt.[235] Dies gilt spätestens ab dem 1.1.2018. In der Zeit vom 1.1.2015 bis zum 31.12.2017 können Branchentarifverträge, die nach dem AEntG (bzw § 3 a AÜG) erstreckt wurden, schlechtere Entgeltregelungen vorsehen, ab dem 1.1.2017 müssen sie aber mindestens 8,50 Euro festgelegt haben (§ 24 Abs. 1 MiLoG). Schlechtere Entgeltregeln in allgemeinverbindlichen Tarifverträgen oder solchen nach § 3 TVG werden ab dem 1.1.2015 verdrängt; Gleiches gilt ggf für Länder-Mindestlöhne (Art. 3 Abs. 1 GG).
2. Zwischen dem gesetzlichen Mindestlohn und erstreckten Tarifverträgen nach dem AEntG (§ 3 a AÜG) gilt das Günstigkeitsprinzip. Dies wird bestätigt durch § 1 Abs. 3 MiLoG.[236]
3. Zwischen dem gesetzlichen Mindestlohn und für allgemeinverbindlich erklärten Tarifverträgen gilt ebenfalls das Günstigkeitsprinzip, weil Rechtsquellen verschiedener Hierarchiestufe betroffen sind.
4. Zwischen dem gesetzlichen Mindestlohn und Tarifverträgen nach § 3 TVG gilt erneut das Günstigkeitsprinzip.[237] Dies wirkt auch gegenüber Länder-Mindestlöhnen

Für weitere Günstigkeitsketten zwischen verschiedenen Rechtsquellen gilt ferner: 151

1. Nach **§ 8 Abs. 2 AEntG** gilt das Günstigkeitsprinzip im Verhältnis erstreckter Tarifvertrag zu allgemeinverbindlich erklärten Tarifverträgen oder solchen nach § 3 TVG, also nicht der Spezialitätsgrundsatz, der nach den allgemeinen Regeln greifen könnte. Damit können erstreckte Branchentarifverträge nach dem AEntG auch nicht etwa durch schlechtere (aber speziellere) Tarifverträge verdrängt werden. Insofern gilt das Rangprinzip, und eine Europarechtskonformität des AEntG (der erstreckte Tarifvertrag gilt auch für EU-Ausländer, ohne die Dienstleistungsfreiheit zu verletzen und ohne tarifliche Umgehungsmöglichkeiten nur für inländische Unternehmen zuzulassen) wird gewährleistet.[238] Dies führt zu folgender **möglicher Fallkonstellation**: Das MiLoG legt als Mindestlohn 8,50 Eu-

---

234 Schubert, in: Kempen/Zachert, TVG, 5. Aufl., § 4 Rn 332 mwN.

235 Bayreuther, NZA 2014, 865 ff, 866. So bereits zu früheren Vorschlägen Riechert/Stomps, NJW 2013, 1050 ff, 1052; Bayreuther, NJW 2009, 2006 ff, 2009; Schlachter/Klauk, AuR 2010, 354 ff, 359.

236 So auch Bayreuther, NZA 2014, 865 ff, 866.

237 So bereits Waltermann, NZA Beilage 3/2009, 110 ff, 117. Bepler/Hanau sehen ein Problem darin, dass zB günstigere Haustarifverträge sich nicht generell vom Regime des Mindestlohnes lösen können und hinsichtlich des Sockels Mindestlohn den Fälligkeitsregelungen des MiLoG unterworfen sind. Darin läge keine Stärkung der Tarifautonomie, Ausschussdrucksache-BT, Ausschuss Arbeit und Soziales, 18(11)148, S. 142.

238 Seifert, in: Kempen/Zachert, TVG, 5. Aufl., Anhang 1 zu § 5: AEntG § 8 Rn 4 ff; Riechert/Stomps, NJW 2013, 1050 ff, 1053; EuGH 24.1.2002, C-164/99, NZA 2002, 207 (Portugaia Construções).

ro fest. Weicht hiervon ein Branchentarifvertrag unter Nutzung der Ausnahmeregelung des § 24 Abs. 1 MiLoG ab und gewährt nur 8,00 Euro, sieht aber ein einschlägiger Haustarifvertrag 8,20 Euro vor, so gelten diese 8,20 Euro, auch wenn sich der Haustarifvertrag direkt nicht gegen den gesetzlichen Mindestlohn durchsetzen würde. Dass das MiLoG das Günstigkeitsprinzip des § 8 Abs. 2 AEntG durch die (redaktionell veranlasste)[239] Neufassung aushebeln wollte, ist nicht erkennbar und wäre auch kontraproduktiv.

2. Zwischen AVE-Tarifverträgen und Tarifverträgen ist nach hier vertretener Ansicht (Rn 67) das Günstigkeitsprinzip anzuwenden. Nach § 5 Abs. 4 S. 2 TVG nF verdrängt aber ein AVE-Tarifvertrag, der gemeinsame Einrichtungen nach § 5 Abs. 1 a TVG nF reguliert solche, die nach § 3 TVG gelten.
3. Von der Ausnahme des § 24 Abs. 2 MiLoG (Zeitungszusteller) können bessere Tarifverträge aller Art abweichen. Auch bestehende (Haus-) Tarifverträge können günstigere Regelungen zur Entfaltung bringen. Es gibt keinen Hinweis im Gesetz, wonach das Günstigkeitsprinzip nicht gegenüber der Ausnahme des § 24 Abs. 2 MiLoG gelten soll. Im Gegenteil sprechen sich §§ 1 Abs. 3 MiLoG und 8 Abs. 2 AEntG gerade für dieses aus. Zudem handelt es sich bei den Quoten (75% im Jahre 2015 und 85% im Jahre 2016 sowie 8,50 Euro im Jahre 2017) zwar um abgesenkte Mindestlöhne, aber eben doch um gesetzliche Mindestlöhne (**Mindestlohnsplitter**), die zusammen mit § 20 MiLoG zu einer Anspruchsgrundlage zusammengeführt werden können. Und gegenüber gesetzlichen Ansprüchen können sich günstigere tarifliche Ansprüche durchsetzen.
4. Wird auf einen Tarifvertrag durch Arbeitsvertrag **Bezug genommen**, so entspringt diese Bezugnahme dem Arbeitsvertrag und nicht dem Tarifvertrag. Konkurriert der in Bezug genommene Tarifvertrag mit Tarifverträgen gleich welcher Art oder mit dem gesetzlichen Mindestlohn, findet das Günstigkeitsprinzip Anwendung.[240]

6. Verhältnis zu § 138 BGB

152 Der gesetzliche Mindestlohn und die **Sittenwidrigkeitsgrenze** nach § 138 BGB weisen Schnittmengen auf, sind aber nicht deckungsgleich. Allerdings beeinflussen die starken verfassungsrechtlichen Wertungen, die den gesetzlichen Mindestlohn bestimmen, die Überlegungen zur Sittenwidrigkeit, und zwar grundsätzlich, also unabhängig davon, ob das MiLoG Anwendung findet oder nicht

153 Wird nach dem MiLoG der gesetzliche Mindestlohn gezahlt, so stellt dieser auch die Grenze der Sittenwidrigkeit dar. Für Fälle, in denen Löhne aus nach AEntG erstreckten Tarifverträgen (§ 24 Abs. 1 MiLoG, Übergangsregelung) ausbezahlt werden, wird diese **nach unten** gedrückt.

239 BT-Drucks. 18/1558, S. 63.
240 BAG 29.8.2007, 4 AZR 767/06, NZA 2008, 364 ff; BAG 7.7.2010, 4 AZR 549/08, NZA 2010, 1068; Schubert, AR-Blattei, Tarifbindung, 1550.3.

Dort, wo der Mindestlohn keine Anwendung finden soll (§ 22 Abs. 2, 4 MiLoG), stellt sich konkret die Frage nach § 138 BGB und der Ermittlung der Sittenwidrigkeitsgrenze. Welcher Lohn unterhalb des gesetzlichen Mindestlohns ist noch sittengemäß? Das Gesetz regelt hierzu nichts, und die bekannte Drittellösung der Rechtsprechung des BAG und des BGH zum Lohnwucherstraftatbestand (zwei Drittel des Tariflohns für die entsprechende Stelle sind noch sittengemäß)[241] sind im Umfeld des gesetzlichen Mindestlohns und dessen Zielen (Würdeschutz, angemessene, gerechte Entlohnung, an sich unterste Lohnstufe) **unangemessen**. Unterhalb eines Mindestlohns ist per se **kaum Raum** für noch sittengemäße Löhne, was zudem durch völkerrechtliche Rechtsquellen bestätigt wird (s. Rn 51. Der beabsichtigte Würdeschutz ist „schwerlich relativierbar".[242] Nach der Rechtsprechung des BAG haben zudem neben der reinen Gehaltsbetrachtung bereits heute andere Belange und Hintergründe des Einzelfalls Berücksichtigung zu finden.[243] 154

Da hier eine planwidrige Lücke besteht, kann im Wege der Analogie auf § 24 Abs. 2 MiLoG zurückgegriffen werden.[244] Dort, also ebenfalls im MiLoG, wird für Zeitungszusteller in einem ersten Schritt eine Entlohnung von 75% des Mindestlohnes als angemessen angesehen. Diese **75% vom gesetzlichen Mindestlohn** können wie erwähnt auf die Frage der Sittenwidrigkeit übertragen werden. Die Regelung ist zwar ihrerseits – wegen der ungerechtfertigten Herausnahme einer Branche – zu kritisieren (s. Rn 205). Sie zeigt aber die Wertungen des Gesetzgebers an, die Beachtung finden müssen. Unter Zugrundelegung der im Vorabsatz dargelegten Maßstäbe sind 75% sachgemäßer als 66%, mehr aber auch nicht. Diese Grenze gilt auch für Tarifverträge iSv § 24 Abs. 1 MiLoG. Mit anderen Worten: In der Übergangsphase dürfen Tarifverträge zwar Löhne unter 8,50 Euro vorsehen, nicht aber unterhalb der 75%-Grenze. 155

Betrachtet man höhere Löhne und höher vergütete Tätigkeiten, so bedingt der gesetzliche Mindestlohn nicht, dass hier die Sittenwidrigkeitsgrenze auf 8,50 Euro herabfällt. Diese ist nämlich **relativ zur Tätigkeit**, so dass eine Sittenwidrigkeit durchaus oberhalb 8,50 Euro liegen kann, wobei es in solchen Konstellationen in der Regel bei der Drittelberechnung verbleibt.[245] 156

Liegt Sittenwidrigkeit vor, so bestimmt sich die Vergütung nach § 612 Abs. 2 BGB. 157
Da es hier nicht zu einer Art **geltungserhaltenden Reduktion** kommen kann (der Lohn wird so angepasst, dass er gerade noch sittengemäß ist),[246] ist in solchen Fällen danach Ausschau zu halten, was als üblicher Lohn zu zahlen wäre, zB aufgrund

---

241 BAG 22.4.2009, 5 AZR 436/08, BB 2009, 1013.

242 Zitat bei Riechert/Stomps, NJW 2013, 1050 ff, 1052.

243 Vgl BAG 26.4.2006, 5 AZR 549/05, NZA 2006, 1354, das weitere Bewertungskriterien einfließen lässt; Waltermann, NZA Beilage 3/2009, 110 ff, 112 unten sowie jüngst Rieble/Picker, ZfA 2014, 153 ff, 184.

244 Zur Methodik vgl Wiedemann, NJW 2014, 2407 ff, 2409.

245 Vgl Bayreuther, NZA 2014, 865 ff, 866.

246 Mit gleicher Tendenz Rieble/Picker, ZfA 2014, 153 ff, 214 (These 10); vgl auch Bayreuther, NZA 2014, 865 ff, 866.

eines Tarifvertrages in dieser Branche. Dieser Betrag kann dann sogar den gesetzlichen Mindestlohn übersteigen.[247]

7. Verhältnis zu Entgelttarifverträgen

158 Zwischen dem gesetzlichen Mindestlohn und Entgelttarifverträgen nach § 3 TVG wirkt – wie gesehen – im Kollisionsfalle das Günstigkeitsprinzip, da Rechtsquellen unterschiedlicher Hierarchieebene betroffen sind (gesetzlicher Anspruch – tariflicher Anspruch).[248] Löhne in Entgelttarifverträgen, die den gesetzlichen Mindestlohn übersteigen, sind wirksam und für die Tarifgebundenen maßgeblich.

II. Ausnahmen im persönlichen Anwendungsbereich

1. Praktikanten

159 Nach § 22 Abs. 1 S. 1 MiLoG gilt das Gesetz zunächst für Arbeitnehmerinnen und Arbeitnehmer. Vergleichbar anderen Arbeitnehmerschutzgesetzen (zB § 2 BUrlG) bestimmt das MiLoG, dass ein weiterer Beschäftigungstyp **als Arbeitsverhältnis** im Sinne dieses Gesetzes **gelten soll**: Das Praktikantenverhältnis nach § 26 BBiG. Dieses wird legaldefiniert (§ 22 Abs. 1 S. 3 MiLoG), es werden Ausnahmen begründet (§ 22 Abs. 1 S. 2 Nr. 1–4 MiLoG) und die Beweislast für das Regel-Ausnahme-System verteilt („es sei denn ...").

160 Praktika werden vom Gesetzgeber als sinnvoll erachtet, Missbrauchskonstruktionen sollen aber eingedämmt werden.[249] Dies gelingt bei der Vielzahl von Ausnahmen nur teilweise. Nach Ansicht des Gesetzgebers dient das Gesetz der Rechtsklarheit.[250] Zwar gelten Scheinpraktika der „**Generation Praktikum**" bereits aktuell als Arbeitsverhältnisse (mit einer Entgeltfindung über § 612 BGB).[251] Gleichwohl wirken sich Unsicherheiten im Rechtsverhältnis und der Verweis auf das Führen einer Statusklage nachteilig auf Praktikanten aus. Das Gesetz mindert diese Nachteile, in dem es Praktikanten ausdrücklich zu Arbeitnehmern iSd MiLoG macht. Damit haben sie Anspruch auf Zahlung des Mindestlohns und werden zudem nicht auf das relativ unsichere Terrain des § 17 BBiG verwiesen (so aber § 26 iVm § 17 BBiG).[252]

161 Mit dem Verweis auf § 26 BBiG wird einmal klargestellt, dass das MiLoG nicht für andere Typen von Praktika oder andere Beschäftigungsformen außerhalb § 26 BBiG, zB im Rahmen besonderer Aus- und Weiterbildungsmaßnahmen, gilt (ausdrücklich § 22 Abs. 1 Nr. 4 MiLoG). Das MiLoG wirkt aber auch **nur** für den Fall des Praktikums und damit zB nicht für das **Volontariat**, das ebenfalls unter § 26 BBiG fällt, wenn es nicht als Arbeitsverhältnis ausgestaltet wurde. Ein sog. **Probear-**

247 Ähnlich Bayreuther, NZA 2014, 865 ff, 866.
248 Ebenso der Gesetzgeber für das Verhältnis Entgelttarifvertrag zu Mindestentgeltsätzen nach dem MiArbG, BT-Drucks. 16/10485, S. 11.
249 BT-Drucks. 18/1558, S. 50; kritisch Picker/Sausmikat, NZA 2014, 942 ff, 943.
250 BT-Drucks. 18/2010 (neu), S. 26.
251 Zutreffend, aber das Schutzbedürfnisses unterschätzend ErfK/Schlachter, 14. Aufl., § 26 BBiG Rn 4.
252 BT-Drucks. 18/1558, S. 50; Entwicklungslinien beschreibt Düwell, DB 2014, 2047 ff.

beitsverhältnis (auch Einfühlungsverhältnis genannt) ist entsprechend seiner Dauer und Ausgestaltung (und nur darauf kommt es an) entweder ggf. befristetes Arbeitsverhältnis, Praktikum oder ein Tätigkeitverhältnis eigener Art. Lediglich im letztgenannten Fall besteht kein Anspruch auf Mindestlohn. Unterscheidungsmerkmal ist das Weisungsrecht, das beim Probearbeitsverhältnis nicht besteht bzw nicht bestehen darf. Je länger das „Probearbeitsverhältnis" andauert, desto mehr spricht für das Bestehen eines Arbeitsverhältnisses.[253] **Trainees** sind in aller Regel Arbeitnehmer mit Anspruch auf Mindestlohn.[254]

Praktikant ist, wer sich 162

- nach der tatsächlichen Ausgestaltung und Durchführung des Vertragsverhältnisses
- unabhängig von dessen Bezeichnung
- für eine begrenzte Dauer
- zum Erwerb praktischer Kenntnisse und Erfahrungen
- einer bestimmten betrieblichen Tätigkeit zur Vorbereitung auf eine berufliche Tätigkeit unterzieht, ohne dass Berufsausbildung vorliegt.[255]

Diese recht ausdifferenzierte Legaldefinition, die auch nicht wortgleich zu § 26 BBiG 163 ist, entstammt der Empfehlung des Rates der EU vom 4.3.2014 zu einem Qualitätsrahmen für Praktika[256] und soll ebenfalls Missbrauch vermeiden helfen. Damit kann ein Praktikant auch dann Mindestlohn verlangen, wenn sein Vertrag anderweitig überschrieben ist zB als freiwilliger Dienst (§ 22 Abs. 3 Alt. 2 MiLoG) bzw Volontär oder das Beschäftigungsverhältnis anders gelebt wird als schriftlich niedergelegt. Auch **unbefristete** „Praktikumsverhältnisse" fallen heraus. Steht die Arbeitsleistung und nicht der Erwerb praktischer Kenntnisse und Erfahrungen im Vordergrund (gemischte Tätigkeit), handelt es sich um ein Arbeitsverhältnis, gleichgültig wie der Vertrag bezeichnet wurde.

In diesen Fällen, in denen es um die Frage des Beschäftigungsverhältnisses als sol- 164 ches geht, ist der Betroffene **darlegungs- und beweispflichtig**, da sich die Beweisregel von § 22 Abs. 1 MiLoG nur auf das Verhältnis der Ausnahmen zum Regelfall, und dabei immer auf Praktika (Ausnahme Nr. 4) bezieht. Hier enthält das Gesetz eine **Schutzlücke.**

Liegt ein Praktikum vor, hat nach § 2 Abs. 1 a **NachwG** neu[257] jeder, der einen 165 Praktikanten einstellt, die Praktikumsbedingungen **sogleich** schriftlich niederzule-

253 Vgl. hierzu ErfK/Preis, 14. Aufl. § 611 BGB Rn 159.
254 Picker/Sausmikat, NZA 2014, 942 ff, 947.
255 Unter dem Gesichtspunkt des lebenslangen Lernens und einer längeren Lebensarbeitszeit bezieht sich der Abschnitt nicht nur auf jüngere Arbeitnehmer.
256 7029/1/14 REV 1, Erwägungsgrund 27; Abl.EU 27.3.2014, C 88/1. Hierzu Düwell, DB 2014, 2047 ff.
257 Vgl Empfehlung des Rates der EU vom 4.3.2014 zu einem Qualitätsrahmen für Praktika (7029/1/14 REV 1), S. 8.

gen, was die Beweissituation für Praktikanten erleichtert.[258] Unterlässt der „Arbeitgeber“ diese Niederschrift, kann er sich **schadensersatzpflichtig** machen, allerdings ist die Feststellung eines Schadens schwierig. Denkbar sind Fälle, in denen die Schadenshöhe in der Differenz aus gezahltem Entgelt und dem Mindestlohn besteht und eine Schadensersatzklage neben einer Leistungsklage auf Zahlung des Mindestlohns erhoben wird. Ein Anspruch kann auf mehrere Anspruchsgrundlagen gestützt werden. Beweisprobleme können so ausgeglichen werden.[259]

166 Das Praktikum bezieht sich auf den Erwerb praktischer Kenntnisse und Erfahrungen in Bezug auf eine **bestimmte betriebliche Tätigkeit** zur Vorbereitung auf eine **berufliche Tätigkeit**. Bezugspunkt ist eine Berufstätigkeit. Ein Praktikum zB im klerikalen Bereich, das allein der Persönlichkeitsbildung dienen soll, fällt damit heraus (kein Mindestlohn, da weder ein Arbeitsverhältnis noch ein Praktikum iSd MiLoG vorliegt). Andererseits erhält eine bereits ausgebildete Person, die ein Praktikum in einem Betrieb des Ausbildungsganges leistet, allein als Voraussetzung, um dort übernommen zu werden (quasi als billige Erprobungsphase), Mindestlohn ab dem ersten Tag. Auch damit wird einem Modell „Generation Praktikum“ entgegengetreten.

167 Für die Berufsausbildung gilt § 22 Abs. 3 MiLoG (s. Rn 183).

168 Das Gesetz beschreibt allerdings umfangreiche **Ausnahmen** und dabei Typen von Praktika, die entweder stets oder für einen gewissen Zeitabschnitt nicht unter das MiLoG fallen und damit keinen Anspruch auf Mindestlohn auslösen.[260]

169 Im Einzelnen:

- (Nr. 1) Ist das Praktikum aufgrund einer **schulrechtlichen** Bestimmung oder einer **Ausbildungs- oder Hochschulordnung** vorgeschrieben und verpflichtend oder im Rahmen einer Ausbildung an einer gesetzlich geregelten Berufsakademie zu leisten[261], so ist für diese Tätigkeit von der Ausbildungsstelle kein Mindestlohn zu zahlen. Dies gilt auch für verpflichtende Berufspraktika.[262]
- (Nr. 2) Problematischer ist die Ziffer 2 der Vorschrift. Ebenfalls **kein** Mindestlohn für die Dauer von bis zu **drei Monaten** ist hiernach für **Orientierungspraktika** zu leisten, die auf eine Berufsausbildung oder die Aufnahme eines Studiums gerichtet sind. Die ursprünglichen Vorschläge bewegten sich bei vier bzw sechs Wochen, die jetzige Regelung verschlechtert die Situation von Praktikanten und mindert das angestrebte Ziel der Missbrauchsbekämpfung von Praktika deutlich.

---

258 In die Niederschrift aufzunehmen sind: Name und Anschrift der Vertragsparteien, Lern- und Ausbildungsziele des Praktikums, Beginn und Dauer des Praktikums, Dauer der regelmäßigen Praktikumszeit, Zahlung und Höhe der Vergütung, Dauer des Urlaubs, Hinweise auf geltende Tarifverträge, Betriebsvereinbarungen bzw Dienstvereinbarungen.

259 Vgl auch ArbG Naumburg, 23.6.2005, 1 (2) Ca 1743/04.

260 Bedenken zu den Ausnahmen äußerte auch der Wissenschaftliche Dienst des Dt. Bundestages: RegDir Arnold Bug, Az: WD 6-3000-002/14.

261 Die Herausnahme der dualen Studiengänge erfolgte erst im letzten Schritt des Gesetzgebungsverfahrens.

262 BT-Drucks. 18/1558, S. 50.

Orientierung bedeutet, dass es einen inhaltlichen **Zusammenhang** zwischen Praktikum und dem Studiengang bzw dem Berufsausbildungsgang geben muss, wobei allzu **strenge Vorgaben** hier **nicht** greifen dürften.[263] Das Gesetz spricht selbst von „*eine* Berufsausbildung" und von „*eines* Studiums". Dies ist sehr weit formuliert. Das Praktikum muss folglich nicht zwingend in derselben Branche stattfinden wie die folgende Berufsausbildung. Schwieriger ist die Frage zu beantworten, wie eine Orientierung festzustellen ist. Zum einen ist fraglich, ob eine objektive Betrachtung heranzuziehen ist oder ob es auf den Wunsch der Vertragsparteien ankommt. Auch ist offen, was in eine Betrachtung mit einzufließen hat. Letztlich ist auch nicht festgelegt worden, ob das Praktikum direkt der Ausbildung oder dem Studium vorgelagert zu sein hat.

Insgesamt scheint zunächst nur klar zu sein, dass es nicht entscheidend sein kann, ob der Arbeitgeber das Praktikum für eine Orientierung geeignet hält. Dies ergibt sich auch aus der Wertung des § 3 MiLoG. Andernfalls könnte willkürlich vom Ausbildenden festgelegt werden, was ein Sonderfall darstellt und was nicht. Wird das Praktikum von den Vertragsparteien **gemeinsam** als Orientierung verstanden und wird dies auch so in die Niederschrift nach dem NachwG aufgenommen, können nur eindeutige objektive Kriterien dieser Einordnung entgegengestellt werden. So wird ein zweites Praktikum für denselben Lehrberuf in der Regel objektiv nicht mehr der Orientierung dienen. Andererseits kann es mehrere unterschiedliche Orientierungspraktika geben (bei Berufswechseln). Entsprechend gestalten sich die **Stufen der Beweislast**, für die die Beweiserleichterung aus § 22 Abs. 1 MiLoG wirkt. Trägt der Praktikant Indizien vor, das Praktikum diente nicht der Orientierung und legt der Ausbildende eine anderslautende Niederschrift vor, hat der Praktikant nunmehr Indizien vorzutragen, in welcher Weise das Praktikumsverhältnis tatsächlich gelebt wurde bzw dass der Orientierungsgedanke nur vorgegeben war. Hiernach hat der Ausbildende zu beweisen, dass eine Orientierung objektiv gegeben ist. Daraus ergibt sich, dass es einer **Gesamtbetrachtung** bedarf, bei der auch eine Rolle spielt, ob das Praktikum überhaupt geeignet war, Orientierung zu geben. Da es bei der Gesamtbetrachtung zudem darauf ankommt, wie das Praktikumsverhältnis tatsächlich ausgestaltet wurde, kann nicht nur auf den Zeitpunkt des Beginns des Praktikums abgestellt werden.

Möglich ist dagegen folgender Fall: Will der Praktikant beispielsweise nach dem Praktikum weder ein Studium noch eine Berufsausbildung aufnehmen, sondern plant ein Freiwilliges Soziales Jahr, was auch von Anfang an bekannt ist, kann dennoch ein sich hieran anschließendes Studium noch im Zusammenhang mit dem Praktikum stehen. Das Studium/die Ausbildung muss sich also nicht unmittelbar an das Orientierungspraktikum anschließen.

Da der Anspruch auf Mindestlohn erst nach drei Jahren **verjährt** (§§ 195, 199 BGB), empfiehlt es sich für die Parteien, insbesondere für den Arbeitgeber, der

263 Ähnlich Bayreuther, NZA 2014, 865 ff, 871.

die eigentliche Beweislast trägt, Dokumente aufzubewahren, die eine Orientierung belegen können.

Bewertet man die Vorschrift insgesamt, so zeigt sich, dass zwar krasse **Umgehungsfälle** (zB Praktikant soll sich nach ausgeschriebener Praktikumsstelle auf ein Studium orientieren, besitzt aber nur den Hauptschulabschluss) erfasst sind, aber im Grunde durch die weite Formulierung des Gesetzes Praktika von Nichtausgebildeten mit Bezug zu einer Ausbildung oder einem Studium bis zu drei Monaten vom Mindestlohn ausgenommen werden sollen. Solche Praktikanten erhalten eine Vergütung nach § 17 BBiG (mit den dortigen Rechtsproblemen).[264]

Ist das Praktikum nachvollziehbar zur Orientierung gestaltet, soll es aber zB sechs Monate andauern, stellt sich die Frage, ob Mindestlohn von Anfang an oder erst nach dem Ablauf von drei Monaten zu zahlen ist. Dieser Fall ist **gesetzlich nicht geregelt**. Zwar ist nach dem Gesetz für drei Monate der Schutz der Praktikanten herabgesetzt worden. Bei geplant längeren Orientierungspraktika stellt sich allerdings schon die Frage, ob nicht von Anfang an eine „billige Arbeitskraft" gesucht wird, bei der die ersten drei Monate quasi der Einarbeitung dienen sollen, die mithilfe des Gesetzes verbilligt gestaltet werden kann. Eine Orientierung auf ein Studium oder eine Ausbildung ist in drei Monaten gut möglich. Will man der „Generation Praktikum" nachhaltig entgegentreten und Missbrauchskonstruktionen verhindern, sind langanhaltende Praktika vom ersten Tag an mit dem Mindestlohn zu vergüten. Für diese Auslegung spricht auch der Wortlaut des Gesetzes an anderer Stelle. So heißt es in § 22 Abs. 4 MiLoG für die Ausnahme bezüglich Langzeitarbeitslosigkeit: „... gilt der Mindestlohn in den ersten sechs Monaten der Beschäftigung nicht." Mindestlohn ist hier also erst zu zahlen, wenn die Beschäftigung länger als sechs Monate andauert. Zum Orientierungspraktikum findet sich eine vergleichbare Regelung nicht. Vielmehr gelten Personen nicht als Arbeitnehmer, die ein Praktikum von bis zu drei Monaten zur Orientierung ableisten. Damit gelten Personen, die ein längerfristiges Praktikum antreten, gerade wieder als Arbeitnehmer, und zwar von Anfang an.[265] Aber selbst wenn man dieser Auslegung nicht folgt, hat der Ausbildende je länger das Praktikum geplant ist, Schwierigkeiten zu beweisen, dass dieses noch zur Orientierung dienen soll. Diesbezüglich ist mit gerichtlichen Auseinandersetzungen zu rechnen.

Die Ausnahme erfasst dagegen keine Orientierungspraktika, die auf eine Berufstätigkeit gerichtet sind. Praktika **nach abgeschlossener** Ausbildung bzw Studium sind in der Regel nach Mindestlohn zu entlohnen (**Beispiel**: Das Praktikum eines Industriemechanikers bei einem Maschinenbauunternehmen, zur Orientierung auf eine **konkrete** Stelle. Hier erhält der Praktikant mindestens Mindestlohn).[266]

264 Schubert/Schaumberg, BBiG, § 17 Ziff. 2.

265 Wie hier Jöris/von Steinau-Steinrück, BB 2014, 2101 ff, 2102 und das BMAS http://www.der-mindestlohn-kommt.de/ml/DE/Ihre-Fragen/Fragen-und-Antworten/faq-zum-mindestlohn-info.html.

266 Bayreuther, NZA 2014, 865 ff, 873; Picker/Sausmikat, NZA 2014, 942 ff, 947.

Hat in einem solchen Fall das Praktikum noch im Jahre 2014 begonnen, dauert es aber über den Jahreswechsel zum Jahr 2015 hinaus an, ist ab dem 1.1.2015 Mindestlohn zu zahlen.[267] Orientierungspraktika nach Ausbildung vor Aufnahme eines Studiums werden von Nr. 2 erfasst.

- (Nr. 3) Die **Dreimonatsgrenze** gilt gleichsam, wenn **begleitend** zu einer Berufs- oder Hochschulausbildung Praktika geleistet werden. Diese Grenze kann allerdings **nur einmal** vom Ausbildenden genutzt werden.[268] Das Gesetz bestimmt ausdrücklich: „*... wenn nicht zuvor ein solches Praktikumsverhältnis mit demselben Ausbildenden bestanden hat.*" Legt man die (umstrittene) Rechtsprechung des BAG zur sachgrundlosen Befristung und zur Vorbeschäftigung zu Grunde,[269] kann ein Praktikum mit demselben Ausbildenden ohne Zahlung des Mindestlohns erst wieder **nach drei Jahren** eingegangen werden. Umgehungen und **Drehtürsysteme** in Konzernstrukturen sind dagegen denkbar.

  Ob eine **Kombination** der Ausnahmen nach Ziffern 2 und 3 möglich ist, dürfte Gegenstand von Streitigkeiten werden. **Beispiel:** A leistet ein dreimonatiges Orientierungspraktikum bei einer Bank ab und tritt hiernach ein BWL-Studium an. Beginnt er hierauf ein freiwilliges und nicht in der Prüfungsordnung vorgesehenes Praktikum bei derselben Bank, so ist fraglich, ob er für dieses Praktikum mindestens Mindestlohn erhält. Zur Lösung ist Folgendes zu beachten: Einerseits bezieht sich das Anschlussverbot dem Wortlaut nach nur auf ein „*solches* Praktikumsverhältnis", also nur auf ein zuvor absolviertes freiwilliges Praktikum nach Nr. 3.[270] Andererseits will das Gesetz der Entstehung von „Praktikumsvitae" durch geschickte Kombinationen vorbeugen. Denkbar wäre daher eine teleologische Reduktion der Ziffer 3 dahin gehend, dass Kombinationen mit Ziffer 2 mindestlohnauslösend sind, nicht aber Kombinationen mit Pflichtpraktika nach Ziffer 1.

  Ungeregelt ist auch folgender Fall: Eine Person möchte in einem Unternehmen in verschiedenen Abteilungen, aber beim selben Ausbildenden drei Praktika mit einer Dauer von jeweils einem Monat ableisten und fragt, ob ab dem zweiten Praktikum Mindestlohn zu zahlen ist. Diese Frage ist wohl zu bejahen, da das Gesetz von **einem** Praktikum **bis zu** drei Monaten spricht, also auch kürzerer Praktika erfasst, und für alle (auch für die kurzen Praktika) anordnet, dass ein zuvor beim selben Ausbildenden abgeleistetes Praktikum Mindestlohn auslöst.[271] Auch hier ist mit Rechtsstreitigkeiten zu rechnen.

- (Nr. 4) Keinen Anspruch auf Mindestlohn haben unabhängig von der jeweiligen Dauer der **Maßnahme/Förderung** Personen, die an einer Einstiegsqualifizierung (sechs bis 12 Monate förderungsfähig, § 54 a Abs. 2 SGB III) oder an einer Berufsausbildungsvorbereitung nach den §§ 68–70 BBiG teilnehmen. Letztere stel-

267 Jöris/von Steinau-Steinrück, BB 2014, 2101 ff, 2102.
268 Vgl auch ArbG Bochum 26.3.2014, 2 Ca 1482/13.
269 BAG 6.4.2011, 7 AZR 716/09, NZA 2011, 905.
270 Hierauf weist Bayreuther hin, NZA 2014, 865 ff, 872.
271 Im Ergebnis anders, aber ohne Begründung Bayreuther, NZA 2014, 865 ff, 872.

len ohnehin keine Praktikanten dar.[272] Ob § 17 BBiG Anwendung findet, ist noch ungeklärt.[273] Nach einer Berufsausbildungsvorbereitungsmaßnahme kann sich ein Orientierungspraktikum anschließen, so dass sich die Zeit ohne Zahlung des Mindestlohns um weiterer drei Monate verlängern kann.

170 Für die Fälle des § 22 Abs. 1 S. 3 Nr. 1 bis 4 MiLoG trägt der Arbeitgeber/Ausbildende die **Beweislast**, wenn zuvor der Praktikant Indizien vorgetragen hat, dass eine Ausnahme nicht vorliegt.[274]

171 Die Regelungen zu den Praktikanten gelten hinsichtlich der Neuerungen im NachwG bereits seit dem **16.8.2014.**

2. Jugendliche

172 Nach § 22 Abs. 2 MiLoG werden Personen iSd § 2 Abs. 1 und 2 des JArbSchG vom MiLoG ausgenommen, sie **gelten für dieses Gesetz nicht als Arbeitnehmer**. Die Norm, auf die verwiesen wird, lautet:

(1) Kind im Sinne dieses Gesetzes ist, wer noch nicht 15 Jahre alt ist.

(2) Jugendlicher im Sinne dieses Gesetzes ist, wer 15, aber noch nicht 18 Jahre alt ist.

173 Damit werden Personen, die eigentlich den Arbeitnehmerstatus besitzen, vom Anspruch auf Mindestlohn **ausgenommen**. Dies gilt nicht, wenn der Jugendliche bereits eine abgeschlossene Berufsausbildung vorweisen kann. **Beispiel**: A hat mit 15 Jahren die Schule abgeschlossen und hiernach eine zweieinhalbjährige Lehre angetreten. Obgleich sie bei Antritt einer Folgestelle unter 18 Jahren alt ist, erhält sie mindestens den gesetzlichen Mindestlohn.

174 Nur dieser Fall ist stimmig zur Begründung des Gesetzgebers, junge Menschen nicht durch Gewährung des Mindestlohns vom Antritt einer Berufsausbildung oder einer weiterführenden Schule abzuhalten.[275] Im Übrigen stellt sich aber die Frage, ob die Herausnahme von Jugendlichen **ökonomisch zielführend** sowie **verfassungs- und unionsrechtlich zulässig** ist. Daran könnten bereits folgende Fälle zweifeln lassen:

175 **Fall 1:** A ist bereits in einer Berufsausbildung zum Erzieher tätig und arbeitete nebenbei als Babysitter. Hier wird der 17-Jährige vom Mindestlohn ausgenommen, obwohl er von einer „nachhaltigen Integration in den Arbeitsmarkt“[276] nicht abgehalten wird. Wegen des Babysittens wird er sicherlich auch nicht die Ausbildung abbrechen.

176 **Fall 2:** B steht vor dem Abitur in einer G 8-Klasse eines Gymnasiums. Sie ist 17 Jahre alt. Nebenbei jobbt sie als Kellnerin in einem Seniorencafé. Auch sie erhält keinen Mindestlohn, obwohl sie sich bereits an einer weiterführenden Schule befindet und die Tätigkeit als Kellnerin auch nicht den Anreiz bietet, die Schule abzubrechen.

---

272 BT-Drucks. 18/2010 (neu), S. 26.
273 Dafür Lakies/Nehls, § 68 BBiG Rn 10.
274 BT-Drucks. 18/2010 (neu), S. 25; Düwell, jurisPR-ArbR 32/2014, Nr. 1.
275 BT-Drucks. 18/1558, S. 50.
276 BT-Drucks. 18/1558, S. 50.

177 Beide Beispiele zeigen, dass die gesetzliche Regelung jedenfalls **nicht erforderlich** ist. Mildere Mittel zur Erreichung der vom Gesetzgeber angegebenen Ziele sind denkbar, so dass im Rahmen der Prüfung der Berufsfreiheit der Jugendlichen (Art. 12 Abs. 1 GG) auf der 2. Stufe einer Verhältnismäßigkeitsprüfung das Gesetz scheitert. Bezogen auf den Gleichbehandlungsgrundsatz (Art. 3 Abs. 1 GG) fehlt ein sachlicher Grund für eine differenzierte Behandlung der Jugendlichen aus den Beispielen. Milderes Mittel wäre ohnehin, Jugendliche nicht gänzlich vom Mindestlohn auszuschließen, sondern jedenfalls einen Prozentsatz (ggf in Stufen) von diesem zu gewähren.[277]

178 Im Übrigen stellen sich aber grundsätzliche Bedenken. So ist die Regelung doch bereits **ungeeignet** (= 1. Stufe der Verhältnismäßigkeitsprüfung), wie Erfahrungen in Großbritannien zeigen, wonach es keine negativen Effekte des Mindestlohnes auf die Ausbildungsbereitschaft der Jugendlichen gibt. Dies rührt daher, dass die Faktoren für den Antritt oder das Unterlassen einer Berufsausbildung sehr vielfältig sind und sich nicht monokausal auf den Mindestlohn rückführen lassen.[278] Der Mindestlohn von 8,50 Euro brutto ist ohnehin nicht in einer Höhe, die zu einem Abbruch oder Nichtantritt einer Berufsausbildung großen Anreiz bietet. Die Mindestentgelte nach dem AEntG, die keine Ausnahme für Jugendliche enthalten, haben auch nicht zu einer Verdrängung von Ausbildung geführt. Zudem fehlen Erkenntnisse, dass ein Niedriglohn zu geringerer Jugendarbeitslosigkeit führen würde (ähnlich wie bei Langzeitarbeitslosen). Auch hier sind die Wechselwirkungen umfangreicher.[279] Ferner findet der Eintritt in die Berufsausbildung statistisch überwiegend nach dem 18. Lebensjahr statt, so dass der gewünschte Effekt fehl geht.[280] Dies bedeutet aber nicht, dass die Altersgrenze heraufzusetzen wäre. Hiergegen sprechen die anderen grundsätzlichen Gegenargumente und das Europarecht. Schließlich kommt ein Gedanke von *Preis/Ulber* hinzu, die die Regelung generell für **sachwidrig** halten. Das Ziel des Gesetzgebers – Qualifizierung junger Menschen für einen nachhaltigen Zugang zum Arbeitsmarkt –, also einen verbesserten Schutz von Jugendlichen, erreiche man nicht dadurch, dass Schutzmechanismen abgebaut werden. Im Gegenteil gebe die Vorschrift Anreiz, bestimmte Tätigkeiten an Jugendliche zu vergeben und damit Stammbelegschaften zu substituieren. Hierdurch würden Jugendliche von sinnvoller Vor- und Nacharbeit des Schultages abgehalten und ein Lohnkostenwettbewerb zwischen Jugendlichen und Älteren forciert.[281] Diese Einschätzung wird hier geteilt.

179 Die gesetzliche Regelung verstößt zudem gegen **unionale** Vorgaben zum Schutz vor Diskriminierung. Die Regelung ist **altersdiskriminierend.** Nach der Richtlinie 2000/78/EG sind Benachteiligungen wegen des Alters (Art. 1 RL 2000/78/EG) dann

277 Schulten, in: BT-Ausschussdrucksache (Ausschuss Arbeit und Soziales), 18(11)148, S. 84 f, der darauf hinweist, dass es solche Regelungen zahlreich in EU-Mitgliedstaaten gibt.

278 Vertieft: Schulten, in: Ausschussdrucksache (Ausschuss Arbeit und Soziales), 18(11)148, S. 85; Preis/Ulber, Gutachten, S. 132 ff; Amlinger/Bispinck/Schulten, Jugend ohne Mindestlohn?, WSI-Report 14/März 2014.

279 Preis/Ulber, Gutachten, S. 132.

280 Vgl Datenreport zum Berufsbildungsbericht 2013 (BBiB), Tabelle A4.5-2: Durchschnittsalter 20,0 Jahre; Bayreuther, NZA 2014, 865 ff, 872.

281 Preis/Ulber, Gutachten, S. 135.

unionswidrig, wenn sie unverhältnismäßig und ungerechtfertigt erfolgt sind (Art. 6 RL 2000/78/EG). In Art. 6 Abs. 1 der Richtlinie heißt es:

Gerechtfertigte Ungleichbehandlung wegen des Alters

(1) Ungeachtet des Artikels 2 Absatz 2 können die Mitgliedstaaten vorsehen, dass Ungleichbehandlungen wegen des Alters keine Diskriminierung darstellen, sofern sie objektiv und angemessen sind und im Rahmen des nationalen Rechts durch ein legitimes Ziel, worunter insbesondere rechtmäßige Ziele aus den Bereichen Beschäftigungspolitik, Arbeitsmarkt und berufliche Bildung zu verstehen sind, gerechtfertigt sind und die Mittel zur Erreichung dieses Ziels angemessen und erforderlich sind.

Derartige Ungleichbehandlungen können insbesondere Folgendes einschließen:

a) die Festlegung besonderer Bedingungen für den Zugang zur Beschäftigung und zur beruflichen Bildung sowie besonderer Beschäftigungs- und Arbeitsbedingungen, einschließlich der *Bedingungen für* Entlassung und *Entlohnung*, um die berufliche Eingliederung von Jugendlichen, älteren Arbeitnehmern und Personen mit Fürsorgepflichten zu fördern oder ihren Schutz sicherzustellen

(...). [Hervorhebung durch die Autoren]

180 Die Regelung des § 22 Abs. 2 MiLoG stellt ein unmittelbares Anknüpfen an das **Merkmal Alter** dar, für welches strengere rechtliche Vorgaben gelten, als für indirekte (mittelbare) Eingriffe.[282] Legt man daher einen engen unionalen Verhältnismäßigkeitsrahmen an die Ziele des Gesetzgebers an und ordnet diese den denkbaren Zielen aus Art. 6 der Richtlinie zu („aus den Bereichen Beschäftigungspolitik, Arbeitsmarkt und berufliche Bildung"), so kann an das oben Gesagte angeknüpft werden und die Regelung auch als unverhältnismäßig im Sinne der Richtlinie betrachtet werden.[283] Diese Überlegungen fließen in eine **unionskonforme Auslegung** des AGG (§ 10 AGG) ein. Es ist daher mit Vorabentscheidungsverfahren nach Art. 276 AEUV zu rechnen. In einem solchen kann auch auf Grundlage der Mangold und Kücükdeveci Rechtsprechung des EuGH vorgetragen werden, dass die Richtlinie 2000/78/EG eine Konkretisierung des Schutzes aus **Art. 21 der EU-Grundrechte-Charta** darstellt. Der Schutz vor Altersdiskriminierung hat mithin Primärrechtscharakter. Nach dem Prinzip des **Anwendungsvorrangs** des Unionsrechts vor nationalem Recht dürfte daher die Ausnahme in § 22 Abs. 2 MiLoG keine Anwendung finden – Jugendlichen, die Arbeitnehmer sind, ist für geleistete Arbeit mindestens der gesetzliche Mindestlohn zu zahlen.[284] Dieses Ergebnis wird auch **völkerrechtlich** getragen, da Art. 1 des 12. Zusatzprotokolls zur EMRK Diskriminierungen aufgrund des Alters („sonstiger Status") beim „Genuss eines jeden gesetzlich niedergelegten Rechtes" untersagt. Art. 21 der EU-Grundrechtecharta ist in diesem Verständnis auszulegen (vgl Art. 52 Abs. 3 EU-Grundrechtecharta).

181 Mit der Herausnahme der Gruppe der Jugendlichen aus dem MiLoG ist offen, wie deren Entlohnung zu gestalten ist (jedenfalls solange bis es kein Urteil über die Wirksamkeit der Herausnahme gibt). Letztlich stellt sich die Frage, ab welcher Grenze von einer **sittenwidrigen** Entlohnung auszugehen ist. Wie unter Rn 155 aus-

282 EuGH 22.11.2005, C-144/04, NJW 2005, 3695 (Mangold), Rn 65.

283 Fischer-Lescano, Gutachten, 2014, S. 20, 34; im Ergebnis ebenso Brors, NZA 2014, 938 ff. 942.

284 Jedenfalls mit Zweifeln zur Unionskonformität Bayreuther, NZA 2014, 865 ff, 872; zur hier vertretenen Dogmatik Schubert, EuZW 2010, 180 ff sowie HK-AGG/Däubler, 3. Aufl., Einl. Rn 101 ff und § 2 Rn 263 für vergleichbare dogmatische Fragen beim AGG.

geführt, kann bei einem Mindestlohn als qualitativer (Wert-)Untergrenze nicht – wie in der Rechtsprechung bislang üblich – noch ein Drittel abgezogen werden, um dann eine Sittenwidrigkeit festzustellen. Sittenwidrigkeit und Mindestlohn verfolgen aber (jedenfalls am unteren Ende der Lohnskala) gleichermaßen den Schutz der Werte der aus den Artikeln 1, 12 Abs. 1 und 20 Abs. 3 GG. Der Abstand zwischen beiden kann daher nicht bei über 30% liegen (= 5,67 Euro, brutto). An anderer Stelle hat der Gesetzgeber ein Werturteil über Löhne unterhalb des Mindestlohns für eine Übergangszeit getroffen (§ 24 Abs. 2 MiLoG). Zeitungszusteller bekommen im Jahr 2015 75% des Mindestlohnes (= 6,38 Euro, brutto). Diese Grenze kann, mit Bedenken, übertragen werden. Sie entspricht in etwa der unteren Grenze von Prozentsätzen aus anderen Mitgliedstaaten, die Jugendliche nicht in Gänze vom Mindestlohn ausschließen.[285] Zudem beziehen sich die 75% auf den jeweiligen Mindestlohn, also im Jahre 2017 auf einen ggf dann angehobenen.

Das Ergebnis befriedigt nicht, zumal nach Ablauf der Stufen im Zeitungszustellergewerbe dieser Bereich sicherlich dauerhaft mit Jugendlichen (und Langzeitarbeitslosen) organisiert werden wird und nicht mehr vorwiegend mit Rentnern und Ungelernten. Die Arbeit von Jugendlichen wird daher ein **weiterer Fall von prekärer Beschäftigung** neben Befristung, Leiharbeit und Werkvertragskonstruktionen werden. Dies verstärkt sich, da der Schutzrahmen von § 3 MiLoG keine Anwendung findet. Die Löhne von Jugendlichen können daher **Ausschlussfristen** unterliegen. 182

3. Auszubildende

Für Auszubildende bestimmt § 22 Abs. 3 Alt. 1 MiLoG, dass diese nicht unter das MiLoG fallen. Für sie gilt das Regime von §§ 17 f BBiG (**angemessene Vergütung**) und damit auch der Fälligkeitstermin des § 18 Abs. 2 BBiG (grds. am letzten Arbeitstag des Monats der Ausbildungsleistung). Auszubildende stellen ohnehin schon aus ihrem Status heraus keine Arbeitnehmer dar (§ 10 Abs. 2 BBiG), so dass die Regelung allein der Klarstellung dient.[286] Löhne von Auszubildenden werden häufig in Tarifverträgen geregelt (zB TVAöD). Die Ausnahme besteht **unabhängig vom Lebensalter** des Auszubildenden. 183

4. Ehrenamtlich Tätige

§ 22 Abs. 3 Alt. 2 MiLoG nimmt ehrenamtlich Tätige aus dem Anwendungsbereich des MiLoG aus; auch diese stellen von ihrem Status her keine Arbeitnehmer dar. Das Ehrenamt wird im MiLoG nicht definiert. Aus der Zusammenschau sozialrechtlicher Vorschriften ergibt sich, dass beim Ehrenamt das bürgerschaftliche Engagement im Mittelpunkt steht und dieses in öffentlich-rechtlicher oder privatrechtlich-gemeinnütziger Struktur ausgeübt werden kann (vgl §§ 2 Abs. 1 Nr. 9, 10 und 6 S. 1 Nr. 3 SGB VII).[287] 184

285 Schulten, in: BT-Ausschussdrucksache (Ausschuss Arbeit und Soziales), 18(11)148, S. 84.
286 Vgl Schubert/Schaumberg, BBiG, Einführung, 1.6.
287 Bayreuther, NZA 2014, 865 ff, 872.

185 Zu den **ehrenamtlich Tätigen** zählen auch Personen, die einen freiwilligen Dienst absolvieren (§ 32 Abs. 4 S. 1 Nr. 2 d EStG).[288] Hierunter fallen u.a. Personen unter 25 Jahre, die ein Freiwilliges Soziales Jahr oder ein Freiwilliges Ökologisches Jahr im Sinne des Jugendfreiwilligendienstegesetzes antreten wollen. Freiwillige nach den **Bundesfreiwilligendienstgesetz** erhalten ein **Taschengeld** und ebenfalls keinen Mindestlohn (§ 2 BFDG).

186 **Umgehungstatbestände** bleiben in all diesen Fällen zu prüfen. Neben oder anstelle einer ehrenamtlichen oder freiwilligen Tätigkeit kann daher ein Arbeitsverhältnis stehen, für welches Mindestlohn zu entrichten ist. Ein solches besteht immer dann, wenn der ehrenamtlich Tätige Weisungen anderer unterworfen ist.[289]

5. Langzeitarbeitslose

187 Arbeitnehmer erhalten für die **ersten sechs Monate** einer Beschäftigung keinen Mindestlohn, wenn sie **unmittelbar vor** der Beschäftigung **langzeitarbeitslos** iSd § 18 Abs. 1 SGB III waren (§ 22 Abs. 4 MiLoG). § 18 Abs. 1 SGB III nF lautet:

Langzeitarbeitslose sind Arbeitslose, die ein Jahr und länger arbeitslos sind. Die Teilnahme an einer Maßnahme nach § 45 sowie Zeiten einer Erkrankung oder sonstiger Nicht-Erwerbstätigkeit bis zu sechs Wochen unterbrechen die Dauer der Arbeitslosigkeit nicht.

188 Arbeitslos ist nach **§ 16 SGB III** (§ 138 SGB III), wer vorübergehend nicht in einem Beschäftigungsverhältnis steht, eine versicherungspflichtige Beschäftigung sucht und dabei den Vermittlungsbemühungen der Agentur für Arbeit zur Verfügung steht und sich bei dieser arbeitslos gemeldet hat.[290]

189 **Unmittelbar vor** der Beschäftigung bedeutet, dass sich das Arbeitsverhältnis **direkt** an die Arbeitslosigkeit anschließt. Zeitliche Lücken dürfen daher nicht bestehen, auch um Umgehungen zu vermeiden. Die Ausnahmeregelung kann auch nicht mehrmals hintereinander geschaltet werden, da der Arbeitnehmer beim zweiten Einsatz nicht mehr als unmittelbar zuvor langzeitarbeitslos gelten kann.

190 Die **Sechsmonatsfrist** des § 22 Abs. 3 MiLoG beginnt ab dem ersten Tag der Beschäftigung, § 187 Abs. 2 BGB (nicht des Vertragsabschluss). Sie endet gemäß § 188 Abs. 2 Alt. 2 BGB mit Ablauf des Tages, der dem gleichlautenden Anfangsdatum vorhergeht. **Beispiel**: Beginn der Frist am 16.3.2015, Ende der Frist 15.9.2015.

191 Wie bei der Leiharbeit zu § 1 Abs. 1 S. 2 AÜG (vorübergehend) ist auch hier fraglich, ob diese Bestimmung **arbeitsplatzbezogen** oder arbeitnehmerbezogen ist. So könnte die Regelung so verstanden werden, dass Arbeitnehmer einen Arbeitsplatz stets mit unterschiedlichen Langzeitarbeitslosen besetzen. Nach richtiger Ansicht handelt es sich aber um eine Regelung, die es dem Arbeitgeber gestattet, einmalig **einen Arbeitsplatz** mit einem Langzeitarbeitslosen zu besetzen. Dies folgt aus dem Telos des Gesetzes, das die Sozialversicherungssysteme stärken und keine Umge-

288 BT-Drucks. 18/1558, S. 51.
289 Bayreuther, NZA 2014, 865 ff, 872.
290 Vgl hierzu Janda, in: Schubert, juris-SGB III, § 16 Rn 12 ff.

hungsstrategien (Drehtüreffekte[291]) zur Verfügung stellen will. Außerdem sollen nach dem Gesetz Langzeitarbeitslose die **Chance** haben, in dauerhafte Arbeitsverhältnisse hineinzugelangen.[292] Eine solche, jedenfalls abstrakt bestehende Chance könnte sich bei einem Arbeitnehmerbezug nie verwirklichen. Der Arbeitgeber ist nicht nur bereits durch niedrigere Löhne entlastet, sondern auch dadurch, dass das KSchG keine Anwendung findet (§ 1 KSchG). Eines weiteren Schutzes bedarf er nicht. Für die hier vorgenommene Auslegung spricht auch die **Berichterstattungspflicht** der Bundesregierung in § 22 Abs. 4 S. 2 MiLoG (zum 1.6.2016), die sich genau darauf bezieht, **ob die Wiedereingliederung von Langzeitarbeitslosen** auf den allgemeinen Arbeitsmarkt durch die Vorschrift gefördert wurde und ob sie aufrecht zu erhalten ist. Hinzu kommt die gesetzliche Wertung aus **§ 16 e Abs. 5 Ziffer 1 SGB II**, nach welchem eine Förderung ausgeschlossen ist, wenn zu vermuten ist, dass der Arbeitgeber die Beendigung eines anderen Beschäftigungsverhältnisses veranlasst hat, um eine Förderung zu erhalten. Hier geht es um eine Substituierung bezogen auf einen Arbeitsplatz, auf den die Trickkündigung gerichtet ist.

Die Sechsmonatsfrist bezieht sich nur auf das Entgelt, nicht aber auf den **Arbeitsvertrag** insgesamt. Dieser kann befristet oder unbefristet abgeschlossen sein. Ist er über sechs Monate befristet, muss der Arbeitgeber nach den sechs Monaten mindestens Mindestlohn zahlen. § 22 Abs. 4 MiLoG stellt keinen weiteren Fall der Sachgrundbefristung nach § 14 Abs. 1 TzBfG dar. 192

Die Vorschrift erfasst ca. **1,1 Millionen Personen**, deutlich mehr als die Regelung des Referentenentwurfs, die sich auf Langzeitarbeitslose in bestimmten Maßnahmen bezogen hat.[293] Eine solche Regelung existiert in keinem anderen europäischen Staat mit Mindestlohn. 193

Verfassungsrechtlich stellt sich auch hier die Frage der **Geeignetheit**, also durch die Herausnahme von Langzeitarbeitslosen aus dem gesetzlichen Mindestlohn diesen Übergänge in ein dauerhaftes Arbeitsverhältnis zu ermöglichen. An dieser ist zu zweifeln, haben doch auch andere Absenkungen von Sozialstandards nicht zu einem Rückgang von Langzeitarbeitslosen geführt.[294] 194

Wegen der eindeutigen Bezugnahme auf § 18 Abs. 1 SGB III greift die Ausnahme des § 22 Abs. 4 MiLoG nicht, wenn es sich um einen Langzeitarbeitslosen aus dem **EU-Ausland** handelt. Zwar könnte darin eine Ungleichbehandlung liegen (schlechterer Zugang zum Arbeitsmarkt, da keine Chance auf Übernahme nach vorheriger geringerer Entlohnung gegeben wird), allerdings ist diese gerechtfertigt, weil es keinen einheitlichen Begriff der Langzeitarbeitslosigkeit in der EU gibt und damit eine Einbeziehung ihrerseits Ungleichbehandlungen auslösen würde. Zudem ist die unterschiedliche Behandlung gerechtfertigt zum Schutze des deutschen Sozialversiche- 195

291 Preis/Ulber, Gutachten 2014, S. 141.

292 BT-Drucks. 18/1558, S. 51.

293 Preis/Ulber, Gutachten 2014, S. 141 mwN; DGB, in: Ausschussdrucksache (Ausschuss Arbeit und Soziales), 18(11)148, S. 37; Statistik der Bundesagentur für Arbeit, März 2014 zu Langzeitarbeitslosigkeit.

294 Vgl Fischer-Lescano, Gutachten, 2014, S. 23 f. An der Grenze zur Verfassungswidrigkeit, aber eben noch verfassungsgemäß sehen Preis/Ulber die Vorschrift, Gutachten 2014, S. 141.

rungssystems und der deutschen Arbeitsförderungen. Dabei knüpft die Regelung nicht an die Staatsangehörigkeit an. In Deutschland lebende Ausländer, die den Tatbestand des § 18 Abs. 1 SGB III erfüllen, unterfallen der Regelung des § 22 Abs. 4 MiLoG. Im Übrigen erhalten Langzeitarbeitslose aus dem Ausland vom ersten Tag an Mindestlohn und sind nur möglicherweise ohne Chance auf Übernahme (weil sie keine Lohnabsenkung bieten können), was die Frage aufwirft, worin eine Benachteiligung bestehen soll. Eine Gleichbehandlung bei Schlechterstellung gibt es nicht. Bilaterale Sozialabkommen zwischen Deutschland und anderen Staaten können anderes vorsehen.

196 Die Bezugnahme allein auf § 18 **Abs. 1** SGB III (mit dem neuen Satz 2) stellt einen entscheidenden Unterschied zu Vorentwürfen dar, in denen auf den gesamten § 18 SGB III abgestellt wurde. Nunmehr bleiben bestimmte Unterbrechungen in der Phase der Langzeitarbeitslosigkeit unbeachtlich; sie ändern nichts am Status der Langzeitarbeitslosigkeit.[295] Hierzu gehört zB die Teilnahme an Maßnahmen zur beruflichen Eingliederung (§ 45 SGB III). Diese können sechs bzw acht Wochen dauern, § 45 Abs. 2 SGB III.[296]

197 Hinsichtlich der Frage, welcher Lohn im Falle der Beschäftigung Langzeitarbeitsloser in den ersten sechs Monaten zu zahlen ist, ist erneut das Thema der **Sittenwidrigkeit** angesprochen. Hier kann auf das zur Ausnahme „Jugendliche" Gesagte verwiesen werden (75 % vom gesetzlichen Mindestlohn).

198 Offen ist das Problem, ob der Arbeitnehmer seine Langzeitarbeitslosigkeit zu offenbaren hat bzw ob der Arbeitgeber ein entsprechendes **Fragerecht** hat. Da sich dieses danach bemisst, ob ein Bezug zum Arbeitsverhältnis und ein berechtigtes Interesse des Arbeitgebers bestehen, wird dieses wohl zu bejahen sein.[297] Der Arbeitgeber kann sich dabei nicht nur auf die Unterschreitungsmöglichkeit vom gesetzlichen Mindestlohn berufen, sondern auch darauf, dass er Fragen der Qualifikation und Berufserfahrung berechtigterweise stellen darf. Eine **Offenbarungspflicht** besteht dagegen nicht, da das Arbeitsverhältnis angetreten und durchgeführt werden kann, unabhängig von der Frage der Langzeitarbeitslosigkeit.[298]

III. Übergangsregelungen

199 Das MiLoG enthält in § 24 Übergangsregelungen, die es gestatten, für einen gewissen Zeitraum vom Mindestlohn (nach unten) abzuweichen, wenn die Löhne in einem Tarifvertrag geregelt sind, der nach dem AEntG oder § 3 a AÜG auch auf nicht tarifgebundene Personen erstreckt wurde und zudem für In- und Ausländer gleichermaßen gilt. An die Ausnahme sind Voraussetzungen geknüpft. Die Übergangsregelung enthält **gestaffelte** Fristen. Sie findet keine Anwendung gegenüber

295 BT-Drucks. 18/2010 (neu), S. 26; in Kürze ausf. Eichenhofer (Gutachten).
296 Vgl Knickrehm, in Schubert, juris-SGB III § 45 Rn 3 ff.
297 Zum Problem vgl Schweibert/Leßmann, DB 2014, 1866, 1867. Vgl zur berechtigten Frage nach dem beruflichen Werdegang ErfK/Preis, 14. Aufl. § 611 BGB Rn 273.
298 Zum Vergleich kann auf die bekannten Fallgruppen bezüglich einer Offenbarungspflicht abgestellt werden, ErfK/Preis, 14. Aufl. § 611 BGB Rn 288.

Haustarifverträgen (regionalen) Verbandstarifverträgen oder (regional) für allgemeinverbindlich erklärten Tarifverträgen. Für die Zeitungszusteller sieht Absatz 2 eine gesonderte Übergangsregelung vor.

1. Übergangsregelung nach § 24 Abs. 1 MiLoG (erstreckte Tarifverträge)

Bis zuletzt wurde im Gesetzgebungsverfahren daran gefeilt, in welcher Weise **bundesweit** geltende Branchentarifverträge, die nach dem AEntG bzw nach § 3 a AÜG erstreckt werden und wurden, in Einklang mit dem MiLoG gebracht werden können. Dabei spielte auch eine Rolle, in welchem Turnus und wann erstmals die **Mindestlohnkommission** tagen solle (§ 9 MiLoG). Nach Diskussionen im zuständigen Ausschuss und zwischen den Sozialpartnern wurde diese Regelung dahin gehend ausgestaltet, dass die Mindestlohnkommission nur alle **zwei Jahre** über eine Veränderung des Mindestlohns beschließen wird, dafür aber **bereits im Jahre 2016** zusammenkommt, um über eine erstmalige Anpassung des Mindestlohns mit Wirkung zum 1.1.2017 zu beschließen. Die ursprüngliche Übergangsregelung aus den Vorentwürfen sah vor, dass nach dem AEntG (bzw § 3 a AÜG) erstreckte Tarifverträge spätestens ab dem 1.1.2017 einen Mindestentgeltsatz von 8,50 Euro vorweisen müssen. Diese Übergangsregel ist dergestalt verlängert worden, dass so erstreckte Tarifverträge vom gesetzlichen Mindestlohn bis zum 31.12.2017 abweichen dürfen, aber ab dem 1.1.2017 mindestens 8,50 Euro vorsehen müssen. Die Bevorzugung besteht nun darin, dass diese Tarifverträge eine mögliche Erhöhung des gesetzlichen Mindestlohns für das Jahr 2017 erst zum **1.1.2018 nachvollziehen müssen**. Hierzu folgende Übersicht: 200

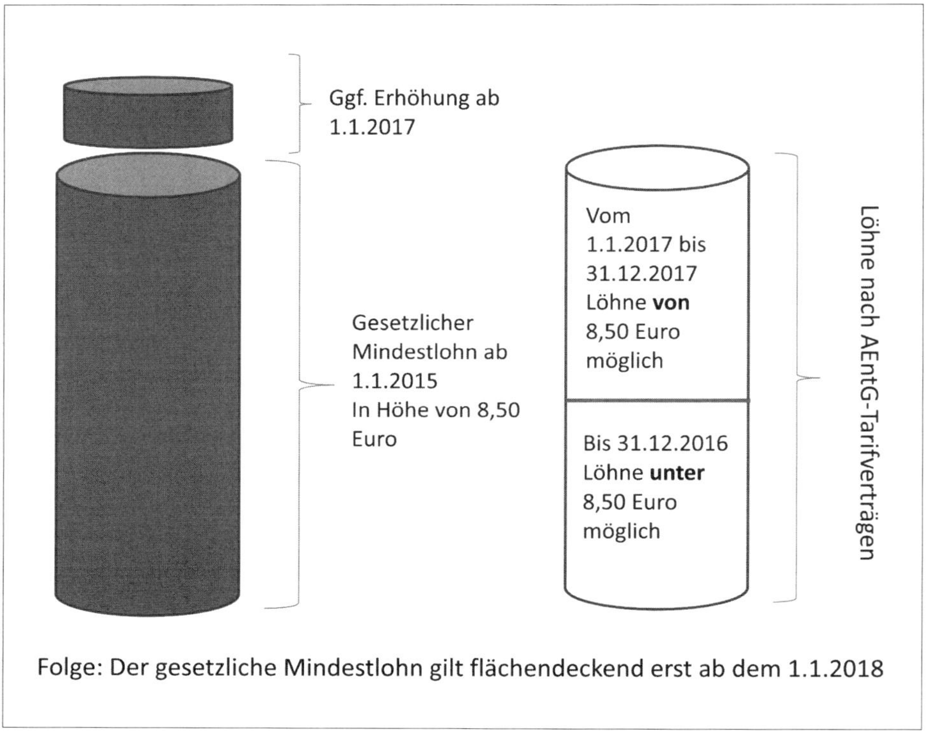

Abbildung 3

201 Die Regelung ist trotz ihrer Begründung kritisch zu sehen, weil sie den Mindestlohn in Höhe von 8,50 Euro in weiten Teilen erst zum 1.1.2017 bzw hinsichtlich der Erhöhung zum 1.1.2018 zur Geltung bringt und damit den besonderen Zielen des gesetzlichen Mindestlohnes (insbesondere Würdeschutz) nicht sogleich entsprechend nachkommt.[299] Der Gesetzgeber stützt sich wohl auf die Richtigkeitsgewähr von Tarifverträgen und § 1 AEntG nF, der seinerseits soziale und wettbewerbsrechtliche Argumente für eine Erstreckung enthält. Zudem akzeptiert er eine **Phase des Heranführens** in verschiedenen Branchen auf ein Mindestlohnniveau, wenn es die Tarifvertragsparteien regeln (§ 24 a AEntG nF). Insofern kommt der Gesetzgeber Wünschen der Unternehmerschaft nach. Überdies hofft er wohl auf eine tarifliche Erschließung. Der Anreiz besteht konkret darin, dass sich bislang nicht im AEntG aufgenommene Branchen in das Gesetz aufnehmen lassen, um die Unterschreitung des Mindestlohnes zeitweilig zu erreichen.[300] Etwas ausgeglichen wird der kritische Befund durch eine Erweiterung des AEntG auf **alle Branchen** (§ 7 a AEntG nF) und der Tatsache, dass die erstreckten tariflichen Branchenmindestlöhne auch neben dem gesetzlichen Mindestlohn bestehen können. Durch das MiLoG wird gerade nicht die

299 Vgl Schweibert/Leßmann, DB 2014, 1866 ff, 1867.
300 Vgl BT-Drucks. 18/1558, S. 51 f; BT-Drucks. 18/2010 (neu), S. 3.

Erstreckungsmöglichkeit des AEntG mit ggf höheren Mindestentgeltsätzen aufgehoben.

Die Übergangsregelung des § 24 MiLoG ist zusammen mit den Vorschriften des AEntG und hier mit den §§ 24 a iVm 1 AEntG zu lesen.[301] Hiernach bestimmt sich auch der Begriff der **„repräsentativen Tarifvertragsparteien“** aus § 24 Abs. 1 S. 1 MiLoG und ist daher weit zu verstehen.[302] Ein Tarifvertrag, der nach dem AEntG und den dortigen komplexen Verfahrensvorschriften erstreckt wurde, ist von Tarifvertragsparteien veranlasst, die iSd § 24 Abs. 1 MiLoG repräsentativ sind.[303] Allgemeinverbindliche Tarifverträge nach § 5 TVG werden von § 24 Abs. 1 MiLoG nicht angesprochen.[304] 202

Unter 8,50 Euro liegen derzeit die Entgelthöhen in der **Fleischwirtschaft** (ab 1.8.2014: 7,75 Euro; ab 1.12.2014: 8,00 Euro und dann ab 1.10.2015 8,60 Euro sowie ab 1.12.2016: 8,75 Euro), in der **Gebäudereinigung** (Ost, Lohngruppe 1 ab 1.1.2014: 7,96 Euro und ab 1.1.2015: 8,21 Euro), in der **Pflegebranche** sollen ab 1.1.2015 für den Osten 8,65 Euro gelten, in der **Leiharbeit** (Ost, ab 1.4.2014: 7,86 Euro; ab 1.4.2015: 8,20 Euro; ab 1.6.2016: 8,50 Euro) sowie in **Wäschereidienstleistungen** (West, ab 1.2.2014: 8,25 Euro, dann ab 1.10.2014 8,50 Euro sowie ab 1.7.2016: 8,75 Euro; Ost, ab 1.2.2014: 7,50 Euro, ab 1.10.2014: 8,00 Euro sowie ab 1.7.2016: 8,75 Euro). 203

Ist das Mindestentgelt eines nach dem AEntG/AÜG erstreckten Tarifvertrages **höher** als der gesetzliche Mindestlohn, so gilt nach § 1 Abs. 3 MiLoG nicht länger das Regime des Mindestlohngesetzes. Bei **unterschiedlichen Regelungen** für den Osten und den Westen Deutschlands, gilt § 1 Abs. 3 MiLoG nur für den den Mindestlohn überschießenden Teil des Tarifvertrages („soweit“). Für den anderen gilt § 24 Abs. 1 MiLoG. Der Tarifvertrag wird daher insoweit nicht als Einheit verstanden und auch nicht nur jeweils einer Norm zugeordnet. 204

2. Übergangsregelung nach § 24 Abs. 2 MiLoG (Zeitungszusteller)

a) Inhalt der Regelung

Der Gesetzgeber bestimmt für die Zeitungszustellerbranche, als einziger Branchenausnahme, eine **stufenweise** Einführung des Mindestlohnes. Gesetzlicher Mindestlohn und Entgelte in dieser Branche sind erst zum 1.1.2018 synchronisiert. Zeitungszusteller sind nach der **Legaldefinition** des Gesetzgebers Personen, die in einem Arbeitsverhältnis ausschließlich periodische Zeitungen oder Zeitschriften an End- 205

301 BT-Drucks. 18/1558, S. 51; Jöris/von Steinau-Steinrück, BB 2014, 2101 ff, 2102.

302 Kritisch zur Verwendung des Begriffspaars Spielberger/Schilling, NZA 2014, 414 ff, 415; Schweibert/Leßmann, DB 2014, 1866 ff, 1867 und Bepler/Hanau, Ausschussdrucksache-BT, Ausschuss Arbeit und Soziales, 18(11)148, S. 145.

303 In diese Richtung Spielberger/Schilling, NZA 2014, 414 ff, FN 5 sowie Bayreuther, NZA 2014, 865 ff, 873. Die Tarifvertragsparteien sind dann repräsentativ, wenn sie in allen Regionen (Bundesländern) vertreten sind und die Branche in den jeweiligen Satzungen umfassend erfasst wird; vgl auch Sittard, NZA 2014, 951 ff, 954.

304 Vgl Jöris/von Steinau-Steinrück, BB 2014, 2101 ff, 2102; Sittard, NZA 2014, 951 ff, 954.

kunden zustellen. Dies umfasst auch Zusteller von Anzeigenblättern mit **redaktionellem** Inhalt (§ 24 Abs. 2 S. 2 MiLoG). Nicht dagegen werden Personen erfasst, die **reine Werbeblätter** oder **Prospekte** verteilen.[305]

206 Für die Bestimmung der Personengruppe der Ausnahmeregelung ist zudem der Gesetzestext genau zu lesen. Und hier zeigt sich ein wichtiges Detail. § 24 Abs. 2 S. 3 MiLoG spricht von Personen, „die in einem Arbeitsverhältnis **ausschließlich** periodische Zeitungen und Zeitschriften an Endkunden **zustellen.**" [Hervorhebungen durch die Autoren]. Ausschließlichkeit bedeutet, dass der volle Mindestlohn für Arbeitnehmer zu zahlen ist, die neben periodischen Zeitungen und Zeitschriften auch andere Schriftstücke (zB Briefe von öffentlichen Stellen, die ihre Postverteilung ausschreiben müssen und nicht zwingend über die Deutsche Post AG abwickeln) zustellen.[306] Dabei kommt es nicht auf den Vertragstext, sondern auf die tatsächliche Ausgestaltung des Arbeitsverhältnisses an.

207 Für die vom Gesetz erfassten Personen gilt ab dem 1.1.2015 bis zum 31.12.2015, dass sie lediglich einen Anspruch in Höhe von **75%** des gesetzlichen Mindestlohnes geltend machen können. Im Jahre 2016 beträgt der Prozentsatz **85%** und im Jahr 2017 muss zwar ein Entgelt mindestens in Höhe von 8,50 Euro gezahlt werden. Einer denkbaren Erhöhung in diesem Jahr durch die Mindestlohnkommission ist aber erst in 2018 nachzukommen. Bessere tarifliche Regelungen sind möglich. Die abgesenkten Mindestlöhne stellen die (aller unterste) Grenze der Sittenwidrigkeit dar, ihrerseits begrenzt durch die hier vertretene und zu übertragende 75%-Grenze.

208 Zur Begründung der Ausnahme führt der Gesetzgeber drei Gründe an:[307]

- Mehrkosten würden die Zustellung in ländlichen und strukturschwachen Regionen beeinflussen, weswegen ein Heranführen der Branche an den Mindestlohn Zeit benötige;
- Die sofortige Einführung des Mindestlohnes würde in unzulässiger Weise die Pressvertriebsfreiheit (Art. 5 Abs. 1 S. 2 GG) berühren (deswegen ist auch die reine Verteilung von Werbemitteln ohne redaktionelle Inhalte nicht vom Mindestlohn ausgenommen);[308]
- Die Zeitungszustellerbranche unterläge besonderen Beschäftigten- und Entgeltstrukturen, was eine Erstreckung von Tarifverträgen nach dem AEntG regelmäßig nicht gangbar erscheinen lässt. Weil das AEntG quasi nicht zur Verfügung stehe, sei ein gesetzliches Heranführen erforderlich.

305 Ebenso Bayreuther, NZA 2014, 865 ff, 872.
306 So muss es auch aus den Materialien gelesen werden, BT-Drucks. 18/2010 (neu), S. 27; ebenso Bayreuther, NZA 2014, 865 ff, 872.
307 BT-Drucks. 18/2010 (neu), S. 26.
308 Schweibert/Leßmann, DB 2014, 1866 ff, 1868.

b) Kritik

Die Regelung ist nach massiver Lobbyarbeit der Zeitungsverleger in das Gesetz gekommen.[309] Sie ist trotz der leicht abfedernden Stellschrauben („ausschließlich"; bessere tarifliche Lösungen möglich) unsachgemäß, auch weil hohes **Umgehungspotential** besteht. So ist zu erwarten, dass zukünftig reine Werbeblätter mit redaktionellem Inhalt „zwangsverknüpft" werden. Auch wird sicherlich versucht werden, aus dem Tatbestandsmerkmal „ausschließlich" ein „überwiegend" zu machen und dies mit dem Arbeitnehmer zu vereinbaren, der aus Angst keine rechtlichen Schritte einleiten wird. Bessere Tarifverträge werden entweder nicht oder nur gegen Kompensationen geschlossen oder bestehende gar gekündigt. Auch der Einsatz von „Solo-Selbstständigen" ist zu befürchten. 209

Hinsichtlich der **tatsächlichen Verhältnisse** ist Folgendes einzubeziehen: Bezogen auf die durchschnittlichen Gesamtkosten für ein Zeitungsabonnement betragen die Kosten für die Zustellung lediglich etwa 11,4%. Deutlich höher (nahezu 90%) ist der Anteil an den Gesamtkosten der technischen Herstellungskosten, Redaktionskosten, Personalkosten außerhalb der Zustellung, Materialkosten, Kosten für den Einsatz von Agenturen etc. Müssten nun die Löhne wegen des gesetzlichen Mindestlohns angehoben werden (ca. um 20%), so würde sich der Anteil „Zustellkosten" auf 13,7% (+2,3%) erhöhen. Seit dem Jahr 2007 haben sich dagegen die Kosten für ein Zeitungsabonnement im Westen um durchschnittlich 20% im Osten sogar um ca. 30% erhöht.[310] Das Argument der besonderen Betroffenheit der Zeitungszustellerbranche ist somit schlicht falsch. Dass Leser durch den Mindestlohn ggf verteuerte Presseerzeugnisse nicht mehr nachfragen, ist nicht nachgewiesen, zumal der Mindestlohn die Kaufkraft erhöht – eben auch für Presseerzeugnisse. 210

Warum weiter der Weg über eine tarifliche Lösung in der Branche nach dem AEntG „nicht gangbar" sein soll, erschließt sich auch vor dem Hintergrund **zahlreicher Haustarifverträge** nicht.[311] Gesprächsangebote der zuständigen Gewerkschaft zu einem Flächentarifvertrag, um diesen dann nach AEntG zu erstrecken, wurden vom Arbeitgeberverband abgelehnt, nicht aber, weil Flächentarifverträge generell in dieser Branche unmöglich wären. Stücklöhne, typisch in dieser Branche, können, wie gesehen, in Löhne pro Zeitstunde umgerechnet werden; auch dies steht einer flächentarifvertraglichen Lösung nicht entgegen.[312] 211

Eine Privilegierung der Zeitungszustellerbranche ist zudem **verfassungsrechtlich** nicht etwa geboten: Nach der Rechtsprechung des BVerfG fällt in der Tat auch der Vertrieb von Tageszeitungen durch morgendliche Botenzustellung in den **Schutzbereich** der Pressefreiheit.[313] Die Einführung eines Mindestlohns könnte sich nach den 212

309 Ähnlich Bayreuther, NZA 2014, 865 ff, 872.
310 Barczak/Pieroth, Gutachten 2014, S. 65 mit Verweis auf ver.di, Argumente Mindestlohn v. 14.1.2014.
311 Kritisch auch Jöris/von Steinau-Steinrück, BB 2014, 2101 ff, 2103.
312 Vgl auch Barczak/Pieroth, Gutachten 2014, S. 123 ff, These 8.
313 BVerfG 20.4.1999, 1 BvQ 2/99, Rn 16; BVerfG 29.4.2003, 1 BvR 62/99, Rn 11.

Vorgaben des BVerfG auch als Eingriff in die Pressefreiheit darstellen.[314] Ein flächendeckender gesetzlicher Mindestlohn stellt aber **keinen ungerechtfertigten Eingriff** in die Pressefreiheit dar.

213 Die Pressefreiheit wird nicht schrankenlos gewährleistet. Sie steht unter dem Vorbehalt des Art. 5 Abs. 2 GG, mithin der **allgemeinen Gesetze**. Unter allgemeinen Gesetzen versteht man seit der Lüth-Rechtsprechung[315] solche,

> „... die nicht eine Meinung als solche verbieten, die sich nicht gegen die Äußerung der Meinung als solche richten, die vielmehr dem Schutze eines schlechthin, ohne Rücksicht auf eine bestimmte Meinung, zu schützenden Rechtsguts dienen, dem Schutze eines Gemeinschaftswerts, der gegenüber der Betätigung der Meinungsfreiheit den Vorrang hat ..."

214 Darüber hinaus hat das BVerfG in der bereits zitierten Entscheidung vom 29.4.2003 wiederholt, dass zu den allgemeinen Gesetzen „auch die arbeitsrechtlichen Bestimmungen **zur Wahrung der Belange der Arbeitnehmer** gehören". Ein gesetzlicher Mindestlohn ist Ausdruck des gesetzgeberischen Willens, die Belange der Arbeitnehmer entsprechend regeln zu wollen. Die Einschränkung muss dabei ihrerseits verhältnismäßig sein (Schranken-Schranke; Wechselwirkungslehre). Es ist eine Interessenabwägung vorzunehmen.[316] Diese ergibt aus folgenden Gründen, dass ein flächendeckender gesetzlicher Mindestlohn keinen ungerechtfertigten Eingriff in die Pressefreiheit darstellt:

215 Der gesetzliche Mindestlohn ist, wie oben erwähnt, u.a. Ausprägung der staatlichen Schutzpflicht, die sich aus Art. 12 Abs. 1 GG ergibt.[317] Zu dieser Pflicht gehört auch, den Rahmen für eine angemessene Entlohnung für geleistete Arbeit zu gewährleisten (**Austauschgerechtigkeit**).[318] Nachdrücklich formuliert das BVerfG zu Art. 12 GG:[319]

> „Der Gesetzgeber hat einen besonders weiten Beurteilungs- und Gestaltungsraum für die Frage, wann Ungleichgewichtslagen so schwer wiegen, daß die Vertragsfreiheit durch zwingendes Gesetzesrecht begrenzt oder ergänzt werden muß; **offensichtlichen Fehlentwicklungen darf er allerdings nicht tatenlos zusehen ...**" [Hervorhebung durch die Autoren]

216 Mehr noch kann sich der Mindestlohn, wie oben beschrieben, auf das Sozialstaatsprinzip (Art. 20 Abs. 3 GG) und den Würdeschutz aus Art. 1 Abs. 1 GG stützen.[320]

314 In der Entscheidung BVerfG, 1 BvQ 2/99 (Rn 17) wurde nicht grundsätzlich ausgeschlossen, dass die sozialrechtlich und steuerrechtlich veränderte Behandlung der Geringfügigkeitsgrenze eine Wirkung auf die Pressevertriebsfreiheit haben könnte. Wenn man dies auf den Mindestlohn überträgt, ist ein Eingriffscharakter jedenfalls nicht gänzlich ausgeschlossen. Von einem lediglich mittelbaren Eingriff spricht Barczak/Pieroth, Gutachten 2014, S. 91.

315 BVerfG 15.1.1958, 1 BvR 400/51, Rn 35.

316 Vgl Wendt, in: von Münch/Kunig, 5. Aufl., Art. 5 Rn 75.

317 Zu dieser ErfK/Schmidt, 13. Aufl., Art. 12 GG Rn 4.

318 Barczak/Pieroth, Gutachten, 2014, S. 100 ff.

319 Vom 7.2.1990, 1 BvR 26/84, Orientierungssatz 4.

320 Hierzu Barczak/Pieroth, Gutachten 2014, S. 100 ff.

In der Interessenabwägung sind diese Argumente aus der Verfassung bedeutender zu gewichten als das Interesse der Verleger an billigen Vertriebswegen. Hinzu kommt aber noch: 217

Zwar unterliegt die Verbreitung von Druckerzeugnissen der Pressefreiheit (s.o.), allerdings hat das BVerfG zum Tendenzschutz im Zeitungsvertrieb gerade auch ausgeführt:[321] 218

> „Die der Herstellung einer Zeitung zeitlich und produktionstechnisch **nachgelagerte Verbreitung** wirkt sich auf die inhaltliche Gestaltung und Auswahl **nicht mehr** aus. Verfassungsrechtliche Gründe gebieten es nicht, den einem Tendenzunternehmen im Konzern gewährten Tendenzschutz auf ein nicht tendenzgeschütztes abhängiges Unternehmen zu erstrecken, das die **Tendenzverwirklichung nicht beeinflusst**. In nachvollziehbarer Weise haben die Gerichte ihre Entscheidungen darauf gestützt, dass die Beschwerdeführerin selbst **keinen geistig-ideellen Einfluss** auf das Verlagsunternehmen ausüben kann. Ein solcher ergibt sich auch nicht aus dem organisatorischen Zusammenhang, in dem die Erarbeitung und die Zustellung der Tageszeitungen stehen." [Hervorhebungen nur hier]

Auf die hier durchgeführte Interessenabwägung wirkt sich dies wie folgt aus: Der Mindestlohn hat keinen Einfluss auf die inhaltliche Gestaltung von Presseerzeugnissen oder die Auswahl von Themen. Das Schutzbedürfnis der Pressefreiheit ist also niedriger als bei inhaltsbezogenen Engriffen, so dass sich auch hier aus der Interessenabwägung ein Vorrang des Mindestlohns ergibt. Deutlicher: Die Berichterstattung als solche würde nach Einführung des Mindestlohns nicht anders aussehen als davor.[322]

Vereinzelt wird noch angeführt, der Mindestlohn würde Unternehmen in ihrer Existenz bedrohen (wenn vorher Stundenlöhne von 3,00 Euro gezahlt wurden). Unabhängig von den entgegenstehenden ökonomischen Daten (s.o.), hat der Gesetzgeber die Befugnis zu generalisieren und zu typisieren.[323] 219

Der flächendeckende gesetzliche Mindestlohn stellt daher eine zulässige Schranke der Pressefreiheit dar. Eine unverhältnismäßige Beeinträchtigung der Pressefreiheit durch diesen ist nicht erkennbar.[324] Hiergegen sprechen auch die oben genannten Zahlen zur Frage, in welcher Weise der Mindestlohn überhaupt die Kostenstruktur in der Zeitungszustellerbranche beeinflusst. Die Ausnahmeregel in § 24 Abs. 2 MiLoG ist somit unhaltbar. Sie benachteiligt Zeitungszusteller unangemessen und berührt deren Rechte aus Art. 3 Abs. 1 GG. 220

IV. Haftung des Auftraggebers

Aufgrund von negativen Erfahrungen aus der Baubranche in der Vergangenheit hatte der Gesetzgeber bereits zum AEntG Vorschriften erlassen, die eine Umgehung von 221

321 1 BvR 62/99, Rn 16.

322 Ähnlich gelagert BAG 7.11.1975, 1 AZR 282/74, Rn 14.

323 Barczak/Pieroth, Gutachten 2014, S. 124.

324 Ebenso Barczak/Pieroth, Gutachten 2014, S. 111 ff. AA ohne entsprechende Empirie Di Fabio, Gutachten 2014, S. 2.

Mindestentgelten über das Einschalten von Subunternehmen oder beauftragten Unternehmen verhindern sollte. Das beauftragende Unternehmen wurde in eine **Haftungsbeziehung** gebracht, um zu größerer Sorgfalt bei der Auswahl von Nachunternehmen anzuhalten.[325] Vereinfacht galt, dass im Falle der Nichterfüllung von Mindestentgeltsätzen durch einen Nachunternehmer das beauftragende Unternehmen für diese haftet.

222 Die Notwendigkeit für eine gleichgelagerte Vorschrift sah der Gesetzgeber auch für den gesetzlichen Mindestlohn. Ursprünglich (Referentenentwurf, Kabinettsbeschluss) sollte diese Problemlage mit einem eigenständigen Text im MiLoG, teilweise mit einer komplizierten Exkulpationsregelung versehen, erfasst werden. Letztlich ist es aber bei einer schlichten Verweisung in § 13 MiLoG auf § 14 AEntG **ohne Exkulpationsmöglichkeit** für das beauftragende Unternehmen verblieben. Damit werden Diskussionen aus dem AEntG in das MiLoG getragen, wobei stets die Übertragbarkeit zu prüfen ist – § 14 AEntG gilt nämlich nur **entsprechend**.

223 § 14 AEntG, auf den § 13 MiLoG verweist, lautet:

> **Ein Unternehmer, der einen anderen Unternehmer mit der Erbringung von Werk- oder Dienstleistungen beauftragt, haftet für die Verpflichtungen dieses Unternehmers, eines Nachunternehmers oder eines von dem Unternehmer oder einem Nachunternehmer beauftragten Verleihers zur Zahlung des Mindestentgelts an Arbeitnehmer oder Arbeitnehmerinnen oder zur Zahlung von Beiträgen an eine gemeinsame Einrichtung der Tarifvertragsparteien nach § 8 wie ein Bürge, der auf die Einrede der Vorausklage verzichtet hat. Das Mindestentgelt im Sinne des Satzes 1 umfasst nur den Betrag, der nach Abzug der Steuern und der Beiträge zur Sozialversicherung und zur Arbeitsförderung oder entsprechender Aufwendungen zur sozialen Sicherung an Arbeitnehmer oder Arbeitnehmerinnen auszuzahlen ist (Nettoentgelt).**

224 Diese Norm ist **verfassungsgemäß**[326] und **unionskonform.**[327] Nach § 21 Abs. 2 MiLoG handelt **ordnungswidrig** (Geldbuße bis 500.000,00 Euro), wer Werk- oder Dienstleistungen in erheblichem Umfang durchführen lässt, indem er als Unternehmer einen anderen Unternehmer beauftragt, von dem er weiß oder fahrlässig nicht weiß, dass dieser bei der Erfüllung des Auftrages

- entgegen § 20 MiLoG den Mindestlohn nicht oder verspätet zahlt oder
- einen Nachunternehmer einsetzt, der entgegen § 20 MiLoG den Mindestlohn nicht oder nicht rechtzeitig zahlt.

225 Die Pflicht für das beauftragende Unternehmen zur Zahlung des Mindestlohnes besteht im Kontext des § 13 MiLoG immer, eine Ordnungswidrigkeit liegt dagegen erst vor, wenn der **Schwellenwert** „in erheblichem Umfang“ überschritten wird. Wann dies gegeben ist, hat der Gesetzgeber nicht festgelegt. Zu § 23 Abs. 2 AEntG findet sich im Schrifttum der Wert **10.000,00 Euro** bezogen auf das jeweilige Auftragsvolumen.[328]

---

325 Vgl Thüsing/Mohr, § 14 AEntG, Rn 6; ErfK/Schlachter, 14. Aufl., § 14 AEntG Rn 1.
326 BVerfG 20.3.2007, 1 BvR 1047/05, NZA 2007, 609.
327 EuGH 12.10.2004, C-60/03, AP Nr. 9 zu Art. 49 EG (Wolf & Müller).
328 ErfK/Schlachter, 14. Aufl., § 23 AEntG Rn 5; Thüsing/Kudlich, AEntG § 23 Rn 41.

1. Voraussetzungen der Haftung

Nach der Vorschrift haftet ein Unternehmer, der einen anderen Unternehmer mit der Erbringung von Werk- oder Dienstleistungen beauftragt. 226

Mit dem Begriff **Unternehmer** fallen alle Privatpersonen, aber auch die öffentliche Hand (wenn nicht öffentlich-rechtliche Unternehmen/Eigenbetriebe vorliegen),[329] heraus.[330] Angesprochen sind dagegen nach § 14 Abs. 1 BGB natürliche und juristische Personen oder eine rechtsfähige Personengesellschaft, die bei Abschluss des Rechtsgeschäfts in Ausübung ihrer gewerblichen oder selbstständigen beruflichen Tätigkeit handelt. Das BAG hat diesbezüglich allerdings ein sich auf die Gesetzesmaterialien zum AEntG ableitbares, einengendes Verständnis, was direkt mit der Frage zusammenhängt, ob die Vorschrift, so wie der Wortlaut sagt, alle Unternehmen trifft, die einen anderen Unternehmer mit der Erbringung von Werk- oder Dienstleistungen beauftragen, oder lediglich als **„Generalunternehmerhaftung"** zu verstehen ist. Dieser Begriff – aus der Baubranche – geht davon aus, dass ein Bauunternehmen ein anderes beauftragt, um das eigene Bauvorhaben mit abzuwickeln. Beauftragendes und beauftragtes Unternehmen entstammen also derselben Branche. Ein Gebäudereinigungsunternehmen würde hiernach nicht für die Zahlung des Mindestlohns beim beauftragten Unternehmen haften, weil dieses aus einer anderen Branche kommt.[331] 227

Dies kann im Umfeld des gesetzlichen Mindestlohnes, der für alle Arbeitsverhältnisse in Deutschland und für alle Branchen gilt, jedoch nicht gelten.[332] Wenn § 13 MiLoG § 14 AEntG lediglich **entsprechend** heranzieht, wirkt sich dies an dieser Stelle aus. Das MiLoG weist, anders als das AEntG, keinen Branchenbezug auf, § 13 MiLoG spricht also eine Haftung von Unternehmen gleich welcher Branche an, die andere Unternehmen (aus welcher Branche auch immer) mit der Erbringung von Werk- oder Dienstleistungen o.ä. beauftragen. Anstelle von Generalunternehmerhaftung ist daher von **Nachunternehmerhaftung** (oder Durchgriffshaftung oder schlicht Haftung des Auftraggebers) zu sprechen.[333] Hierfür spricht auch der **Wortlaut der gesetzlichen Überschrift** zu § 13 MiLoG.[334] Sinn des § 13 MiLoG ist es mithin, das beauftragende Unternehmen in seiner Eigenschaft als Auftraggeber für das Verhalten des Nachunternehmers verantwortlich zu machen. Es ist hiernach die Aufgabe des beauftragenden Unternehmens einzuschätzen, ob die angebotenen Preise des Nachunternehmers mit vernünftigen Arbeitsbedingungen, also dem Mindestlohn, 228

---

329 Ulber, AEntG § 14 Rn 17.

330 Bepler/Hanau, Ausschussdrucksache-BT, Ausschuss Arbeit und Soziales, 18(11)148, S. 144.

331 Zu alledem BAG 12.1.2005, 5 AZR 617/01, NZA 2005, 627; BAG 28.3.2007, 10 AZR 76/06, NZA 2007, 613; Thüsing/Mohr § 14 AEntG Rn 16; Koberski/Asshoff/Eustrup/Winkler, AEntG, 3. Aufl., § 14 Rn 17 ff.

332 So bereits für das AEntG, Koberski/Asshoff/Eustrup/Winkler, AEntG, 3. Aufl., § 14 Rn 19; vgl auch ErfK/Schlachter, 14. Aufl., § 14 AEntG Rn 3. AA für das MiLoG Bayreuther, NZA 2014, 865 ff, 871.

333 In diesem Sinne wohl auch Jöris/von Steinau-Steinrück, BB 2014, 2101 ff, 2105, dies freilich kritisierend. Ähnlich Deutsche Logistik Zeitung (abgekürzt mit DVZ) v. 2.9.2014, 12.

334 Bayreuther, NZA 2014, 865 ff, 871 räumt dies ein, auch wenn er im Übrigen bei einer Generalunternehmerhaftung verbleibt. Ebenso aA Sittard, NZA 2014, 951 ff, 953.

überhaupt erbracht werden können.[335] Dies kann dem beauftragenden Unternehmen im Hinblick auf den Gegenstand (Mindestlohn) in jedem Fall zugemutet werden. Besondere Branchenkenntnis ist hier nicht erforderlich.

229 Die Begriffe „Werkverträge“ und „Dienstverträge“ sind zum Schutz vor Umgehungen weit zu verstehen und sprechen neben den genannten **Vertragstypen** (§§ 611, 631 BGB) auch Verträge wie den Werklieferungsvertrag, den Geschäftsbesorgungsvertrag oder sonstige Aufträge an.[336] Die Umsetzung/Erfüllung dieser Verträge muss in Deutschland erfolgen.[337]

230 Als weitere Voraussetzung kommt hinzu, dass das beauftragte Unternehmen (also der Arbeitgeber) den Mindestlohn **nicht zahlt** bzw nicht in Gänze zahlt.

2. Rechtsnatur und Umfang der Haftung

231 Die Haftung nach § 13 MiLoG ist **verschuldensunabhängig**. Sie erfasst auch **Nachunternehmerketten**.[338] Da auf das Recht der Bürgschaft verwiesen wird, haften das den Auftrag gebende Unternehmen und das Nach- oder Subunternehmen **gesamtschuldnerisch**. Anspruchsinhaber ist der Arbeitnehmer, dem kein Mindestlohn gezahlt wird. Er kann sich aussuchen, gegen wen er seinen Anspruch geltend machen möchte (**Wahlrecht**). Das den Auftrag erteilende Unternehmen kann sich nicht auf eine **vorrangige Haftung** des Nachunternehmens berufen. Vielmehr haftet es wie ein Bürge, dem die Einrede der Vorausklage (vgl §§ 765, 773 BGB) nicht zusteht.[339]

232 Der Anspruch nach § 13 MiLoG richtet sich seiner Natur nach nur auf den Mindestlohn.[340] Er erstreckt sich **nicht auf Sozialversicherungsleistungen** (§ 14 S. 2 AEntG, Nettoentgelt).[341] Er bezieht sich auch nicht auf **Entgeltfortzahlungsansprüche**, da diese keine Mindestentgeltsätze nach der Rom I-VO darstellen, nur solche aber in § 13 MiLoG angesprochen sind. Hier bleibt der „eigene“ Arbeitgeber der alleinige Anspruchsgegner.[342] Da die Haftung **akzessorisch** ist, erlischt sie mit der Erfüllung der Schuld durch den Hauptschuldner (also durch den Arbeitgeber). Das beauftragende Unternehmen kann dann nicht mehr in Anspruch genommen werden. Im Übrigen gilt § 3 MiLoG (Unabdingbarkeit) auch im Verhältnis zu diesem. Eine Vereinbarung zwischen den beteiligten Unternehmen, nach welcher die Haftung nach § 13 MiLoG ausgeschlossen wird, ist unzulässig (**Vertrag zulasten Dritter**).[343]

---

335 Vgl BAG 12.1.2005, 5 AZR 617/01, NZA 2005, 627 Rn 36.
336 Koberski/Asshoff/Eustrup/Winkler, AEntG, 3. Aufl., § 14 Rn 21; Seifert, in: Kempen/Zachert, TVG 5. Aufl. Anhang 1 zu § 5: AEntG, § 14 Rn 9.
337 LAG Hessen 23.10.2006, 16 Sa 527/06, NZA-RR 2007, 234 ff.
338 Ulber, AEntG, § 14 Rn 18.
339 Thüsing/Mohr, § 14 AEntG Rn 6 („einen weiteren Schuldner“); Koberski/Asshoff/Eustrup/Winkler, AEntG, 3. Aufl., § 14 Rn 34.
340 § 14 AEntG bezieht sich darüber hinaus auch auf den Urlaubskassenbeitrag.
341 BAG 17.8.2011, 5 AZR 490/10, NZA 2012, 564.
342 Koberski/Asshoff/Eustrup/Winkler, AEntG, 3. Aufl., § 14 Rn 31. Das Tarifautonomiestärkungsgesetz hat § 28 e Abs. 3 a SGB IV (Gesamtschuldnerische Haftung für Sozialversicherungsbeiträge in der Baubranche) nicht auf das MiLoG erweitert.
343 Koberski/Asshoff/Eustrup/Winkler, AEntG, 3. Aufl., § 14 Rn 50.

Mit einer **Freistellungserklärung** (Letter of Indemnity) kann sich der Auftraggeber zwar versprechen lassen, dass der Subunternehmer ihn von allen Schäden aus der Nichteinhaltung des MiLoG bei ihm freistellt. Dies wirkt aber nur zwischen diesen beiden. Lässt sich der Auftraggeber vom Subunternehmer (schriftlich) **zusichern**, er zahle Mindestlohn und stellt sich heraus, dass dieser den Mindestlohn gleichwohl nicht gewährt, so ändert dies nichts an seiner Haftungsverpflichtung. Allenfalls hat diese Zusicherung Auswirkungen auf den Verschuldensmaßstab für eine Bußgeldverhängung (§ 21 MiLoG). 233

In der **Insolvenz** des eigenen Arbeitgebers sollte der Arbeitnehmer prüfen, ob die Inanspruchnahme des beauftragenden Unternehmens oder Insolvenzgeld nach § 165 SGB III günstiger ist. Beide Ansprüche zielen auf einen Nettobetrag ab, die Berechnung ist aber etwas unterschiedlich. Nach § 167 SGB III „wird in Höhe des Nettoarbeitsentgelts gezahlt, das sich ergibt, wenn das auf die monatliche Beitragsbemessungsgrenze (§ 341 Absatz 4) begrenzte Bruttoarbeitsentgelt um die gesetzlichen Abzüge vermindert wird.“ § 13 MiLoG iVm § 14 S. 2 AEntG bezieht sich auf das Nettoentgelt nach vorherigem Abzug von Steuern und Sozialversicherungsabgaben. In einem solchen Fall ist Rechtsrat einzuholen oder eine Berechnung der zuständigen Agentur für Arbeit zu erbitten. 234

V. Mindestlohn und öffentliche Auftragsvergabe

Das MiLoG hat in § 19 Abs. 1 die Möglichkeit aufgenommen, Unternehmen zeitweilig **von der Vergabe** öffentlicher Aufträge **auszuschließen.** Hierzu müssen diese wegen eines Verstoßes nach § 21 MiLoG mit einer Geldbuße von wenigstens **2.500 Euro** belegt worden sein. 235

Die Vorschrift **entspricht** inhaltlich und **nahezu wortgleich** § 21 AEntG, der für den Fall, dass Unternehmen bei der Zahlung von Branchenmindestlöhnen unter bestimmten Voraussetzungen gegen Vorschriften des AEntG verstoßen, einen Ausschluss von der öffentlichen Auftragsvergabe vorsieht. Bei der Fassung von § 19 MiLoG wurde der Inhalt dieser Vorschrift weitestgehend übernommen.[344] Zwei kleinere Unterschiede zu § 21 AEntG sind enthalten: Der Logik des MiLoG folgend, nimmt § 19 MiLoG Bezug auf die Bußgeldvorschrift in diesem Gesetz. Außerdem wurde § 21 Abs. 1 S. 2 AEntG nicht übernommen. Danach ist ein Ausschluss von der öffentlichen Auftragsvergabe zusätzlich auch dann schon möglich, wenn noch kein Bußgeldverfahren durchgeführt wird, an der Verfehlung des Unternehmens aber kein vernünftiger Zweifel besteht. 236

1. Inhalt und Zweck des § 19 Abs. 1 MiLoG

§ 19 MiLoG stellt über die Bußgeldvorschrift des § 21 MiLoG hinaus einen zweiten speziellen **Sanktionsmechanismus** zB für den Fall, dass der Arbeitgeber seiner Verpflichtung zur Zahlung des Mindestlohns nach § 20 MiLoG nicht oder nicht zum vorgesehenen Fälligkeitszeitpunkt nachgekommen ist und dies mit Bußgeld sanktio- 237

344 BT-Drucks. 18/1558, S. 49.

niert wurde, dar. Wie die entsprechende Regelung im AEntG ist die in § 19 MiLoG enthaltene Sanktionierung gekennzeichnet durch Mittel des Wirtschafts- und Wettbewerbsrechts – dem Ausschluss aus einem Vergabeverfahren öffentlicher Aufträge.[345] Dadurch wird der für die Vergabe öffentlicher Aufträge geltende Grundsatz der Wirtschaftlichkeit durchbrochen.[346] Denn nach § 97 Abs. 4 GWB werden

(...) 4) Aufträge (werden) an *fachkundige, leistungsfähige sowie gesetzestreue und zuverlässige Unternehmen* vergeben. Für die Auftragsausführung können zusätzliche Anforderungen an Auftragnehmer gestellt werden, die insbesondere soziale, umweltbezogene oder innovative Aspekte betreffen, wenn sie im sachlichen Zusammenhang mit dem Auftragsgegenstand stehen und sich aus der Leistungsbeschreibung ergeben. Andere oder weitergehende Anforderungen dürfen an Auftragnehmer nur gestellt werden, wenn dies durch Bundes- oder Landesgesetz vorgesehen ist. (...) [Hervorhebung durch die Autoren]

238 Auch wenn der Ausschluss aus einem Vergabeverfahren nur für eine angemessene Zeit bis zur Wiederherstellung der Zuverlässigkeit des Unternehmens erfolgt, bedeutet er in der Praxis eine wirksame zusätzliche Sanktion. Die § 19 MiLoG zugrunde liegende Vorschrift des AEntG ist auf Art. 5 Abs. 1 der **EU-Entsenderichtlinie** zurückzuführen, nach dem geeignete Maßnahmen bei Nichteinhaltung der Vorschriften grenzüberschreitender Entsendung von Arbeitnehmern vorzusehen sind.[347] § 19 Abs. 1 MiLoG ist wie § 21 AEntG **verfassungsgemäß** und unionsrechtlich geboten.[348]

2. Ausschlussvoraussetzungen

239 Als Ausschlussvoraussetzung von der Vergabe öffentlicher Aufträge muss es sich zunächst um einen **öffentlichen Auftraggeber** im Sinne von § 98 GWB handeln, der wie folgt abschließend aufzählt:

§ 98 Auftraggeber

Öffentliche Auftraggeber im Sinne dieses Teils sind:

1. Gebietskörperschaften sowie deren Sondervermögen,
2. andere juristische Personen des öffentlichen und des privaten Rechts, die zu dem besonderen Zweck gegründet wurden, im Allgemeininteresse liegende Aufgaben nichtgewerblicher Art zu erfüllen, wenn Stellen, die unter Nummer 1 oder 3 fallen, sie einzeln oder gemeinsam durch Beteiligung oder auf sonstige Weise überwiegend finanzieren oder über ihre Leitung die Aufsicht ausüben oder mehr als die Hälfte der Mitglieder eines ihrer zur Geschäftsführung oder zur Aufsicht berufenen Organe bestimmt haben. Das Gleiche gilt dann, wenn die Stelle, die einzeln oder gemeinsam mit anderen die überwiegende Finanzierung gewährt oder die Mehrheit der Mitglieder eines zur Geschäftsführung oder Aufsicht berufenen Organs bestimmt hat, unter Satz 1 fällt,
3. Verbände, deren Mitglieder unter Nummer 1 oder 2 fallen,
4. natürliche oder juristische Personen des privaten Rechts, die auf dem Gebiet der Trinkwasser- oder Energieversorgung oder des Verkehrs tätig sind, wenn diese Tätigkeiten auf der Grundlage von be-

345 Vgl zu der entsprechenden Vorschrift des AEntG: Koberski/Asshoff/Eustrup/Winkler, AEntG, § 21, Rn 2.
346 Vgl Koberski/Asshoff/Eustrup/Winkler, AEntG, § 21 Rn 4; Thüsing/Mengel, AEntG, § 1, Rn 2.
347 Vgl Koberski/Asshoff/Eustrup/Winkler, AEntG, 3.Auflage, § 21, Rn 6; Ulber, AEntG, § 21 Rn 2.
348 Ulber, AEntG, § 21 Rn 2.

sonderen oder ausschließlichen Rechten ausgeübt werden, die von einer zuständigen Behörde gewährt wurden, oder wenn Auftraggeber, die unter Nummern 1 bis 3 fallen, auf diese Personen einzeln oder gemeinsam einen beherrschenden Einfluss ausüben können; besondere oder ausschließliche Rechte sind Rechte, die dazu führen, dass die Ausübung dieser Tätigkeiten einem oder mehreren Unternehmen vorbehalten wird und dass die Möglichkeit anderer Unternehmen, diese Tätigkeit auszuüben, erheblich beeinträchtigt wird. Tätigkeiten auf dem Gebiet der Trinkwasser- und Energieversorgung sowie des Verkehrs sind solche, die in der Anlage aufgeführt sind,

5. natürliche oder juristische Personen des privaten Rechts sowie juristische Personen des öffentlichen Rechts, soweit sie nicht unter Nummer 2 fallen, in den Fällen, in denen sie für Tiefbaumaßnahmen, für die Errichtung von Krankenhäusern, Sport-, Erholungs- oder Freizeiteinrichtungen, Schul-, Hochschul- oder Verwaltungsgebäuden oder für damit in Verbindung stehende Dienstleistungen und Auslobungsverfahren von Stellen, die unter Nummern 1 bis 3 fallen, Mittel erhalten, mit denen diese Vorhaben zu mehr als 50 vom Hundert finanziert werden,
6. natürliche oder juristische Personen des privaten Rechts, die mit Stellen, die unter die Nummern 1 bis 3 fallen, einen Vertrag über eine Baukonzession abgeschlossen haben, hinsichtlich der Aufträge an Dritte.

Als weitere Voraussetzung muss es sich um einen **Liefer-, Bau- oder Dienstleistungsauftrag** handeln, von dem das sich bewerbende Unternehmen ausgeschlossen werden kann. Auch hierzu liefert das GWB Definitionen. In § 99 Abs. 2–4 GWB werden solche Aufträge wie folgt beschrieben: 240

§ 99 Öffentliche Aufträge

(...) (2) **Lieferaufträge** sind Verträge zur Beschaffung von Waren, die insbesondere Kauf oder Ratenkauf oder Leasing, Miet- oder Pachtverhältnisse mit oder ohne Kaufoption betreffen. Die Verträge können auch Nebenleistungen umfassen.

(3) **Bauaufträge** sind Verträge über die Ausführung oder die gleichzeitige Planung und Ausführung eines Bauvorhabens oder eines Bauwerkes für den öffentlichen Auftraggeber, das Ergebnis von Tief- oder Hochbauarbeiten ist und eine wirtschaftliche oder technische Funktion erfüllen soll, oder einer dem Auftraggeber unmittelbar wirtschaftlich zugutekommenden Bauleistung durch Dritte gemäß den vom Auftraggeber genannten Erfordernissen.

(4) Als **Dienstleistungsaufträge** gelten die Verträge über die Erbringung von Leistungen, die nicht unter Absatz 2 oder Absatz 3 fallen. [Hervorhebungen nur hier]

Der Bewerber um einen solchen Auftrag wird bei Vorliegen der weiteren Voraussetzungen insgesamt von der Teilnahme am öffentlichen Vergabeverfahren **ausgeschlossen**, auch wenn nur einzelne Geschäftsteile vom Verstoß tangiert wären.[349] 241

Nach § 19 Abs. 1 MiLoG ist der Anknüpfungspunkt für einen Ausschluss vom öffentlichen Vergabeverfahren ein Verstoß gegen § 21 MiLoG, der zugleich mit einer Geldbuße von wenigstens 2.500 Euro belegt worden sein muss. Die Höhe der Geldbuße legt einen **erheblichen Verstoß des Bewerbers** nahe. Allerdings ist für die zugrunde liegende Vorschrift aus § 21 AEntG anerkannt, dass der Bußgeldbescheid nicht rechtskräftig, sondern **nur festgesetzt** zu sein braucht.[350] Diese Grundsätze sind auf § 19 MiLoG anzuwenden. 242

349 Koberski/Asshoff/Eustrup/Winkler, AEntG, 3.Auflage, § 21, Rn 10; Thüsing/Mengel, AEntG, § 21, Rn 4.

350 Koberski/Asshoff/Eustrup/Winkler, AEntG, 3.Auflage, § 21, Rn 14; Thüsing/Mengel, AEntG, § 21, Rn 6.

3. Rechtsfolge

243 Als Folge des Verstoßes besteht die Möglichkeit, die Bewerber für eine „**angemessene Zeit bis zur nachgewiesenen Wiederherstellung ihrer Zuverlässigkeit**“ vom Verfahren um die Vergabe des Auftrags auszuschließen. Diese Ermessensentscheidung wird sowohl in zeitlicher als auch in tatsächlicher Hinsicht gefällt. Das Gesetz sieht zwar keine konkrete Dauer für den Ausschluss des Bewerbers vor. Für die zugrunde liegende Vorschrift des § 21 AEntG wird ein Ausschluss von **höchstens drei Jahren** als angemessen angesehen.[351] In jedem Fall ist aber, unabhängig vom zeitlichen Ausschluss, die Wiederherstellung der Zuverlässigkeit durch den **Bewerber nachzuweisen.**[352] Solange dieser Nachweis nicht erbracht wird, bleibt der Ausschluss bestehen.

244 Zur Unterstützung der Durchsetzung des Ausschlussverfahrens nach § 19 Abs. 1 MiLoG können die Behörden der Zollverwaltung Auskünfte bei den öffentlichen Auftraggebern und den Stellen der öffentlichen Auftraggebern, die **Präqualifizierungsverzeichnisse** oder Unternehmer- und Lieferantenverzeichnisse führen, einholen. § 19 Abs. 2 MiLoG bietet hierfür die Ermächtigungsgrundlage. Diese Auskunft darf nur auf Verlagen des öffentlichen Auftraggebers erfolgen[353] und wenn dies zur Überprüfung der Zuverlässigkeit nach § 19 Abs. 1 MiLoG erforderlich ist.

245 Weitere Auskunftsverpflichtungen sind in § 19 Abs. 3 und 4 MiLoG vorgesehen. Die öffentlichen Auftraggeber sind nach § 19 Abs. 3 MiLoG verpflichtet, im Rahmen des Vergabeverfahrens Auskünfte beim **Gewerbezentralregister** über rechtskräftige Bußgeldbescheide einzuholen. Außerdem können sie von den Bewerbern verlangen, sogenannte **Eigenerklärungen** abzugeben, mit denen sie bestätigen, dass die Voraussetzungen für einen Ausschluss vom Vergabeverfahren nicht vorliegen. Hierzu kann vom öffentlichen Auftraggeber zusätzlich eine Gewerbezentralregisterauskunft (§ 150 a GewO) eingeholt werden (§ 19 Abs. 3 S. 2 MiLoG).[354]

246 Für Aufträge, deren Wert mehr als **30.000 Euro** beträgt, ist für den Bewerber, der am Ende des Vergabeverfahrens den Zuschlag erhalten soll, zuvor immer eine Auskunft nach § 150 a GewO einzuholen (§ 19 Abs. 4 MiLoG).

247 Soll ein Ausschluss in einem Vergabeverfahren erfolgen, so ist der Bewerber hierzu vor der Entscheidung nach § 19 Abs. 5 MiLoG **anzuhören**, um ihm die Möglichkeit zu geben, einen bestehenden Anfangsverdacht auszuräumen.[355] Dieses Anhörungsrecht beinhaltet auch die in § 101 a Abs. 1 GWB enthaltene Informations- und Wartepflicht von Auftraggebern vor Auftragserteilung:

351 ErfK/Schlachter, 14. Auflage, § 6 AEntG, Rn 1; Ulber, AEntG, § 21, Rn 15; Thüsing/Mengel, AEntG, § 21, Rn 8.

352 Koberski/Asshoff/Eustrup/Winkler, AEntG, 3. Auflage, § 21, Rn 10; Ulber, AEntG, § 21, Rn 16. Kritisch Spielberger/Schilling, NZA 2014, 414 ff, 418.

353 Ulber, AEntG, § 21, Rn 20.

354 Vgl Jöris/von Steinau-Steinrück, BB 2014, 2101 ff, 2105.

355 Koberski/Asshoff/Eustrup/Winkler, AEntG, 3. Auflage, § 21, Rn 16.

§ 101 a Informations- und Wartepflicht

1) Der Auftraggeber hat die betroffenen Bieter, deren Angebote nicht berücksichtigt werden sollen, über den Namen des Unternehmens, dessen Angebot angenommen werden soll, über die Gründe der vorgesehenen Nichtberücksichtigung ihres Angebots und über den frühesten Zeitpunkt des Vertragsschlusses unverzüglich in Textform zu informieren. Dies gilt auch für Bewerber, denen keine Information über die Ablehnung ihrer Bewerbung zur Verfügung gestellt wurde, bevor die Mitteilung über die Zuschlagsentscheidung an die betroffenen Bieter ergangen ist. Ein Vertrag darf erst 15 Kalendertage nach Absendung der Information nach den Sätzen 1 und 2 geschlossen werden. Wird die Information per Fax oder auf elektronischem Weg versendet, verkürzt sich die Frist auf zehn Kalendertage. Die Frist beginnt am Tag nach der Absendung der Information durch den Auftraggeber; auf den Tag des Zugangs beim betroffenen Bieter und Bewerber kommt es nicht an. [Hervorhebungen nur hier]

Liegen die Voraussetzungen des § 19 Abs. 1 MiLoG vor, ist der Bewerber von der Vergabe auszuschließen. Dabei handelt es sich **nicht** um einen **Verwaltungsakt.**[356] Vielmehr sind die allgemeinen Vergabevorschriften anzuwenden, so zB das Nachprüfungsverfahren nach §§ 102 ff GWB. 248

4. Tariftreuegesetze

Die Vergabe öffentlicher Aufträge wird in einigen Bundesländern (u.a. in Berlin, Nordrhein-Westfalen, Niedersachsen und Rheinland-Pfalz) und einigen Gemeinden von der verpflichtenden Zahlung tariflich vorgesehener Mindestentgelte an die Arbeitnehmer, die in verschiedenen Tariftreuegesetzen geregelt sind, abhängig gemacht. Die Einhaltung dieser Verpflichtung aus den Tariftreuegesetzen unabhängig von der beiderseitigen Tarifgebundenheit hat das BVerfG[357] im Fall des Vergabegesetzes Berlin als zulässig angesehen. Danach berührte diese Tariftreueregelung weder das Grundrecht der Koalitionsfreiheit aus Art. 9 Abs. 3 GG, noch verletzte sie das Grundrecht der Berufsfreiheit aus Art. 12 Abs. 1 GG. 249

Bei der Überprüfung des Niedersächsischen Landesvergabegesetzes, das eine Pflicht zur Tariftreue enthielt, hat der EuGH[358] hingegen entschieden, dass die darin enthaltenen Regelungen gegen die EU-**Entsenderichtlinie** und gegen die **Dienstleistungsfreiheit** der Union verstoßen. Der Gerichtshof hat in diesem Urteil aber auch Lohnsätze aus allgemeinverbindlich erklärten Tarifverträgen als vereinbar mit der Entsenderichtlinie erklärt, was einige Landesgesetzgeber aufgegriffen und sogenannte vergabespezifische Mindestlöhne eingeführt haben.[359] Derzeit stehen vergabespezifische Mindestlöhne aus den Tariftreugesetzen Nordrhein-Westfalen und Rheinland-Pfalz auf dem Prüfstand des EuGH. Die Vergabekammer Arnsberg[360] hält die Regelung im Tariftreue- und Vergabegesetz NRW für unvereinbar mit der Dienstleistungsfreiheit und der Entsenderichtlinie. Ebenso hat das OLG Koblenz[361] dem EuGH die Vereinbarkeitsfrage bezogen auf das Tariftreuegesetz aus Rheinland-Pfalz gestellt. 250

356 Ulber, AEntG, § 21, Rn 26; Däubler/Lakies, TVG, 3. Aufl., § 6 AEntG, Rn 9.

357 BVerfG 11.7.2006, 1 BvL 4/00, NJW 2007, 51 ff.

358 EuGH 3.4.2008, Rs. C- 346/06 (Rüffert), NZA 2008, 537 ff.

359 Vgl den Überblick zu den derzeit anhängigen Verfahren zum vergaberechtlichen Mindestlohn bei Däubler, NZA 2014, 694 ff.

360 VergKammer Arnsberg, Beschluss v. 26.9.2013, VK 18/13, NZBau 2013, 799 f. Az beim EuGH C-549/13.

361 OLG Koblenz, 19.2.2014, 1 Verg 8/13, NZBau 2014, 317 ff.

Das letztgenannte Verfahren ist noch beim EuGH anhängig und wird unabhängig von der Vorlage aus NRW entschieden. Der EuGH hat im erstgenannten Fall nunmehr seine Rechtsprechung nach Rüffert im Wesentlichen bestätigt, allerdings nur für die Sondersituation, dass die Mindestlohnvorgaben aus dem Vergabegesetz NRW nicht automatisch für ausländische Subunternehmer (im Fall Polen) mit Arbeitserfüllung im Ausland gelten.[362]

VI. Anpassung des Mindestlohns/die Mindestlohnkommission

251 Über die Anpassung der Höhe des Mindestlohns befindet die Mindestlohnkommission. Errichtet wird diese **ständige** Kommission durch die **Bundesregierung** und nicht nur durch das BMAS; sie wird alle **fünf Jahre** neu berufen, § 4 MiLoG.[363] Erstmals wird die Kommission in der **Mitte des Jahres 2016** in den Blickpunkt rücken, wenn sie – besetzt mit einem neutralen Vorsitzenden, sechs stimmberechtigten Mitgliedern aus den Reihen der Tarifpartner und zwei Mitgliedern aus Kreisen der Wissenschaft ohne Stimmrecht – über eine erste Anpassung der Höhe des Mindestlohnes zu befinden hat (§ 9 Abs. 1 MiLoG). Hiernach wird sie **alle zwei Jahre** tätig, § 9 Abs. 1 S. 2 MiLoG.[364]

252 Die Mindestlohnkommission ist eine **Kommission eigener Art**, weist aber Strukturen anderer Tarifkommissionen auf (zB § 5 TVG), kennt Verfahrensabläufe wie die Einigungsstelle (§ 10 Abs. 2 MiLoG im Vergleich zu § 76 Abs. 3 BetrVG) und soll Aufgaben erfüllen, die im englischen Recht zum dortigen Mindestlohn die **Low Pay Commission** übernimmt: Auch dort sind Wissenschaftler in der Kommission tätig, und auch dort ist einer Berichtspflicht (Evaluierung) nachzukommen (§ 9 Abs. 4 MiLoG).[365]

1. Besetzung

253 Die folgende Tabelle zeigt die Besetzung der Mindestlohnkommission (**neun Personen**), die Verteilung des Stimmrechts sowie besondere Regularien in diesem Zusammenhang:

362 EuGH 18.9.2014, C-549/13 (Bundesdruckerei); aA Däubler, NZA 2014, 694; vgl auch PM DGB vom 18.9.2014.

363 Die fünfjährige Periode schaffe nach Ansicht des Gesetzgebers ein hohes Maß an Kontinuität, BT-Drucks. 18/1558, S. 42.

364 BT-Drucks. 18/2010 (neu), S. 24: Der zwei Jahres Turnus nehme Bezug auf übliche Zyklen in Tarifverträgen. Damit wurde die frühere jährliche Anpassung aufgegeben, die flexible Anpassungen auf wirtschaftliche Entwicklungen ermöglichen sollte, vgl BT-Drucks. 18/1558, S. 45.

365 Zu den Aufgaben der LPC vgl https://www.gov.uk/government/organisations/low-pay-commission.

Mitglied/Herkunft	Berufung/Stimmrecht	Rechtstellung (gilt für alle Mitglieder der Kommission)
Vorsitzende/Vorsitzender	Berufung durch Bundesregierung[366] auf **gemeinsamen Vorschlag** der Spitzenorganisationen der Arbeitgeber und Arbeitnehmer (BDA/DGB), § 6 Abs. 1 MiLoG. Bei fehlendem gemeinsamen Vorschlag Berufung von zwei Vorsitzenden auf Vorschlag (jeweils) der Spitzenorganisationen; Vorsitzende wechseln sich dann im Vorsitz alle zwei Jahre ab, § 6 Abs. 2 MiLoG.[367] Das Stimmrecht regelt sich nach § 10 Abs. 2 MiLoG: Hiernach hat der Vorsitzende bei der Beschlussfassung **zunächst kein Stimmrecht**. Ein solches besteht nur dann, wenn keine Mehrheit gefunden werden kann und auch nach einem vom Vorsitz unterbreiteten Vorschlag keine Mehrheit erzielt wird. Der Vorsitzende hat die Funktion eines Mittlers in dem Verfahren.[368]	Berufung für **fünf Jahre** und alle fünf Jahre neu durch die Bundesregierung (§ 4 Abs. 2 MiLoG) Die Mindestlohnkommission ist eine **ständige** Einrichtung, § 4 Abs. 1 MiLoG.[369] Die Mitglieder der Mindestlohnkommission unterliegen bei der Wahrnehmung ihrer Tätigkeit **keinen Weisungen,** § 8 Abs. 1 MiLoG. **Ehrenamtliche** Tätigkeit, § 8 Abs. 2 MiLoG. **Aufwandsentschädigung und Fahrtkosten** wie ehrenamtliche Richter an Arbeitsgerichten; Feststellung der Höhe im Einzelfall durch Vorsitzenden, § 8 Abs. 3 MiLoG.
Drei Mitglieder Spitzenorganisationen der Arbeitgeber	Berufung durch Bundesregierung nach Vorschlag des Spitzenverbandes der Arbeitgeber. Mitglieder entstammen Kreisen der **Vereinigungen von Arbeitgebern**. Mindestens ein weibliches/männliches Mitglied soll vorgeschlagen werden. Stimmberechtigt, § 5 MiLoG. Bei Vorschlägen über drei Personen erfolgt Auswahl nach Bedeutung des jeweils vorschlagenden Verbandes im Bundesgebiet.[370] Wird kein Vorschlag unterbreitet (oder nicht rechtzeitig unterbreitet[371]), wird die „Bank“ von der Bundesregierung mit entsprechenden Verbandsvertretern besetzt.[372]	
Drei Mitglieder der Spitzenorganisationen der Arbeitnehmer	Berufung durch Bundesregierung nach Vorschlag des Spitzenverbandes der Arbeitnehmer. Mitglieder entstammen aus Kreisen der **Gewerkschaften** (Vertreter des DGB und aus den Einzelgewerkschaften). Mindestens ein weibliches/männliches Mitglied soll vorgeschlagen werden. Stimmberechtigt, § 5 MiLoG. Bei Vorschlägen über drei Personen erfolgt Auswahl nach Bedeutung des jeweils vorschlagenden Verbandes im Bundesgebiet.[373] Wird kein Vorschlag unterbreitet (oder nicht rechtzeitig unterbreitet), wird die „Bank“ von der Bundesregierung mit entsprechenden Verbandsvertretern besetzt.[374]	
Zwei Mitglieder aus dem Kreise der Wissenschaft	Berufung durch die Bundesregierung auf Vorschlag der Spitzenorganisationen der Arbeitgeber und Arbeitnehmer; **jede Seite** macht einen Personalvorschlag. Bundesregierung soll auf ausgewogene **Geschlechterverteilung** hinwirken. Beratendes Mitglied soll nicht in einem **Beschäftigungsverhältnis** zu Spitzenorganisation oder sie tragenden Einzelverbänden stehen.[375] **Beratende Tätigkeit** ohne Stimmrecht, § 7 MiLoG. **Teilnahmerecht** an Sitzungen.[376] Beratung insbesondere im Hinblick auf die Prüfung nach § 9 Abs. 2 MiLoG (Gesamtabwägung).	

366 Die Berufung ist Verwaltungsakt (VA mit Zustimmung).

2. Beschlussfassung/Verfahren

254 Beschlussfassung und Verfahren der Mindestlohnkommission sind in den §§ 9, 10 MiLoG geregelt. Sie entscheidet nach einer **Gesamtabwägung**, welche Höhe des Mindestlohns geeignet ist,

- zu einem angemessenen Mindestschutz der Arbeitnehmerinnen und Arbeitnehmer beizutragen;
- faire und funktionierende Wettbewerbsbedingungen zu ermöglichen;
- Beschäftigung nicht zu gefährden (§ 9 Abs. 2 MiLoG).

255 Für diese Gesamtabwägung ist die Expertise der nicht stimmberechtigten beratenden Mitglieder heranzuziehen.[377] Die **Abwägungstrias** zeigt das Spannungsfeld auf, in welchem der gesetzliche Mindestlohn bzw dessen Höhe steht. Das Gesetz gibt dabei nicht vor, mit welcher Gewichtung jeder einzelne Punkt einzufließen hat. Aus dem Wort „Gesamtabwägung" ist nur zu folgern, dass jeder Punkt in irgendeiner Weise Berücksichtigung zu finden hat. Die Gewichtung wird allerdings von den **verfassungsrechtlichen Zielen** des Mindestlohnes vorgegeben.[378] Ausgangspunkt ist somit der Mindestschutz der Arbeitnehmer. Sofern auf die Wettbewerbsbedingungen abgestellt wird, meint dies (ebenfalls unter Heranziehung der verfassungsrechtlichen Grundlagen), dass der Mindestlohn einem **Verdrängungswettbewerb** über Lohnkosten entgegenwirken soll. Von einem solchen wären insbesondere KMU betroffen. Diese sollen daher in den Schutzfokus mit einbezogen sein.[379] Konjunkturelle Lage und Produktivität sind daneben zu berücksichtigen. Diese volkswirtschaftlichen Parameter können Interessen an einem schnellen Anstieg der Höhe des Mindestlohns dämpfen. Andererseits sind diese nur mit zu berücksichtigen. Die Mindestlohnkommission ist durchaus berechtigt, vorzuschlagen, den Mindestlohn zu erhöhen, gerade

367 Für ein ggf erforderliches Nachbesetzen verweist § 6 Abs. 3 MiLoG auf die vorangegangenen Absätze.
368 BT-Drucks. 18/1558, S. 43.
369 BT-Drucks. 18/1558, S. 42.
370 BT-Drucks. 18/1558, S. 42 f.
371 BT-Drucks. 18/1558, S. 43.
372 Es ist das Bundesgremienbesetzungsgesetz zu beachten. Für ein ggf erforderliches Nachbesetzen verweist § 5 Abs. 2 MiLoG auf den vorangegangenen Absatz.
373 BT-Drucks. 18/1558, S. 42 f.
374 Es ist das Bundesgremienbesetzungsgesetz zu beachten. Für ein ggf erforderliches Nachbesetzen verweist § 5 Abs. 2 MiLoG auf den vorangegangenen Absatz. Die DGB-Gewerkschaften haben sich auf folgendes Modell geeinigt: Stets ein Vertreter des DGB plus alle zwei Jahre rollierend Vertreter der Gewerkschaften IG Bau, NGG und ver.di (von diesen Gewerkschaften ist also stets eine für zwei Jahre nicht vertreten). Diese Berufung hat sich einzupassen in die fünfjährige Amtszeit der Kommission.
375 Nur in seltenen Ausnahmefällen kann von der Vorgabe abgewichen werden. Ein Beispiel ist gegeben, wenn ein wissenschaftlicher Beschäftigter eines Verbandes kurz vor dem Ausscheiden steht.
376 BT-Drucks. 18/1558, S. 44.
377 BT-Drucks. 18/1558, S. 44.
378 Deshalb verweist auch die Gesetzesbegründung auf den vom BVerfG anerkannten Schutzzweck des Erhalts sozialversicherungsrechtlicher Beschäftigung, BT-Drucks. 18/1558, S. 45.
379 Vgl BT-Drucks. 18/1558, S. 45.

um die Binnennachfrage zu stärken oder den Niedriglohnsektor abzufedern, selbst wenn sich dies nicht eins zu eins aus den volkswirtschaftlichen Rahmendaten zwingend ergibt. Antizyklische Überlegungen können ebenfalls vorgebracht werden. Hierbei kann auch die Situation auf dem Fachkräftemarkt Ausschlag geben.[380]

Als weitere Leitplanke[381] gibt das Gesetz vor, dass sich die Mindestlohnkommission **nachlaufend** an der Tarifentwicklung zu orientieren hat (§ 9 Abs. 2 S. 2 MiLoG). Sie hat daher die Entwicklung der Tariflöhne (der letzten zwei Jahre) zu berücksichtigen, ist aber nicht etwa zwingend an einen Durchschnittswert oder Daten des Statistischen Bundesamtes gebunden. Auch diese Orientierung dient dazu, dass sich die Höhe des Mindestlohnes in das Tarifgefüge der Bundesrepublik Deutschland einpassen lässt. 256

Insgesamt wirken die Stellschrauben in einer Weise, dass sie der Mindestlohnkommission Richtwerte für ihre Entscheidung geben, aber Raum für Abwägungsvorgänge lassen. „**Nullrunden**" beim Mindestlohn dürfte es jedenfalls in den Anfangsjahren nicht geben; Herabsetzungen noch weniger. Mindestlohnsprünge von mehreren Euro sind andererseits auch nicht zu erwarten, trotz Überlegungen zur Altersarmut. Grenzen nach oben für die Mindestlohnhöhe gibt auch die Tarifautonomie vor, wobei die anderen Instrumente AVE und Erstreckung der Tarifwirkung nach dem AEntG in ihrer Wirkung zu beachten sind. Wohl wegen dieser Vielzahl von Kriterien hat die Mindestlohnkommission **laufend** die Auswirkungen des Mindestlohns zu evaluieren (§ 9 Abs. 4 MiLoG), also nicht erst zum Zeitpunkt der generellen Evaluierung (§ 23 MiLoG) im Jahre 2020 nach zwei bzw. drei Kommissionsrunden. Die Ergebnisse der erstgenannten Evaluierung hat die Kommission der Bundesregierung in einem **Bericht** alle zwei Jahre mit dem jeweiligen Beschluss zur Verfügung zu stellen. In diesem sind auch Aspekte der regionalen Wirkung des Mindestlohns und Brancheneffekte aufzunehmen.[382] 257

Die Beschlüsse der Mindestlohnkommission sind **schriftlich zu begründen** (§ 9 Abs. 3 MiLoG). Dieser Begründungszwang bezieht sich auf die beschriebenen Kriterien und die wesentlichen Entscheidungsgründe.[383] 258

In formaler Hinsicht sind die Beschlüsse nach den Verfahrensregeln des § 10 MiLoG zu fassen. Beschlussfähigkeit liegt vor, wenn **mindestens die Hälfte** der stimmberechtigten Mitglieder (§ 5 MiLoG) **anwesend** ist. Es reicht daher aus, wenn eine der Bänke komplett vertreten ist (vgl § 10 Abs. 1 MiLoG). Beschlüsse werden mit einfacher Mehrheit der anwesenden stimmberechtigten Mitglieder gefasst. Sind die sechs stimmberechtigten Mitglieder vertreten, bedarf ein Beschluss zu seiner Wirksamkeit vier Zustimmungen, § 10 Abs. 2 S. 1 MiLoG. Dabei sind mehrere **Abstimmungsphasen** zu unterscheiden: Zunächst hat sich der Vorsitzende bei der Beschlussfassung zu enthalten. In dieser Phase wirkt er nur als Mittler zwischen unterschiedlichen Auf- 259

380 BT-Drucks. 18/1558, S. 45.
381 Von Leitplanken sprechen auch Jöris/von Steinau-Steinrück, BB 2014, 2101 ff, 2102.
382 BT-Drucks. 18/2010 (neu), S. 24.
383 BT-Drucks. 18/1558, S. 45.

fassungen.[384] Kommt eine Stimmenmehrheit nicht zustande („Patt“), unterbreitet der Vorsitzende in einer zweiten Phase einen **Vermittlungsvorschlag.** Über diesen ist zu beraten. Ist auch nach dieser Beratung in einer Abstimmung ohne Vorsitzenden keine Mehrheit zu finden, übt der Vorsitzende in der letzten Phase sein bislang gehemmtes Stimmrecht aus und ermöglicht eine Beschlussfassung (§ 10 Abs. 2 S. 2–4 MiLoG).[385]

260 Die Mindestlohnkommission wird nicht nur (intern) durch ihre beratenden Mitglieder unterstützt. Zur Findung einer sachgerechten Lösung hat sie zudem das Recht, **Betroffene und deren Interessenvertretungen** vor der Beschlussfassung (sog. Anpassungsbeschluss) **anzuhören.** Angehört werden können dabei Experten aus den Gewerkschaften, Arbeitgeberverbänden, öffentlich-rechtlichen Religionsgemeinschaften, Wohlfahrtsverbänden, weiteren Sozialverbänden, aber auch Arbeitgeber, einzelne Arbeitnehmer oder Arbeitslose. Der Kommission wird auch Zugriff (Informationen und Einschätzungen) auf externe Stellen und Behörden zugestanden (**Amtshilfe,** § 10 Abs. 3 MiLoG). Art und Umfang der Nutzung der verschiedenen Möglichkeiten stehen im Ermessen der Mindestlohnkommission. Streitigkeiten hierüber sind den Verwaltungsgerichten zuzutragen, welche die Ermessensausübung zu überprüfen haben. Da die Mindestlohnkommission auch über Geldmittel verfügt (§ 12 Abs. 4 MiLoG), ist die Vergabe von **Fachgutachten** denkbar.[386] Ein subjektives Recht Dritter auf Anhörung wird durch § 10 Abs. 3 MiLoG nicht vermittelt.[387]

261 Die Sitzungen der Mindestlohnkommission sind **nicht öffentlich.** Der Inhalt der Beratungen ist vertraulich. Dies ändert nichts an der Berichtspflicht (§ 9 Abs. 4 MiLoG) oder an der Begründungspflicht hinsichtlich der getroffenen Beschlüsse (§ 9 Abs. 3 MiLoG).[388] Die Mindestlohnkommission gibt sich im Übrigen eine **Geschäftsordnung** (§ 10 Abs. 4 MiLoG).

3. Umsetzung der Beschlüsse

262 Der Beschluss der Mindestlohnkommission zur Veränderung der Höhe des Mindestlohns ist nicht selbstexekutierend. Vielmehr bedarf es für seine generelle Wirkung eines staatlich legitimierten Aktes. § 11 Abs. 1 MiLoG sieht vor, dass die Bundesregierung durch **Rechtsverordnung** ohne Zustimmung des Bundesrates den Beschluss der Kommission umsetzen kann. Dabei sind zwei Grenzlinien zu beachten: Einerseits darf die Bundesregierung im Falle der Umsetzung **nicht** vom Vorschlag der Kommission **abweichen.** Andererseits ist die Bundesregierung **nicht verpflichtet,** eine Rechtsverordnung zur Umsetzung zu erlassen.[389] Die Vorschrift ist zusammen mit der Begründungspflicht der Mindestlohnkommission aus § 9 Abs. 2 MiLoG zu lesen; auf diese kann sich der Verordnungsgeber stützen.[390] Durch diese Verknüpfung sowie

384 BT-Drucks. 18/1558, S. 45; vgl. auch Sittard, NZA 2014, 951 ff, 954.
385 BT-Drucks. 18/1558, S. 45.
386 BT-Drucks. 18/1558, S. 46 und BT-Drucks. 18/2010 (neu), S. 24.
387 BT-Drucks. 18/2010 (neu), S. 24.
388 BT-Drucks. 18/1558, S. 46.
389 BT-Drucks. 18/1558, S. 46; Sittard, NZA 2014, 951 ff, 954.
390 BT-Drucks. 18/1558, S. 46.

der genauen Bestimmung des Adressatenkreises („... alle Arbeitgeber und Arbeitnehmer ...“) ist auch den Vorgaben des Art. 80 GG Genüge getan.

Eine erlassene Rechtsverordnung tritt am im Beschluss der Mindestlohnkommission 263
bezeichneten Tag in Kraft, **frühestens** aber am Tag nach der Verkündung (§ 11 Abs. 1 S. 2 MiLoG). Somit kann sie nicht rückwirkend wirken. Die Rechtsverordnung entfaltet so lange Wirkung, bis sie durch eine neue abgelöst wird. So lange gilt also die bisherige Mindestlohnhöhe (§ 11 Abs. 1 S. 3 MiLoG).

Als Ausdruck des rechtlichen Gehörs sowie aus Gründen der rechtlichen wie politi- 264
schen Akzeptanz ist **zwingend vor Erlass** der Rechtsverordnung bestimmten vom Mindestlohn betroffenen Verbänden und Institutionen **Gelegenheit zur Stellungnahme** zu geben (§ 11 Abs. 2 MiLoG). Die Stellungnahme hat **schriftlich** (E-Mail ist zulässig[391]) zu erfolgen, die Frist für diese beträgt **drei Wochen** ab Bekanntmachung des Verordnungsentwurfes. Als zur Stellungnahme **berechtigte Verbände** und Institutionen werden vom Gesetz ausdrücklich genannt: Spitzenorganisationen von Arbeitgebern und Arbeitnehmern, Vereinigungen von Arbeitgebern und Gewerkschaften, öffentlich-rechtliche Religionsgesellschaften, Wohlfahrtsverbände, Verbände, die wirtschaftliche und soziale Interessen organisieren. Die **Kirchen** sind auf diese Liste am Schluss des Gesetzgebungsverfahrens gekommen, weil sie und ihre kirchlichen Wohlfahrtsunternehmen Diakonie und Caritas gleiche Rechte wie weltliche Wohlfahrtsverbände erhalten sollen, sie allein wegen ihrer großen Beschäftigtenzahl von Bedeutung sind und zudem das kirchliche Selbstordnungsrecht (Artikel 140 GG, 137 Abs. 3 WRV) vom Gesetzgeber respektiert wird.[392] Aus diesem Anhörungsrecht folgt weder, dass der Gesetzgeber nunmehr den Ergebnissen des sogenannten Dritten Weges normative Wirkung wie Tarifverträgen zubilligen will,[393] noch dass es in kirchlichen Einrichtungen nur den Dritten Weg und keine Tarifverträge geben kann.[394]

Da § 11 MiLoG nicht in die Neufassung der §§ 2 a Abs. 1 S. 5, 98 Abs. 2 ArbGG 265
aufgenommen wurde, verbleibt es hier bei der Zuständigkeit der **Verwaltungsgerichte**.[395]

4. Geschäftsstelle der Mindestlohnkommission

Die Regelungen zur Geschäftsstelle der Mindestlohnkommission sind vor allem des- 266
halb von Bedeutung, weil in § 12 Abs. 3 MiLoG eine Aufgabe für sie formuliert wird, die einzelne Arbeitnehmer und Arbeitgeber betrifft: Sie **informiert und berät** als Informationsstelle für den Mindestlohn. Hierzu kann eine Telefonhotline eingerichtet werden. Auch ist eine entsprechende Information über das Internet („FAQ“) möglich.[396] Die über die Informationsstelle gewonnenen Erkenntnisse sind auch des-

391 Vgl BT-Drucks. 18/1558, S. 46.
392 BT-Drucks. 18/2010 (neu), S. 24.
393 Vgl BAG 24.2.2011, 6 AZR 634/09, AP Nr. 57 zu § 611 BGB Kirchendienst.
394 Vgl hierzu Schubert/Wolter, AuR 2013, 285 ff mwN.
395 BT-Drucks. 18/1558, S. 53.
396 BT-Drucks. 18/1558, S. 47.

halb von Bedeutung, weil sie in die Prüfung einfließen, ob eine **Ausweitung der Dokumentationspflichten** nach § 17 Abs. 3 MiLoG über die erfassten Arbeitsverhältnisse hinaus angezeigt ist. Im Übrigen soll es einen **Austausch** mit Zollbehörden und den fachlich zuständigen Bundesministerien geben.[397]

267 Die Geschäftsstelle unterstützt die Mindestlohnkommission quasi als Verwaltungsunterbau.[398] Sie wird bei der **Bundesanstalt für Arbeitsschutz und Arbeitsmedizin** (Friedrich-Henkel-Weg 1–25, 44149 Dortmund) als selbstständige Organisationseinheit angesiedelt. Sie untersteht **fachlich** dem Vorsitzenden der Mindestlohnkommission (Weisungsrecht). Die **Rechtsaufsicht** liegt beim BMAS, § 12 Abs. 1, 2 MiLoG.[399] Die **Kosten** der Geschäftsstelle, zu denen auch Personalkosten gehören, trägt der Bund (12 Abs. 4 MiLoG). Über Stellenbesetzung und Tätigkeitszuweisung entscheidet der Vorsitzende in Abstimmung mit den übrigen Mitgliedern der Kommission.[400]

VII. Kontrolle der Mindestlohngewährung durch die Zollbehörden

268 Nach § 14 MiLoG ist der **Zollverwaltung** die Überprüfung der Einhaltung der Pflichten aus dem MiLoG übertragen worden.[401] Konkret ist der Arbeitsbereich Finanzkontrolle Schwarzarbeit (FKS) mit der Prüfung befasst, die bereits Prüfungen nach dem AEntG oder AÜG durchführt. Zuständigkeiten anderer Kontrollbehörden aus anderen Zusammenhängen (zB Finanzbehörden, Rentenversicherung, Agentur für Arbeit) bleiben erhalten, § 15 MiLoG. Werden die Pflichten nach diesem Abschnitt des MiLoG nicht eingehalten, drohen **Bußgelder** bis zu 30.000,00 Euro (§ 21 Abs. 1 Nr. 1-8 und Abs. 2 MiLoG). Umfangreiche **Verordnungsermächtigungen** für das BMAS sowie das BMF ergänzen den Abschnitt.

269 Die Zollbehörden prüfen, ob der **Mindestlohn zum Fälligkeitszeitpunkt** gezahlt wurde. § 15 MiLoG verweist dabei auf Vorschriften des Schwarzarbeitsbekämpfungsgesetzes (SchwarzArbG), das durch Art. 3 des Tarifautonomiestärkungsgesetzes leicht verändert wurde. Hinsichtlich der Prüfungsgegenstände und Befugnisse des Zolls sind die §§ 2–6 und 14 SchwarzArbG relevant. Sie werden ergänzt durch § 15 S. 1 Nr. 1 und 2 MiLoG. Hiernach steht dem Zoll das Recht zu, **Einsicht in Arbeitsverträge**, Niederschriften nach § 2 NachwG oder anderen **Geschäftsunterlagen** zu nehmen, die mittelbar oder unmittelbar Auskunft über die Einhaltung der Regeln des MiLoG geben. Diese Unterlagen sind von Arbeitgebern vorzuhalten (§§ 15 S. 1 Nr. 2 MiLoG iVm 5 SchwarzArbG). Umfangreiche **Mitwirkungs- und Duldungspflichten** treffen diese. Bei der Prüfung kommen dem Zoll Rechte wie **Polizeivoll-**

397 BT-Drucks. 18/1558, S. 47.
398 Vgl BT-Drucks. 18/1558, S. 46.
399 BT-Drucks. 18/1558, S. 47.
400 BT-Drucks. 18/1558, S. 46.
401 Mit verfassungsrechtlichen Bedenken, Maschmann, BB 35/2014, S. I; im Übrigen ders. NZA 2014, 929 ff.

zugsbeamten zu (§ 14 SchwarzArbG).[402] **Befragungen** von Arbeitnehmern sind die Regel. **Datenabgleiche** zwischen Behörden können vorgenommen werden (§§ 15 S. 2 MiLoG iVm 6 Abs. 3 SchwarzArbG). Eine vorherige Ankündigung der Prüfung kann entfallen, wenn der Prüfungszweck durch eine solche gefährdet wäre (§ 197 Abs. 1 S. 1 aE AO). Herausgestrichen seien folgende Vorschriften des SchwarzArbG:

§ 2 Prüfungsaufgaben

(1) Die Behörden der Zollverwaltung prüfen, ob

1. die sich aus den Dienst- oder Werkleistungen ergebenden Pflichten nach § 28 a des Vierten Buches Sozialgesetzbuch erfüllt werden oder wurden,
2. aufgrund der Dienst- oder Werkleistungen Sozialleistungen nach dem Zweiten und Dritten Buch Sozialgesetzbuch oder Leistungen nach dem Altersteilzeitgesetz zu Unrecht bezogen werden oder wurden,
3. die Angaben des Arbeitgebers, die für die Sozialleistungen nach dem Dritten Buch Sozialgesetzbuch erheblich sind, zutreffend bescheinigt wurden,
4. Ausländer nicht
   a) entgegen § 284 Abs. 1 des Dritten Buches Sozialgesetzbuch oder § 4 Abs. 3 Satz 1 und 2 des Aufenthaltsgesetzes und nicht zu ungünstigeren Arbeitsbedingungen als vergleichbare deutsche Arbeitnehmer oder Arbeitnehmerinnen beschäftigt werden oder wurden, oder
   b) entgegen § 4 Abs. 3 Satz 1 und 2 des Aufenthaltsgesetzes mit entgeltlichen Dienst- oder Werkleistungen beauftragt werden oder wurden

   und
5. Arbeitsbedingungen nach Maßgabe des Mindestlohngesetzes, des Arbeitnehmer-Entsendegesetzes und des § 10 Absatz 5 des Arbeitnehmerüberlassungsgesetzes eingehalten werden oder wurden.

Die Prüfung der Erfüllung steuerlicher Pflichten im Sinne von § 1 Abs. 2 Nr. 2 obliegt den zuständigen Landesfinanzbehörden. Die Behörden der Zollverwaltung sind zur Mitwirkung an Prüfungen der Landesfinanzbehörden berechtigt. Die Behörden der Zollverwaltung prüfen zur Erfüllung ihrer Mitteilungspflicht nach § 6 Abs. 1 Satz 1 in Verbindung mit Abs. 3 Nr. 4, ob Anhaltspunkte dafür bestehen, dass Steuerpflichtige den sich aus den Dienst- oder Werkleistungen ergebenden steuerlichen Pflichten nicht nachgekommen sind. Grundsätze der Zusammenarbeit werden von den obersten Finanzbehörden des Bundes und der Länder im gegenseitigen Einvernehmen geregelt.

(1 a) Die nach Landesrecht für die Verfolgung und Ahndung von Ordnungswidrigkeiten nach diesem Gesetz zuständigen Behörden prüfen, ob

1. der Verpflichtung zur Anzeige vom Beginn des selbstständigen Betriebes eines stehenden Gewerbes (§ 14 der Gewerbeordnung) nachgekommen oder die erforderliche Reisegewerbekarte (§ 55 der Gewerbeordnung) erworben wurde,
2. ein zulassungspflichtiges Handwerk als stehendes Gewerbe selbstständig betrieben wird und die Eintragung in die Handwerksrolle vorliegt.

(2) Die Behörden der Zollverwaltung werden bei den Prüfungen nach Absatz 1 unterstützt von

1. den Finanzbehörden,
2. der Bundesagentur für Arbeit,

2a. der Bundesnetzagentur für Elektrizität, Gas, Telekommunikation, Post und Eisenbahnen,

3. den Einzugsstellen (§ 28 i des Vierten Buches Sozialgesetzbuch),
4. den Trägern der Rentenversicherung,
5. den Trägern der Unfallversicherung,

402 Blumig dargestellt bei Maschmann, BB 35/2014, S. I; ders. NZA 2014, 929 ff. Vgl zudem Jöris/von Steinau-Steinrück, BB 2014, 2101 ff, 2106 sowie zu Sinn und Zweck der Prüfung und ihrer Durchführung BFH 23.10.2012, VII R 41/10, NZA-RR 2013, 148 ff, 150.

6. den Trägern der Sozialhilfe,
7. den nach dem Asylbewerberleistungsgesetz zuständigen Behörden,
8. den in § 71 Abs. 1 bis 3 des Aufenthaltsgesetzes genannten Behörden,
8a. dem Bundesamt für Güterverkehr,
9. den für den Arbeitsschutz zuständigen Landesbehörden,
10. den Polizeivollzugsbehörden der Länder auf Ersuchen im Einzelfall und
11. den nach Landesrecht für die Verfolgung und Ahndung von Ordnungswidrigkeiten nach diesem Gesetz zuständigen Behörden.

Die Aufgaben dieser Stellen nach anderen Rechtsvorschriften bleiben unberührt. Die Prüfungen können mit anderen Prüfungen der in diesem Absatz genannten Stellen verbunden werden; die Vorschriften über die Unterrichtung und Zusammenarbeit bleiben hiervon unberührt. Verwaltungskosten der unterstützenden Stellen werden nicht erstattet.

§ 2 a Mitführungs- und Vorlagepflicht von Ausweispapieren

(1) Bei der Erbringung von Dienst- oder Werkleistungen sind die in folgenden Wirtschaftsbereichen oder Wirtschaftszweigen tätigen Personen verpflichtet, ihren Personalausweis, Pass, Passersatz oder Ausweisersatz mitzuführen und den Behörden der Zollverwaltung auf Verlangen vorzulegen:

1. im Baugewerbe,
2. im Gaststätten- und Beherbergungsgewerbe,
3. im Personenbeförderungsgewerbe,
4. im Speditions-, Transport- und damit verbundenen Logistikgewerbe,
5. im Schaustellergewerbe,
6. bei Unternehmen der Forstwirtschaft,
7. im Gebäudereinigungsgewerbe,
8. bei Unternehmen, die sich am Auf- und Abbau von Messen und Ausstellungen beteiligen,
9. in der Fleischwirtschaft.

(2) Der Arbeitgeber hat jeden und jede seiner Arbeitnehmer und Arbeitnehmerinnen nachweislich und schriftlich auf die Pflicht nach Absatz 1 hinzuweisen, diesen Hinweis für die Dauer der Erbringung der Dienst- oder Werkleistungen aufzubewahren und auf Verlangen bei den Prüfungen nach § 2 Abs. 1 vorzulegen.

§ 5 Duldungs- und Mitwirkungspflichten

(1) Arbeitgeber, Arbeitnehmer und Arbeitnehmerinnen, Auftraggeber und Dritte, die bei einer Prüfung nach § 2 Abs. 1, sowie Entleiher, die bei einer Prüfung nach § 2 Absatz 1 Nummer 5 angetroffen werden, haben die Prüfung zu dulden und dabei mitzuwirken, insbesondere für die Prüfung erhebliche Auskünfte zu erteilen und die in den §§ 3 und 4 genannten Unterlagen vorzulegen. In den Fällen des § 3 Abs. 1 und 2 sowie des § 4 Abs. 1 und 2 haben sie auch das Betreten der Grundstücke und der Geschäftsräume zu dulden. (...)

270 Die Prüfkompetenz des Zolls besteht **gegenüber allen** Unternehmen. Daneben normiert das MiLoG besondere **Melde- und Dokumentationspflichten** für Unternehmen, die in Branchen tätig sind, in denen eine Umgehung des Mindestlohns wahrscheinlicher ist als in anderen. Dies wird in den §§ 16, 17 MiLoG geregelt.

271 § 16 MiLoG weist Arbeitgebern mit Sitz im **Ausland** besondere **Meldepflichten** zu. Anders als § 18 AEntG werden diese allerdings beschränkt auf solche Arbeitgeber, die in Branchen nach § 2 a SchwarzArbG (Baugewerbe, Gaststätten- und Beherbergungsgewerbe, Personenbeförderungsgewerbe, Speditions-, Transport- und damit verbundene Logistikgewerbe, Schaustellergewerbe, Forstwirtschaft, Gebäudereini-

gungsgewerbe, Messeaufbau bzw -abbauunternehmen, Fleischwirtschaft) tätig sind. **Vor Beginn** jeder Werk- und Dienstleistung ist vom Arbeitgeber eine schriftliche Anmeldung in deutscher Sprache beim Zoll vorzulegen. In dieser sind folgende Angaben zu machen:

- Persönliche Daten der Beschäftigten im Geltungsbereich des MiLoG,
- Beginn und voraussichtliches Ende der Beschäftigung,
- Ort der Beschäftigung,
- Ort im Inland, an dem die nach § 17 MiLoG erforderlichen Unterlagen bereitgehalten werden,
- Persönliche Daten des in Deutschland verantwortlich Handelnden (zB Bauleiter oder Vorarbeiter),
- Persönliche Daten eines Zustellungsbevollmächtigten in Deutschland (kann mit dem verantwortlich Handelnden identisch sein).

Diesbezügliche **Änderungen** sind unverzüglich zu melden. Darüber hinaus hat der Arbeitgeber der Anmeldung eine **Versicherung** beizufügen, dass er die Verpflichtungen nach § 20 MiLoG einhält (§ 16 Abs. 2 MiLoG). Es handelt sich nicht um eine eidesstattliche Versicherung.[403] 272

Vergleichbare Pflichten gelten für **Entleiher**, wenn diese Leiharbeitnehmer eines Verleihers mit Sitz im Ausland in Deutschland beschäftigen, § 16 Abs. 3 MiLoG.[404] 273

§ 17 MiLoG konkretisiert Pflichten für Arbeitgeber aus besonderen Branchen. Diese Pflichten, konkret zur Erstellung und Bereithaltung von Dokumenten, treffen allerdings **nicht jeden Arbeitgeber**, sondern nur solche, die 274

- Mini-Jobber beschäftigen (geringfügig beschäftigte Personen nach § 8 Abs. 1 SGB IV),[405] **unabhängig** von der Branche und unabhängig davon, wie viele Arbeitsverhältnisse bestehen;[406]
- in Branchen nach § 2 a SchwarzArbG tätig sind[407] sowie
- Entleiher aus Branchen nach § 2 a SchwarzArbG (§ 17 MiLoG gilt also **nicht generell** für die Arbeitnehmerüberlassung).

Für diese gilt, dass sie gesonderte Aufzeichnungen über die Arbeitszeit zu führen haben. Konkret hat der Arbeitgeber **Beginn, Ende und Dauer** der tatsächlichen täglichen Arbeitszeit der Beschäftigten inklusive Pausenzeiten aufzuzeichnen, bezieht sich 275

---

403 Thüsing/Reufels, AEntG, § 18 Rn 24.

404 Vgl hierzu Thüsing/Reufels, AEntG, § 18 Rn 20; ErfK/Schlachter, 14. Aufl., § 18 AEntG Rn 2.

405 Die Norm verweist auf beide Formen der geringfügigen Beschäftigung. In Privathaushalten geringfügig Beschäftigte (§ 8 a SGB IV) erfasst die Regelung dagegen nicht.

406 Der Gesetzgeber rechnet hier besonders mit Umgehungen, da sich der Mindestlohn relativ gesehen für geringfügig Beschäftigte am stärksten auswirkt. Zudem bedingt die Obergrenze hinsichtlich des Entgelts, dass nur noch die Arbeitszeit als variable Größe verbleibt, BT-Drucks. 18/1558, S. 48; Maschmann, NZA 2014, 929 ff, 936.

407 Hier hat der Gesetzgeber eine hohe arbeitszeitrechtliche Fluktuation ausgemacht, BT-Drucks. 18/1558, S. 49.

doch der Mindestlohn auf die Zeitstunde.[408] Dies gilt auch bei Stück- oder Akkordlohnvereinbarungen.[409] Die Aufzeichnung muss spätestens bis zum **Ablauf des siebten Tages** nach dem Tag der Arbeitsleistung erstellt sein. Ab dem Zeitpunkt der Erstellung müssen die Aufzeichnung zudem für **zwei Jahre** aufbewahrt werden (§ 17 Abs. 1, 2 MiLoG). Kombiniert mit den Pflichten, die sich aus § 15 MiLoG ergeben, hat der Arbeitgeber die für eine Kontrolle erforderlichen Unterlagen (zB Überweisungsträger, Quittungen, Kontoauszüge, wegen der Frage der Anrechenbarkeit auch Aufzeichnungen über Sonderzahlungen etc.) **bereitzuhalten**, um die Prüftätigkeit des Zolls zu erleichtern.[410]

276 Offen ist die Frage, ob die **Aufzeichnungspflicht** des Arbeitgebers auf den Arbeitnehmer **übertragen** werden kann, so wie es zu § 19 AEntG vertreten wird.[411] Da der Gesetzgeber des MiLoG weitestgehend auf die Strukturen des AEntG zurückgegriffen, zu diesem Punkt aber geschwiegen hat und eine Übertragungsmöglichkeit auf den Arbeitnehmer auch für § 16 Abs. 2 ArbZG anerkannt ist,[412] wird dies wohl zu bejahen sein. Die Übertragung ändert nichts an den Pflichten des Arbeitgebers gegenüber dem Betriebsrat nach § 80 BetrVG.[413]

277 Um abschließend Missverständnisse zu vermeiden: Die Prüfungstätigkeit der Zollbehörden hat keinen Einfluss darauf, dass jedem Arbeitnehmer mindestens ein Anspruch auf Zahlung des gesetzlichen Mindestlohns zusteht und dieser auch durch **Klage** erstritten werden kann. Die Erhebung einer Zahlungsklage hängt mithin nicht von einer vorherigen Prüfung des Zolls ab. Hinsichtlich der Strafbewährung gilt: Neben dem Bußgeld nach dem MiLoG können zudem **Strafverfahren** wegen Nichtabführung von Sozialversicherungsabgeben die Folge sein.[414] Zur Besonderheit des Ausschlusses von öffentlichen Aufträgen vgl Rn 235 ff.

VIII. Bußgelder

278 Das MiLoG enthält in § 21 MiLoG einen Katalog von Ordnungswidrigkeiten verbunden mit entsprechenden Sanktionen (Bußgelder), die zu entrichten sind, wenn vorsätzlich oder fahrlässig

- entgegen § 20 MiLoG (iVm §§ 1 Abs. 2 und 2 Abs. 1 S. 1 Nr. 2 MiLoG) der gesetzliche Mindestlohn nicht oder nicht rechtzeitig gezahlt wird (§ 21 Abs. 1 Nr. 9 MiLoG; nach § 21 Abs. 3 MiLoG bis zu 500.000,00 Euro);
- Mitwirkungs-, Duldungs- oder Dokumentationspflichten gemäß der §§ 15–17 MiLoG nicht oder nicht rechtzeitig nachgekommen wird (§ 21 Abs. 1 Nr. 1–8 MiLoG; nach § 21 Abs. 3 MiLoG bis zu 30.000,00 Euro);

---

408 Maschmann, NZA 2014, 929 ff, 936.
409 Kritisch Spielberger/Schilling, NZA 2014, 414 ff, 418. Zu Stücklohnumrechnung vgl Rn 127.
410 BT-Drucks. 18/1558, S. 49. Ähnliche Dokumentationspflichten treffen den Arbeitgeber nach § 19 Abs. 1 AEntG nF; im Übrigen Maschmann, NZA 2014, 929 ff, 936.
411 Thüsing/Reufels, § 19 AEntG, Rn 7 „keine höchstpersönliche Pflicht".
412 ErfK/Wank, 14. Aufl., § 16 ArbZG Rn 5.
413 ErfK/Kania, 14. Aufl., § 80 BetrVG Rn 24; Maschmann, NZA 2014, 929 ff, 936.
414 Däubler, NJW 2014, 1924 ff, 1928.

- im Falle der Beauftragung eines anderen Unternehmens mit Werk- oder Dienstleistungen in erheblichem Umfang der Auftraggeber weiß bzw fahrlässig nicht weiß, dass jener bei der Erfüllung des Auftrages entgegen § 20 MiLoG den Mindestlohn nicht oder verspätet zahlt oder einen Nachunternehmer einsetzt; der entgegen § 20 MiLoG den Mindestlohn nicht oder nicht rechtzeitig zahlt (§ 21 Abs. 2 MiLoG; nach § 21 Abs. 3 MiLoG bis zu 500.000,00 Euro).[415]

Auch im Ordnungswidrigkeitenrecht gilt der Grundsatz der Verhältnismäßigkeit. Je schwerer der Verstoß gegen das MiLoG ist, desto höher kann das Bußgeld angesetzt werden. Umgekehrt fällt nicht für jeden Verstoß sogleich der Höchstbetrag an. Bei Fahrlässigkeit kommt es zu einer Halbierung der Bußgeldsätze, § 17 Abs. 2 OWiG. Andere Bußgeldkataloge oder strafrechtlich relevante Bewertungen werden durch das MiLoG ergänzt, nicht aber verdrängt. 279

IX. Pflicht zur Evaluation

Das MiLoG enthält an verschiedenen Stellen Vorgaben zur Evaluation. Dabei sind die Zeitpunkte unterschiedlich und jedenfalls hinsichtlich der Gesamtevaluation des Gesetzes nach § 23 MiLoG sehr weit nach hinten verschoben. Nach dieser Norm sind das Gesetz und seine Regelungen im Jahre **2020** zu evaluieren. In diesem Jahr wird die Mindestlohnkommission zum dritten Mal tätig. Daneben evaluiert diese **laufend** die Auswirkungen des Mindestlohns auf den deutschen Arbeitsmarkt, § 9 Abs. 4 MiLoG. 280

Eine Evaluation setzt auch § 22 Abs. 4 S. 2 MiLoG hinsichtlich der Berichtspflicht der Bundesregierung zur Herausnahme von **Langzeitarbeitslosen** vom Mindestlohn in den ersten sechs Monaten der Beschäftigung voraus. Da der Bericht bereits zum 1.6.2016 zu erfolgen hat, ist mit der Evaluierung zügig zu beginnen. 281

X. Prozessuale Fragen

1. Anspruch auf den gesetzlichen Mindestlohn

Materiell rechtlich ist der Mindestlohn – wie beschrieben – wesentlich durch § 3 MiLoG (Unabdingbarkeit) abgesichert. Zahlt ein Arbeitgeber den Mindestlohn gleichwohl nicht oder nicht vollumfänglich, ist **Leistungsklage** (Zahlungsklage) vor den Arbeitsgerichten (§ 2 Abs. 1 Nr. 3 a ArbGG) zu erheben.[416] Der Klageantrag lautet: 282

> „(volles Rubrum) … wird beantragt,
> den Beklagten zu verurteilen, … Euro nebst Zinsen in Höhe von 5 Prozentpunkten über dem Basiszinssatz ab … zu zahlen."

---

415 Däubler hält den Sanktionskatalog für unzureichend und fordert, dass der Zoll sofort vollziehbare Verwaltungsakte erlassen können sollte, nach welchen Arbeitnehmer sogleich der Mindestlohn zu zahlen ist. Es hätte dann der Arbeitgeber den Rechtsweg hiergegen zu beschreiten; Däubler, NJW 2014, 1924 ff, 1928.

416 Löwisch, NZA 2014, 948 ff, 949 mit im Übrigen waghalsigen Konstruktionen, prozessual gegen das Mindestlohngesetz vorzugehen.

283 Der Zinssatz ergibt sich aus der Tatsache, dass Arbeitnehmer **Verbraucher** sind (§ 288 Abs. 1 BGB).[417] Zu verzinsen ist die **Bruttovergütung.**[418] Das Begehren unterliegt **keiner Ausschlussfrist** (§ 3 MiLoG). Die Zahlungsklage geht der Feststellungsklage vor.

284 Die **Beweislast** trägt der Arbeitnehmer. Das MiLoG führt keine Beweiserleichterungen ein. Der Arbeitnehmer kann seinen Beweisverpflichtungen durch Dokumente (Lohnstreifen und Zeiterfassung, Stücklohnvereinbarung etc.) nachkommen. Der Betroffene kann sich zusätzlich auch an die Zollbehörden wenden, um auf den Missstand aufmerksam zu machen. Ggf dort vorliegende Erkenntnisse können in den Prozess einfließen. Auch der Betriebsrat kann unterstützen.

285 Das Instrument der **einstweiligen Verfügung** in Form der Leistungsverfügung steht (nur) zur Verfügung, wenn der Arbeitnehmer darlegt und glaubhaft macht, dass er sich ohne Entgeltzahlung in einer **Notlage** befindet.[419] Dies dürfte im Umfeld des gesetzlichen Mindestlohns deutlich eher vorliegen als bei Lohnzahlungsklagen, die von anderen (höheren) Stundensätzen ausgehen. Der Antrag lautet hier:

> „(volles Rubrum) … wird beantragt,
>
> dem Antragsgegner im Wege der einstweiligen Verfügung aufzugeben, für die Monate … einen Betrag in Höhe von … Euro bis zum … als Lohn an den Antragsteller zu zahlen."

286 Das MiLoG sieht dagegen **keine** Möglichkeit vor, dass beispielsweise eine im Betrieb vertretene Gewerkschaft in eigenem Namen aus eigenem Recht Klage auf Zahlung des Mindestlohns (**Verbandsklage**) erhebt. Möglich wäre es dagegen, dass der Anspruch des Arbeitnehmers aus Lohnzahlung (bis zur Grenze der Pfändbarkeit, §§ 850 a bis 850 i ZPO iVm 400 BGB) an eine Gewerkschaft **abgetreten** wird[420] und diese hiernach klagt oder diese aufgrund einer gewillkürten **Prozessstandschaft** (Prozessführungsbefugnis) tätig wird. Letztere ist nur zulässig, wenn der Prozessstandschafter (Gewerkschaft) ein eigenes schutzwürdiges Interesse hat. Dieses könnte sich in Betrieben, die gewerkschaftlich organisiert sind, aus Art. 9 Abs. 3 GG ergeben. Dies gilt jedenfalls dann, wenn der Arbeitgeber den Lohn aus einem nach dem AEntG erstreckten und der Übergangsphase nach § 24 MiLoG dienenden Tarifvertrag nicht zahlt.

2. Praktikanten

287 Das MiLoG hat den Status von Praktikanten teilweise materiellrechtlich gestärkt. Prozessual ist zu unterscheiden:

- Geht es um die Frage, ob ein **Sonderfall** des § 22 Abs. 1 Nr. 1–4 MiLoG gegeben ist, der dazu berechtigt, den Mindestlohn nicht zu zahlen, ergibt sich aus der

417 BAG 25.5.2005, 5 AZR 572/04, NZA 2005, 1111.
418 BAG 7.3.2001, GS 1/10, NZA 2001, 1195.
419 Statt Vieler Germelmann/Matthes/Prütting, ArbGG, 8 Aufl., § 62 Rn 103. Aus der Rechtsprechung: LAG Hessen 9.7.1995, 13 Ta 242/95, LAGE Nr. 9 zu § 935 ZPO.
420 Zur Zulässigkeit Schaub/Linck, Arbeitsrechts-Handbuch, 15. Aufl., § 73 Rn 1; ErfK/Preis, 14. Aufl., § 611 BGB Rn 460.

Wendung „es sei denn", dass der Arbeitgeber/Ausbildende das Vorliegen des Ausnahmefalls zu beweisen hat.[421]

- Steht die Frage nach dem **Status** als solcher im Raum, Arbeitnehmer oder Praktikant, verbleibt es bei den allgemeinen Beweisregeln: Der Kläger hat im Rahmen dieser Feststellungsklage zu beweisen, dass die Arbeitsleistung und nicht die Vermittlung von Ausbildungsinhalten im Mittelpunkt steht.

3. Zeitungszusteller

§ 24 Abs. 2 MiLoG senkt zeitweilig das Mindestlohnniveau für Zeitungszusteller **288** herab. Der Begriff des Zeitungszustellers wird legaldefiniert. Es geht um das ausschließliche Zustellen von Periodika oder Zeitschriften oder Anzeigenblättern mit redaktionellem Inhalt. Wird das **Ausschließlichkeitskriterium** nicht erfüllt, ist mindestens der gesetzliche Mindestlohn in voller Höhe zu zahlen. Zur Beweislast für dieses Kriterium sagt das Gesetz nichts. Es ist daher die Pflicht des Klägers (Arbeitnehmers), substantiiert darzulegen und zu beweisen, dass er beispielsweise auch postalische Schriftstücke zuzustellen hat. Der Beweislast kann durch Zeugenbeweis oder Zustellbelege nachgekommen werden.

4. Rechtsschutzfragen aus Arbeitgebersicht

Für den Arbeitgeber stellen sich insbesondere Fragen zum Rechtsschutz gegen Maß- **289** nahmen des Zolls. Zuständig sind hierfür die **Finanzgerichte** (vgl § 15 S. 1 MiLoG iVm § 23 SchwarzArbG). Rechtsbehelfe und Klagen richten sich daher nach der FGO. In sog. Nachprüfungsverfahren nach §§ 102 ff GWB werden Entscheidungen über die öffentliche Auftragsvergabe (§ 19 MiLoG) geprüft, für die die **Vergabekammern** zuständig sind.

421 BT-Drucks. 18/2010 (neu), S. 25.

Teil 3: Der Mindestlohn im Betrieb

I. Rolle des Betriebsrats

290 Der gesetzliche Mindestlohn beschreibt einen im Rahmen des Arbeitsverhältnisses bestehenden Anspruch, der zunächst **individualrechtlich** wirkt. Zur kollektiv-rechtlichen Situation (Betriebsrat, ggf Personalrat oder Mitarbeitervertretungen in kirchlichen Einrichtungen) sagen das MiLoG und das Tarifautonomiestärkungsgesetz nichts. Es gelten daher die allgemeinen Regeln. Aus Sicht des **Betriebsverfassungsrechts** kommen dem Betriebsrat insbesondere folgende Rechte zu:

- Nach § 80 Abs. 1 Nr. 1 BetrVG hat der Betriebsrat darüber zu wachen, dass das MiLoG eingehalten wird. Diesbezüglich ist er rechtzeitig und umfassend vom Arbeitgeber zu **unterrichten,** § 80 Abs. 2 BetrVG. Ihm sind alle erforderlichen **Unterlagen** zur Verfügung zu stellen. Zu diesen Unterlagen gehören auch **Bruttolohnlisten** und **Unterlagen, die Arbeitszeiten dokumentieren.**[422] Daneben stehen dem Betriebsrat auch andere Informationsquellen zur Verfügung.[423] Der Betriebsrat kann die Einsicht in Unterlagen im Beschlussverfahren gerichtsweise durchsetzen (§ 85 ArbGG). Erfährt der Betriebsrat von Unterschreitungen des gesetzlichen Mindestlohnes (zB wegen „geschickter" Arbeitszeitregelungen), kann er diese Informationen dem betroffenen Arbeitnehmer weitergeben. § 79 BetrVG erstreckt sich nicht auf unlautere oder gesetzeswidrige Vorgänge.[424]
- Der Betriebsrat kann ferner einer (erstmaligen) **Eingruppierung** die Zustimmung nach § 99 Abs. 2 Nr. 1 BetrVG verweigern, wenn zB ein vom Arbeitgeber behaupteter Ausnahmefall vom MiLoG nicht gegeben ist oder anstelle des MiLoG ein günstigerer Lohn nach einem Tarifvertrag, der nach dem AEntG erstreckt wurde, oder nach anderen Bestimmungen zu zahlen ist.
- **Starke Mitbestimmungsrechte** nach § 87 BetrVG (regelmäßig inklusive Initiativrecht) ergeben sich zwar nicht hinsichtlich der Höhe des Entgeltes, also auch nicht hinsichtlich des gesetzlichen Mindestlohns (§ 87 Abs. 1 Einleitungssatz BetrVG), wohl aber bezüglich:
  - der Gestaltung von **Gleitzeitkonten/Flexikonten** unter Beachtung des § 2 MiLoG (§ 87 Abs. 1 Nr. 2 BetrVG);[425]
  - der Gestaltung von **Schichtarbeit**;
  - der Einführung und Durchführung von **Bereitschaftsdiensten**[426] (mit den Folgen hinsichtlich der entsprechenden Mindestlohngewährung für diese);
  - **Überstunden** (§ 87 Abs. 1 Nr. 3 BetrVG);

---

422 Vgl ErfK/Kania, 14. Aufl., § 80 Rn 24 ff.
423 Fitting, § 80 BetrVG Rn 79 ff.
424 Fitting, § 79 BetrVG Rn 3.
425 Vgl BAG 18.4.1989, 1 ABR 3/88, AP Nr. 33 zu § 87 BetrVG 1972 Arbeitszeit.
426 BAG 29.2.2000, 1 ABR 15/99, AP Nr. 81 zu § 87 BetrVG 1972 Arbeitszeit.

- der Umstände der **Auszahlung** des Arbeitsentgelts (§ 87 Abs. 1 Nr. 4 BetrVG);
- der Neueinführung und Ausgestaltung technischer Überwachungseinrichtungen für eine **Zeiterfassung** (§ 87 Abs. 1 Nr. 6 BetrVG). Dabei bestimmt der Betriebsrat sowohl über das „Ob" als auch über das „Wie" der Zeiterfassungssysteme mit. § 17 MiLoG verpflichtet zwar bestimmte Arbeitgeber zur Dokumentation von Arbeitszeiten. Die Norm gibt aber nicht vor, wie zu dokumentieren ist. Dem Mitbestimmungsrecht steht insofern § 87 Abs. 1 Einleitungssatz BetrVG nicht entgegen.[427]
- der **betrieblichen Lohngestaltung** (§ 87 Abs. 1 Nr. 10 BetrVG). Hier ist Geschick dahin gehend erforderlich, um mittelbar leistungsbezogene Entgelte (Weihnachtsgeld)[428] einer Anrechnung zum Mindestlohn zu entziehen;
- **leistungsbezogener Entgelte**. Akkord- oder Stücklöhne sind hier so zu strukturieren, dass sie – umgerechnet auf Zeitlohn – dem gesetzlichen Mindestlohn entsprechen. Hierauf hat der Betriebsrat zu achten. Darüber liegende Leistungslöhne unterliegen, wie bisher, dem Mitbestimmungsrecht nach § 87 Abs. 1 Nr. 11 BetrVG.

Können sich Betriebsrat und Arbeitgeber im Bereich des § 87 BetrVG nicht einigen, 291 muss die **Einigungsstelle** angerufen werden. Wird ein Mitbestimmungsrecht verletzt, stehen dem Betriebsrat **Unterlassungsansprüche** (auch im Wege einstweiliger Verfügung), Ansprüche auf Rückgängigmachung von Maßnahmen und Ansprüche auf Einhaltung von Betriebsvereinbarungen zu.[429]

Nach der **Theorie der Wirksamkeitsvoraussetzung** schlagen zudem bestimmte Ver- 292 letzungen von Mitbestimmungsrechten auf die individualrechtliche Ebene durch.[430] Sieht sich der Arbeitgeber beispielsweise wegen der Nichtanrechnung einer freiwilligen Jahressonderzahlung auf den gesetzlichen Mindestlohn veranlasst, diese zu widerrufen, so kann dieser Widerruf (unabhängig von einer AGB-Kontrolle) dann unwirksam sein, wenn der Arbeitgeber zuvor für einen Verteilungsplan keine Zustimmung des Betriebsrates erhalten hat. In diesen Fällen steht den betroffenen Arbeitnehmern das Weihnachtsgeld zu,[431] und es wird nach dem System des MiLoG nicht auf den gesetzlichen Mindestlohn angerechnet.

Im Übrigen wird dem Betriebsrat eine wichtige Rolle in Fällen zukommen, in denen 293 der Arbeitnehmer von seinem **Beschwerderecht** (§§ 84, 85 BetrVG) Gebrauch gemacht hat oder der Arbeitgeber Umgehungsstrategien verfolgt. Da dem **Zoll** bei seinen Prüfungen auch ein Befragungsrecht zukommt, kann dieser neben den Arbeitnehmern gezielt auch den Betriebsrat zur Einhaltung des MiLoG im Betrieb anspre-

427 Vgl. hierzu auch Maschmann, NZA 2014, 929 ff, 936.
428 Fitting, § 87 BetrVG Rn 413.
429 Statt vieler Fitting, § 87 BetrVG Rn 596 ff.
430 BAG 3.12.1991, GS 2/90, AP Nr. 51 zu § 87 BetrVG 1972 Lohngestaltung; ErfK/Kania, 14. Aufl. § 87 BetrVG Rn 136.
431 BAG 3.12.1991, GS 2/90, AP Nr. 51 zu § 87 BetrVG 1972 Lohngestaltung.

chen. Umgekehrt ist es im Rahmen einer solchen Prüfung zulässig, dass der Betriebsrat direkt auf Missstände aufmerksam macht.

II. Umgehungsstrategien und deren Einordnung

294 Der Mindestlohn ist vom Gesetzgeber **materiellrechtlich** stark ausgestaltet worden. Der Anspruch ist unabdingbar (§ 3 MiLoG), die Einhaltung des MiLoG wird vom Zoll (mit mehr Personal) durchgeführt (§§ 14 ff MiLoG), besondere Branchen haben umfangreicheren Melde- und Dokumentationspflichten (§ 17 MiLoG) nachzukommen. Gleichwohl wird es Arbeitgeber, Institutionen oder Berater geben, die versuchen werden auszuloten, an welchen Stellen das Gesetz **umgangen** werden kann.[432] Es wird wesentlich von den Kontrollen der FKS abhängen, ob dabei die Arbeitnehmer das Nachsehen haben oder Umgehungen je nach Schwere mit angemessenen Bußgeldern, einem Ausschluss von öffentlichen Vergabeverfahren, Strafverfahren nach § 266 a StGB (Sozialabgabebetrug) und Zahlungsklagen beantwortet werden.

1. Arbeitnehmereigenschaft

295 Das MiLoG gilt für Arbeitnehmer. Beschäftigen Arbeitgeber dagegen Solo-Selbstständige oder selbstständige Subunternehmer, fällt der gesetzliche Mindestlohn nicht an. Diese Umgehungsform führt zur Debatte über **Scheinselbstständigkeit**. Entscheidend ist hierbei, dass die Bezeichnung des Vertragsverhältnisses insbesondere des Arbeitgebers unbeachtlich ist. Liegen die Merkmale für eine Arbeitnehmereigenschaft vor (insbesondere die persönliche Abhängigkeit, belegt durch ein umfassendes Weisungsrecht), ist von dieser automatisch auszugehen. Ggf ist ein Statusverfahren durchzuführen, das – und dies ist zu konzedieren – eine Hürde darstellt. Da es ein Verbandsklagerecht für Gewerkschaften nicht gibt, kann dem nur durch Beratung (zB durch Gewerkschaften), durch Rechtsschutzgewährung (Versicherungen, Gewerkschaften) und durch Unterstützung von Betriebsräten (falls vorhanden) begegnet werden. Auch können Sozialversicherungsträger informiert werden, da der Arbeitgeber möglicherweise zu Unrecht Abgaben nicht abführt. Gleiches gilt im Übrigen für Werkvertragskonstruktionen.

2. Überstunden

296 Für Arbeitgeber, die § 17 MiLoG unterfallen, sind Überstunden zu dokumentieren und für eine Kontrolle bereit zu halten (zu den Einzelheiten s. Rn 275 ff). Alle anderen Arbeitgeber haben im Fall einer Kontrolle solche Unterlagen vorzuhalten, die die Mindestlohngewährung pro Zeitstunde belegen (§ 15 MiLoG). Daneben bestimmt auch § 16 Abs. 2 ArbZG, dass Überstunden zur Kontrolle durch die Aufsichtsbehörden nach § 17 ArbZG von jedem Arbeitgeber aufzuzeichnen sind. Der Betriebsrat hat ein Mitbestimmungsrecht (§ 87 Abs. 1 Nr. 3 BetrVG) hinsichtlich der Einführung und Durchführung von Überstunden, wenn ein kollektiver Bezug vorliegt – der

432 Vgl SZ 22.7.2014: „Von wegen Mindestlohn".

auch bei Betroffenheit nur einer Person gegeben sein kann.[433] Zu diesen Regelungen kommt hinzu, dass der Mindestlohn pro Zeitstunde zu gewähren ist und deshalb Regelungen, nach welchen Überstunden mit dem Entgelt abgegolten sind, hinsichtlich des Mindestlohnsockels nach AGB-Recht unwirksam sind. Befürchtungen, durch das Verlangen unbezahlter Überstunden könnte der Mindestlohn ausgehebelt werden, kann mit alledem zB durch den Betriebsrat, eine im Betrieb vertretene Gewerkschaft oder letztlich in einer Zahlungsklage **entgegengetreten** werden. Dies verhindert nicht – und hier kommt es wesentlich auf eine effektive Kontrolle an –, dass elektronische Zeiterfassungssystem auf Stunden eingestellt werden, die 70 Minuten andauern.[434]

3. Geringfügig Beschäftigte

Auch geringfügig beschäftigte Personen (Mini-Jobber) haben als Arbeitnehmer Anspruch auf den gesetzlichen Mindestlohn. Dabei wirkt sich dieser hinsichtlich der 450,00 Euro-Verdienstgrenze in der Weise aus, dass **weniger Stunden im Monat geleistet werden können**. Es ist damit zu rechnen, dass Beschäftigten damit gedroht wird, sie höher zu entlohnen und damit einer Sozialversicherungspflicht zu unterwerfen, wenn sie nicht zu unentgeltlichen Überstunden bereit sind. Da sich hier die gewerkschaftliche Forderung auf Sozialversicherungspflicht ab dem 1. Euro, um Normalarbeitsverhältnisse entstehen zu lassen, nicht durchgesetzt hat, kann dem nur mit Beratung und Information begegnet werden. Darüber hinaus kann der Zoll informiert werden, denn jeder Arbeitgeber, der geringfügig Beschäftigte angestellt hat, unterliegt den schärferen Dokumentationspflichten des § 17 MiLoG. 297

433 ErfK/Kania, 14. Aufl., § 87 BetrVG Rn 34.
434 Vgl SZ 22.7.2014 „Von wegen Mindestlohn".

Teil 4: Sozialrechtliche Folgen des neuen Mindestlohnrechts

298 Der gesetzliche Mindestlohn wird die **Sozialkassen** stärken, da Löhne im Niedriglohnbereich angehoben werden und für diese erhöhten Entgelte Sozialversicherungsbeiträge anfallen. Dies wird noch dadurch verstärkt, dass Praktikanten als Arbeitnehmer iSd MiLoG mit Mindestlohnanspruch gelten (mit den beschriebenen Ausnahmen). Neben diesen grundsätzlichen Erwägungen hat das Tarifautonomiestärkungsgesetz auch zwei spezifische Änderungen im Sozialrecht vorgenommen:

- Herausnahme von Langzeitarbeitslosen vom gesetzlichen Mindestlohn in den ersten **sechs Monaten** einer Beschäftigung. Dabei wurde eine Ergänzung der Definition der Langzeitarbeitslosigkeit in § 18 Abs. 1 SGB III und eine Berichtsverpflichtung für die Bundesregierung zum 1.6.2016 eingefügt (vgl hierzu Rn 187). Von der Ausnahme nicht umfasst ist der Fall der Teilarbeitslosigkeit nach § 162 SGB III. Wird die Arbeitslosigkeit – wenn auch nur kurz – unterbrochen, so ist für eine Beschäftigung eines Arbeitslosen mindestens der gesetzliche Mindestlohn zu zahlen;
- Erweiterung der Möglichkeiten zur **kurzfristigen geringfügigen** Beschäftigung durch Einfügung eines neuen § 115 SGB IV, um Problemen bei der Saisonarbeit zu begegnen.[435] Die geringfügige Beschäftigung nach § 8 Abs. 1 Nr. 2 SGB IV wird von zwei auf drei Monate bzw von 50 auf 70 Tage verlängert. Diese Änderung gilt bis zum 31.12.2018 (vgl hierzu Rn 34).

299 Sog. **Mini-Jobber** (450,00 Euro-Aushilfen) nach § 8 Abs. 1 Nr. 1 SGB IV sind Arbeitnehmer. Sie haben Anspruch auf den gesetzlichen Mindestlohn. Diese Tatsache wirkt sich auf die maximal zulässige Stundenzahl pro Monat aus. Dies alles gilt auch für **Haushaltshilfen** nach § 8 a SGB IV. In § 17 Abs. 1 S. 4 MiLoG werden Arbeitgeber von Haushaltshilfen allerdings von den besonderen Dokumentationspflichten des § 17 Abs. 1 S. 1 MiLoG ausgenommen.

435 BT-Drucks. 18/2010 (neu), S. 28.

Teil 5: Mindestarbeitsbedingungen nach dem AEntG

I. System branchenweit geltender Mindestarbeitsbedingungen

1. Mindestarbeitsbedingungen bei Arbeit im Inland seit AEntG 1996

a) Baugewerbe

Ursprünglich verbarg sich unter der Kurzbezeichnung AEntG das Gesetz über zwingende Arbeitsbedingungen bei grenzüberschreitenden Dienstleistungen vom 26.2.1996.[436] Mit diesem Gesetz sollte der Lohnunterbietungskonkurrenz durch aus dem Ausland entsandte Bauarbeiter entgegen gewirkt werden. Der 1966 mit dem Gesetz aufgespannte Schutzschirm bestand und besteht noch heute darin, die Geltung von bestimmten Mindestarbeitsbedingungen und Mindestentgeltsätzen, die in Rechtsnormen bundesweiter allgemeinverbindlicher Tarifverträgen enthalten sind, durch eine **Allgemeinverbindlicherklärung** nach § 5 TVG „auch"[437] auf die auf die Arbeitsverhältnisse der aus dem Ausland entsandten Arbeitnehmer des Bauhaupt- oder Baunebengewerbes zu erstrecken. Allerdings entsenden nach § 5 Abs. 1 TVG nicht die tatsächlichen Branchen-Tarifvertragsparteien sondern die „Spitzenorganisationen" ihre Vertreter in den **Tarifausschuss**. Da die Zustimmung des Tarifausschusses zwingende Voraussetzung für die Allgemeinverbindlicherklärung ist, haben die von der Spitzenorganisation der Arbeitgeber, der Bundesvereinigung der Arbeitgeberverbände (BDA) entsandten drei Vertreter in dem aus sechs Mitgliedern bestehenden Tarifausschuss ein Vetorecht. Davon haben sie in der Vergangenheit mehrfach Gebrauch gemacht. Um diese Blockadepolitik zu brechen, wurde mit dem Gesetz vom 19.12.1998[438] in § 1 Abs. 3 a AEntG 1996 (jetzt: § 7 AEntG 2009) für das Bundesministerium für Arbeit und Soziales (BMAS) die Ermächtigung eingefügt, **Rechtsverordnungen** zum Mindestlohn zu erlassen. Damit war das Tor geöffnet, Mindestarbeitsbedingungen für alle Bautätigkeiten im Inland auch gegen den Widerstand der Spitzenorganisation der Arbeitgeber allgemeinverbindlich zu machen. 300

Zurzeit gilt für Arbeitnehmer des Bauhaupt- oder des Baunebengewerbes (iSv § 4 Nr. 1 AEntG 2009), die an einem in Deutschland gelegenen Arbeitsort beschäftigt werden, die Neunte Verordnung über zwingende Arbeitsbedingungen im Baugewerbe (9. BauArbbV):[439] Mit ihr werden die Mindestentgeltsätze des Tarifvertrags zur Regelung der Mindestlöhne im Baugewerbe im Gebiet der Bundesrepublik Deutsch- 301

436 Arbeitnehmer-Entsendegesetz vom 26.2.1996, BGBl. I, 227.

437 Damit war die Geltung für inländische Arbeitsverhältnisse zur Vermeidung einer Ausländerdiskriminierung sichergestellt, vgl BAG 25.6.2002, 9 AZR 405/00, BAGE 101, 357.

438 Art. 10 Nr. 1 Buchst. c des Gesetzes zu Korrekturen in der Sozialversicherung und zur Sicherung der Arbeitnehmerrechte, BGBl. 1998 I, 3843.

439 BAnz. AT 18.10.2013 V1.

land (TV Mindestlohn) vom 3.5.2013[440] erstreckt. Nach § 1 der 9. BauArbbV finden die erstreckten Normen des TV Mindestlohn auch auf alle nicht an ihn gebundenen Arbeitgeber sowie Arbeitnehmer und Arbeitnehmerinnen zwingend Anwendung. Voraussetzung ist, dass die Beschäftigung in einem Betrieb oder einer selbstständigen Betriebsabteilung erfolgt, die überwiegend Bauleistungen im Sinne des § 101 Abs. 2 des SGB III erbringt. Werden baugewerbliche Tätigkeiten erbracht, sind ihnen diejenigen Nebenarbeiten ebenfalls zuzuordnen, die zu einer sachgerechten Ausführung der baulichen Leistungen notwendig sind und deshalb mit ihnen im Zusammenhang stehen.[441] Nach der Rechtsprechung gilt als selbstständige Betriebsabteilung jeder räumlich, personell und organisatorisch vom Gesamtbetrieb abgegrenzter Betriebsteil, der mit eigenen technischen Betriebsmitteln einen eigenen Betriebszweck verfolgt, der auch nur ein Hilfszweck sein kann. Das zusätzliche tarifliche Merkmal der Selbstständigkeit muss dabei auch für Außenstehende eine räumliche und organisatorische Abgrenzung sowie einen besonders ausgeprägten spezifischen arbeitstechnischen Zweck erkennen lassen.[442] Die im Baubereich schwierige Branchenabgrenzung mit besonderen Kollisionsregelungen für speziellere Tarifverträge ist sehr detailliert in den Anlage 2 und 4 zur 9. BauArbbV vom Verordnungsgeber vorgenommen. Soweit Leiharbeiter in Baubetriebe überlassen werden, hat der Verleiher nach § 8 Abs. 3 AEntG zumindest die nach der 9. BauArbbV vorgeschriebenen Arbeitsbedingungen zu gewähren (so ausdrücklich § 2 Satz 2 der 9. BauArbbV).

440 TV am 3.5.2013 geschlossen zwischen dem Zentralverband des Deutschen Baugewerbes e.V., Kronenstr. 55-58, 10117 Berlin, dem Hauptverband der Deutschen Bauindustrie e.V., Kurfürstenstr. 129, 10785 Berlin, und der Industriegewerkschaft Bauen – Agrar – Umwelt, Olof-Palme-Str. 19, 60439 Frankfurt/M., Text als Anlage 1 in 9. BauArbbV angehängt, im Internet veröffentlicht: http://www.soka-bau.de/soka-bau_2011/desktop/de/Tarifvertraege/tv-mindestlohn/ Aufruf 20.9.2014.

441 BAG 17.11.2010, 10 AZR 845/09, NZA-RR 2011, 448; BAG 28.4.2004, 10 AZR 370/03 – zu II 1 b der Gründe, AP TVG § 1 Tarifverträge: Bau Nr. 264.

442 BAG 24.2.2010, 10 AZR 759/08, AP Nr. 319 zu § 1 TVG Tarifverträge: Bau, NZA 2010, 671 (red. Leitsatz).

Baugewerbe (9. Rechtsverordnung) Laufzeit: 1. Januar 2014 bis 31. Dezember 2017 Fundstelle: Bundesanzeiger vom 16. Oktober 2013 (BAnz AT 18.10.2013 V1)			
Geltungsbereich	ab	Mindestlohn I[1)]	Mindestlohn II[2)]
West	01.01.2014	11,10 €	13,95 €
	01.01.2015	11,15 €	14,20 €
	01.01.2016	11,25 €	14,45 €
	01.01.2017	11,30 €	14,70 €
Berlin	01.01.2014	11,10 €	13,80 €
	01.01.2015	11,15 €	14,05 €
	01.01.2016	11,25 €	14,30 €
	01.01.2017	11,30 €	14,55 €
Ost		einheitlicher Mindestlohn	
	01.01.2014	10,50 €	
	01.01.2015	10,75 €	
	01.01.2016	11,05 €	
	01.01.2017	11,30 €	

1) Mindestlohn I gilt für Hilfskräfte, Werker, Maschinenwerker.
2) Mindestlohn II gilt für Fachwerker, Maschinisten, Kraftfahrer.

302 Die Rechtsprechung hat sichergestellt, dass die Anwendung der erstreckten tariflichen Bestimmungen nicht durch Flucht in einen für den Betrieb an sich tarifrechtlich geltenden, **spezielleren Tarifvertrag** entzogen werden kann. Der Zehnte Senat des BAG gab auf Anfrage des Neunten Senats[443] seine gegenteilige Auffassung[444] auf:

> „Der Zehnte Senat schließt sich der Auffassung des Neunten Senats an, dass ein inländischer Arbeitgeber, der vom betrieblichen Geltungsbereich eines für allgemeinverbindlich erklärten Verfahrenstarifvertrages erfasst wird, im Zusammenhang mit der Gewährung von Urlaubsansprüchen zur Abführung von Beiträgen an eine Urlaubskasse als gemeinsame Einrichtung der Tarifvertragsparteien gesetzlich verpflichtet ist und diese gesetzliche Bindung durch einen für den Betrieb an sich tarifrechtlich geltenden sachnäheren Tarifvertrag nicht verdrängt wird.“[445]

303 Im beschränkten Umfang hat der Verordnungsgeber durch die in den Anlagen zu § 2 der 9. BauArbbV im Einzelnen aufgeführten **Geltungsbereichausnahmen** die Möglichkeit der **Tarifpluralität** und der Verdrängung des Bautarifwerks durch speziellere Tarifverträge wieder eröffnet.

443 BAG 9.9.2003, 9 AZR 478/02(A).
444 BAG 4.12.2002, 10 AZR 113/02, AP TVG § 4 Tarifkonkurrenz Nr. 28 = EzA TVG § 4 Tarifkonkurrenz Nr. 17.
445 BAG 13.5.2004, 10 AS 6/04.

b) Montagearbeiten in den Elektrohandwerken

304 Die auf Baustellen anfallenden Montagearbeiten des Elektrohandwerks sind an sich Teil des Baunebengewerbes. In der Anlage 2 der 9. BauArbbV sind jedoch von der Geltung der Mindestsätze des Baugewerbes die folgenden Betriebe ausgenommen:

1. die Elektro- und informationstechnische Anlagen und Geräte einschließlich elektrischer Leitungen, Kommunikations- und Datennetze installieren,
2. die im Fahrleitungs-, Freileitungs-, Ortsnetz- und Kabelbau tätig sind.

305 Für die in diesen Betrieben arbeitenden Beschäftigten der Elektrohandwerke ist der Tarifvertrag über ein Mindestentgelt in den Elektrohandwerken vom 4.3.2010[446] maßgebend. Er ist zwar nach § 5 TVG für allgemeinverbindlich erklärt, hat aber Arbeitsbedingungen zum Gegenstand, die nach § 5 Nr. 1 AEntG 2009 erstreckt werden.

Elektrohandwerk (Allgemeinverbindlicherklärung) Laufzeit: 1. Januar 2014 bis 31. Dezember 2015 Fundstelle: Bundesanzeiger vom 23. Dezember 2013 (BAnz AT 23.12.2013 B2)		
Geltungsbereich	ab	einheitlicher Mindestlohn
West	01.01.2014	10,00 €
	01.01.2015	10,10 €
Ost mit Berlin	01.01.2014	9,10 €
	01.01.2015	9,35 €

c) Maler- und Lackiererarbeiten

306 Nach der **Achten Verordnung über zwingende Arbeitsbedingungen im Maler- und Lackiererhandwerk** vom 14.7.2014[447] finden die Rechtsnormen des Tarifvertrags zur Regelung eines Mindestlohnes für gewerbliche Arbeitnehmer im Maler- und Lackiererhandwerk (TV Mindestlohn) vom 21.3.2014[448] auch auf alle nicht an ihn ge-

446 Abgeschlossen zwischen dem Zentralverband der Deutschen Elektro- und Informationstechnischen Handwerke (Bundesinnungsverband), Lilienthalallee 4, 60487 Frankfurt/M. und der Industriegewerkschaft Metall, Vorstand, Wilhelm-Leuschner-Straße79, 60329 Frankfurt/M.; nach § 9 der Verordnung zur Durchführung des Tarifvertragsgesetzes sind die Tarifvertragsparteien verpflichtet, auf deren Verlangen Arbeitnehmern und Arbeitgebern gegen Erstattung der Selbstkosten eine Abschrift des Tarifvertrages zu übersenden. Der Text ist im Internet veröffentlicht: http://www.bmas.de/SharedDocs/Downloads/DE/PDF-Gesetze/allgemeinverbindlicherklaerung-tarifvertrag-elektrohandwerke.pdf?__blob=publicationFile Aufruf 20.9.2014.

447 BAnz AT 18.7.2014 V1.

448 Abgeschlossen zwischen dem Bundesverband Farbe, Gestaltung, Bautenschutz – Bundesinnungsverband des deutschen Maler- und Lackiererhandwerks, Gräfstraße 79, 60486 Frankfurt/M., und der Maler- und Lackiererinnung des Saarlandes, Konrad-Zuse-Straße 4, 66155 Saarbrücken, einerseits, sowie der Industriegewerkschaft Bauen – Agrar – Umwelt, Bundesvorstand, Olof-Palme-Straße 19, 60439 Frankfurt/M., andererseits.

bundenen Arbeitgeber sowie Arbeitnehmer und Arbeitnehmerinnen Anwendung, wenn der beschäftigende Betrieb oder dessen selbstständige Betriebsabteilung überwiegend Bauleistungen erbringt. Die Verordnung ist am 1.8.2014 in Kraft getreten und tritt am 30.4.2017 außer Kraft. Sie enthält folgende Mindestlöhne:

ungelernte Arbeitnehmer (ML 1) im gesamten Bundesgebiet	Gesamtes Bundesgebiet
ab dem 1.8.2014	9,90 Euro
ab 1.5.2015	10,00 Euro
ab 1.5.2016	10,10 Euro

gelernte Arbeitnehmer (ML 2) in den neuen Bundesländern, den alten Bundesländern und Berlin	Neue Länder	Alte Länder	Berlin
ab dem 1.8.2014	10,50 Euro	12,50 Euro	12,30 Euro
ab 1.5.2015	10,90 Euro	12,80 Euro	12,60 Euro
ab 1.5.2016	11,30 Euro	13,10 Euro	12,90 Euro

Es gilt nach § 3 (TV Mindestlohn) der Mindestlohn der Arbeitsstelle (Baustelle). **Auswärts** beschäftigte Arbeitnehmer behalten jedoch mindestens den Anspruch auf den Mindestlohn ihres Einstellungsortes (Betriebssitz). Ist der Mindestlohn der auswärtigen Arbeitsstelle höher, so haben die Arbeitnehmer Anspruch auf den höheren Mindestlohn der Arbeitsstelle, solange sie auf dieser Arbeitsstelle tätig sind.

d) Dachdeckerhandwerk

Nach der **Siebten Verordnung über zwingende Arbeitsbedingungen im Dachdeckerhandwerk**[449] finden die in der Anlage zu dieser Verordnung aufgeführten Rechtsnormen des Tarifvertrages zur Regelung eines Mindestlohnes im Dachdeckerhandwerk – Dach-, Wand- und Abdichtungstechnik – im Gebiet der Bundesrepublik Deutschland (TV Mindestlohn) vom 19.6.2013 in der Fassung des Änderungstarifvertrags vom 21.10.2013[450] auch auf alle nicht an ihn gebundenen Arbeitgeber sowie Arbeitnehmer und Arbeitnehmerinnen Anwendung. Voraussetzung ist, dass der Betrieb oder die selbstständige Betriebsabteilung überwiegend Bauleistungen im Sinne des § 101 Abs. 2 des Dritten Buches Sozialgesetzbuch erbringt. Nach der Anlage beträgt der Mindestlohn im gesamten Bundesgebiet einheitlich: 307

ab dem 1.1.2014	11,55 Euro
ab dem 1.1.2015	11,85 Euro.

449 In der Fassung der Berichtigung der Siebten Verordnung über zwingende Arbeitsbedingungen im Dachdeckerhandwerk vom 13.1.2014, BAnz AT 21.1.2014 V1.

450 Abgeschlossen zwischen dem Zentralverband des Deutschen Dachdeckerhandwerks – Fachverband Dach-, Wand- und Abdichtungtechnik – e.V., Fritz-Reuter-Straße 1, 50968 Köln, einerseits, und der Industriegewerkschaft Bauen – Agrar – Umwelt, Bundesvorstand, Olof-Palme-Straße 19, 60439 Frankfurt/M., andererseits.

308 Er gilt in Betrieben, die unter den betrieblichen Geltungsbereich des Rahmentarifvertrages (RTV) für gewerbliche Arbeitnehmer im Dachdeckerhandwerk – Dach-, Wand- und Abdichtungstechnik – in der jeweils geltenden Fassung fallen. Anspruch auf den Mindestlohn haben alle gewerblichen Arbeitnehmer (Arbeiter), die eine nach den Vorschriften des Sechsten Buches Sozialgesetzbuch – Gesetzliche Rentenversicherung – (SGB VI) versicherungspflichtige Tätigkeit ausüben. Die Verordnung tritt am 31.12.2015 außer Kraft.

e) Gerüstbauerhandwerk

309 Nach der **Zweiten Verordnung über zwingende Arbeitsbedingungen im Gerüstbauerhandwerk** vom 28.8.2014[451] finden die in der Anlage zu dieser Verordnung aufgeführten Rechtsnormen des Tarifvertrags vom 12.2.2014 zur Regelung eines Mindestlohnes im Gerüstbauerhandwerk im Gebiet der Bundesrepublik Deutschland (TV Mindestlohn)[452] auf alle nicht an ihn gebundenen Arbeitgeber sowie Arbeitnehmer und Arbeitnehmerinnen Anwendung. Voraussetzung ist, dass der beschäftigende Betrieb oder dessen selbstständige Betriebsabteilung überwiegend Bauleistungen im Sinne von § 101 Abs. 2 des SGB III erbringt. Die Verordnung trat am 1.9.2014 in Kraft und gilt bis zum 31.3.2016. Nach dem erstreckten TV Mindestlohn gilt ab dem 1.9.2014 deutschlandweit ein Mindestlohn in Höhe von 10,25 Euro pro Stunde. Ab dem 1.5.2015 steigt dieser Mindestlohn auf 10,50 Euro pro Stunde.

f) Steinmetz- und Steinbildhauerhandwerk

310 Nach der **Verordnung über zwingende Arbeitsbedingungen im Steinmetz- und Steinbildhauerhandwerk** vom 24.9.2013 finden die in der Anlage zu dieser Verordnung aufgeführten Rechtsnormen des Tarifvertrages vom 17.5.2012 zur Regelung eines Mindestlohnes im Steinmetz- und Steinbildhauerhandwerk (TV Mindestlohn)[453] auf alle nicht an ihn gebundenen Arbeitgeber sowie Arbeitnehmer und Arbeitnehmerinnen Anwendung. Voraussetzung ist, dass der beschäftigende Betrieb oder dessen selbstständige Betriebsabteilung überwiegend Bauleistungen im Sinne des § 101 Abs. 2 des SGB III erbringt. Die Verordnung ist seit 1.10.2013 in Kraft und tritt am 30.4. 2015 außer Kraft. Nach dem TV Mindestlohn gelten ab 1.5.2014 folgende erhöhten Mindestlöhne:

- Neue Bundesländer 10,66 Euro je Stunde
- übrige Bundesländer einschließlich Berlin 11,25 Euro je Stunde.

451 BAnz AT 29.8.2014 V1.

452 Abgeschlossen zwischen dem Bundesverband Gerüstbau, Rösrather Straße 645, 51107 Köln, sowie der Bundesinnung für das Gerüstbauer-Handwerk, Rösrather Straße 645, 51107 Köln, einerseits, und der Industriegewerkschaft Bauen – Agrar – Umwelt, Bundesvorstand, Olof-Palme-Straße 19, 60439 Frankfurt/M., andererseits.

453 Abgeschlossen zwischen dem Bundesverband Deutscher Steinmetze/Bundesinnungsverband des Deutschen Steinmetz- und Steinbildhauerhandwerks, Weißkirchener Weg 16, 60439 Frankfurt/M., einerseits, und der Industriegewerkschaft Bauen – Agrar – Umwelt, Bundesvorstand, Olof-Palme-Straße 19, 60439 Frankfurt/M., andererseits.

- Nach § 3 TV Mindestlohn gilt der Mindestlohn der Arbeitsstelle (Baustelle). **Auswärts** beschäftigte Arbeitnehmer behalten jedoch mindestens den Anspruch auf den Mindestlohn ihres Einstellungsortes (Betriebssitz). Ist der Mindestlohn der auswärtigen Arbeitsstelle höher, so haben die Arbeitnehmer Anspruch auf den höheren Mindestlohn der Arbeitsstelle, solange sie auf dieser Arbeitsstelle tätig sind.

Nach dem betrieblichen Geltungsbereich des TV Mindestlohn werden in Betrieben **311**
und selbstständigen Betriebsabteilungen des Steinmetz- und Steinbildhauerhandwerks manuell oder maschinell die folgenden Tätigkeiten ausgeübt:

- Herstellen und Bearbeiten von Natur- und Betonwerkstein, Bekleidungen und Belägen,
- Verlegen und Versetzen von Natursteinprodukten und Produkten aus Verbundwerkstoffen, soweit sie teilweise aus Naturstein bestehen, sowie – wenn diese Tätigkeiten nicht arbeitszeitlich überwiegend ausgeübt werden – Verlegen und Versetzen von Produkten aus anderen Materialien,
- Restaurierungen und Antragsarbeiten in natürlichem und künstlichem Stein,
- Reinigungs- und Imprägnierungsarbeiten sowie Konservierungsarbeiten,
- Garten- und Landschaftsgestaltung in Natur- und Betonwerkstein,
- alle im Rahmen des Grabmalherstellens, -bearbeitens und -versetzens anfallenden Arbeiten sowie alle Bildhauerarbeiten, einschließlich der künstlerischen.

2. Erstes und Zweites Änderungsgesetz 2007

a) Erweiterung durch zwei neue Branchen

Von der in der Entsenderichtlinie[454] enthaltenen Option, das AEntG im Bereich der **312**
tarifvertraglich geregelten Arbeitsbedingungen über den Baubereich hinaus auf andere Branchen auszuweiten, wurde schrittweise durch **Änderungen des AEntG** Gebrauch gemacht. Zunächst in den Branchen, bei denen stärker als in anderen Wirtschaftsbereichen der Unterbietungsdruck durch aus dem Ausland einpendelnde Arbeitnehmer zunahm. So kam zum Erste Gesetz zur Änderung des Arbeitnehmer-Entsendegesetzes vom 25.4.2007,[455] das für das Gebäudereinigerhandwerk die Erstreckungsmöglichkeit brachte, dann durch das Zweites Gesetz zur Änderung des Arbeitnehmer-Entsendegesetzes vom 21.12.2007[456] die Erweiterung auch für Briefdienstleistungen.

454 Richtlinie 96/71/EG des Europäischen Parlaments und des Rates vom 16.12.1996 über die Entsendung von Arbeitnehmern im Rahmen der Erbringung von Dienstleistungen, ABl. EG 1997 Nr. L 18 S. 1.
455 BGBl. I, 576 mWv 1.7.2007.
456 BGBl. I, 3140 mWv 28.12.2007.

b) Gebäudereinigerhandwerk

313 Nach der **Vierten Verordnung über zwingende Arbeitsbedingungen in der Gebäudereinigung** vom 7.10.2013[457] finden die in der Anlage zu dieser Verordnung aufgeführten Rechtsnormen des Tarifvertrags zur Regelung der Mindestlöhne für gewerbliche Arbeitnehmer in der Gebäudereinigung im Gebiet der Bundesrepublik Deutschland (TV Mindestlohn) vom 20.6.2013[458] auf alle nicht an ihn gebundenen Arbeitgeber sowie Arbeitnehmer und Arbeitnehmerinnen Anwendung. Voraussetzung ist, dass der beschäftigende Betrieb oder dessen selbstständige Betriebsabteilung überwiegend Gebäudereinigungsleistungen erbringt. Die Verordnung ist am 1.11.2013 in Kraft getreten und tritt am 31.10.2015 außer Kraft. Es sind folgende Mindestlöhne bestimmt:

Für den Zeitraum vom 1.1.2014 bis 31.12.2014	Lohngruppe 1	Lohngruppe 6
Brandenburg, Mecklenburg-Vorpommern, Sachsen, Thüringen, Sachsen-Anhalt	7,96 Euro	10,31 Euro
Baden-Württemberg, Bayern, Berlin, Bremen, Hamburg, Hessen, Niedersachsen, Nordrhein-Westfalen, Rheinland-Pfalz, Saarland, Schleswig-Holstein	9,31 Euro	12,33 Euro

Für den Zeitraum vom 1.1.2015 bis 31.10.2015	Lohngruppe 1	Lohngruppe 6
Brandenburg, Mecklenburg-Vorpommern, Sachsen, Thüringen, Sachsen-Anhalt	8,21 Euro	10,63 Euro
Baden-Württemberg, Bayern, Berlin, Bremen, Hamburg, Hessen, Niedersachsen, Nordrhein-Westfalen, Rheinland-Pfalz, Saarland, Schleswig-Holstein	9,55 Euro	12,65 Euro

Nach § 3 Abs. 2 TV Mindestlohn sind bei **geringfügiger Beschäftigung** Zuschläge für Mehr-, Nacht-, Sonn- und Feiertagsarbeit, zusätzliches Urlaubsgeld, Erschwerniszuschläge sowie sonstige von der geleisteten Arbeitszeit unabhängige tarifliche, arbeitsvertragliche oder in Betriebsvereinbarungen vereinbarte Ansprüche gesondert zu vergüten und in der Lohnabrechnung auszuweisen. Bei **auswärtiger Beschäftigung** gilt nach § 4 TV Mindestlohn der Mindestlohn der Arbeitsstelle. Werden Beschäftigte an anderer Arbeitsstelle eingesetzt, behalten sie den Anspruch auf den Mindestlohn der Arbeitsstelle, auf der sie zuerst nach ihrer Einstellung gearbeitet haben, wenn der Mindestlohn der auswärtigen Arbeitsstelle niedriger ist. Ist der Mindestlohn der auswärtigen Arbeitsstelle höher, so haben sie Anspruch auf diesen Mindestlohn, solange sie auf dieser Arbeitsstelle arbeiten.

314 Der Mindestlohn betrifft die Lohngruppen 1 und 6. Diesen sind folgende Tätigkeiten zugeordnet:

457 BAnz AT 8.10.2013 V1.

458 Abgeschlossen zwischen dem Bundesinnungsverband des Gebäudereiniger-Handwerks, Dottendorfer Straße 86, 53129 Bonn, einerseits, und der Industriegewerkschaft Bauen – Agrar – Umwelt, Bundesvorstand, Olof-Palme-Straße 19, 60439 Frankfurt/M., andererseits.

Lohngruppe 1

- Innen- und Unterhaltsreinigungsarbeiten, insbesondere Reinigung, pflegende und schützende Behandlung von Innenbauteilen an Bauwerken und Verkehrsmitteln aller Art, Gebäudeeinrichtungen, haustechnischen Anlagen und Raumausstattungen;
- Reinigung und Pflege von maschinellen Einrichtungen sowie Beseitigung von Produktionsrückständen;
- Reinigung von Verkehrs- und Freiflächen einschließlich der Durchführung des Winterdienstes

Lohngruppe 6

- Glas- und Fassadenreinigungsarbeiten, insbesondere Reinigung, pflegende und schützende Behandlung von Glasflächen und Außenbauteilen an Bauwerken und Verkehrsmitteln aller Art;
- Reinigung und Pflege von Verkehrsanlagen (zB Verkehrsampeln, Mautanlagen) und Verkehrseinrichtungen (zB Verkehrsschilder) sowie von Außenbeleuchtungsanlagen.

c) Briefdienstleistungen

Das BMAS hat mit **der Verordnung über zwingende Arbeitsbedingungen für die Branche Briefdienstleistungen** vom 28.12.2007[459] die in der Anlage zu dieser Verordnung aufgeführten Rechtsnormen des Tarifvertrages vom 29.11.2007 über Mindestlöhne für die Branche Briefdienstleistungen[460] auf alle nicht an ihn gebundenen Arbeitgeber und Arbeitnehmer erstreckt. 315

Erfasst werden sollten alle Betriebe und selbstständigen Betriebsabteilungen, die überwiegend gewerbs- oder geschäftsmäßig Briefsendungen für Dritte befördern. Die Höhe sollte für zwei Gruppen der Beschäftigten differenziert werden. 316

In § 5 Abs. 1 des Tarifvertrages ist der allgemeine Brutto-Mindestlohn festgesetzt: 317

a) mit Wirkung vom 1.12.2007 in den Bundesländern Brandenburg, Mecklenburg-Vorpommern, Sachsen, Sachsen-Anhalt, Thüringen: 8,00 Euro je Stunde,

b) mit Wirkung vom 1.12.2007 in den übrigen Bundesländern: 8,40 Euro je Stunde.

Nach § 5 Abs. 3 steigt dieser Stundenlohn mit Wirkung vom 1.1.2010 in allen Bundesländern auf 8,40 Euro je Stunde. 318

Nach § 5 Abs. 2 beträgt der Brutto-Mindestlohn abweichend für das Ausliefern von Briefsendungen (Briefzusteller) unabhängig vom zeitlichen und/oder mengenmäßigem Anteil zu der Gesamttätigkeit 319

459 BAnz 2007, 8410.

460 Abgeschlossen zwischen dem Arbeitgeberverband Postdienste e.V., Adenauerallee 87, 53113 Bonn, und der ver.di – Vereinte Dienstleistungsgewerkschaft, Paula-Thiede-Ufer 10, 10179 Berlin.

a) mit Wirkung vom 1.12.2007 in den Bundesländern Brandenburg, Mecklenburg-Vorpommern, Sachsen, Sachsen-Anhalt, Thüringen: 9,00 Euro je Stunde

b) mit Wirkung vom 1.12.2007 in den übrigen Bundesländern: 9,80 Euro je Stunde.

Nach § 5 Abs. 4 steigt der Brutto-Mindestlohn nach Abs. 2 mit Wirkung vom 1.1.2010 in allen Bundesländern 9,80 Euro je Stunde.

320 Die Rechtsprechung hat die Verordnung für unwirksam erklärt.[461] Den am Verfahren zu beteiligenden Verbänden sei zwar der Entwurf vom 11.9.2007, nicht aber der später geänderte Entwurf eröffnet worden. Das sei wegen der unterlassenen Anhörung ein so wesentlicher Verfahrensmangel, dass er zur **Ungültigkeit der Verordnung** führe. Unabhängig von dieser Rechtsprechung ist die Verordnung nach deren § 2 mit Ablauf des 30.4.2010 außer Kraft getreten. Der Erlass einer neuen Verordnung ist nicht absehbar. Ab 1.1.2015 gilt auch für Briefdienstleistungen der allgemeine gesetzliche Mindestlohn.

3. Ausweitung durch das AEntG 2009

a) Katalog der einbezogenen Branchen

321 Der durch das AEntG 1996 geschaffene Rechtsrahmen, tarifvertragliche Mindestlöhne für alle Arbeitnehmer und Arbeitnehmerinnen bestimmter Branchen verbindlich zu machen, wurde 2009 erweitert. Vorausgegangen war, dass bis zum 31.3.2008 Tarifvertragsparteien aus acht Branchen die Aufnahme in das AEntG beantragt hatten.[462] Durch die Neufassung vom 20.4.2009[463] ist in § 4 AEntG ein **erweiterter Katalog von „einbezogenen" Branchen** geschaffen worden, deren tarifliche Mindestarbeitsbedingungen erstreckt werden können. Neu hinzu kamen:

322
- § 4 Nr. 4 Sicherheitsdienstleistungen,
- § 4 Nr. 5 Bergbauspezialarbeiten auf Steinkohlebergwerken,
- § 4 Nr. 6 Abfallwirtschaft (mit Straßenreinigung und Winterdienst),
- § 4 Nr. 7 Aus- und Weiterbildungsdienstleistungen nach dem Zweiten oder Dritten Buch Sozialgesetzbuch,
- § 4 Nr. 8 Wäschereidienstleistungen im Objektkundengeschäft.

323 Zusätzlich ist außerhalb der „einbezogenen" Branchen die Möglichkeit eröffnet worden, durch Erstreckung Arbeitsbedingungen für die **Pflegebranche** (Altenpflege und ambulante Krankenpflege) allgemeinverbindlich zu machen. Mit der Erstreckung findet der in der Rechtsverordnung in Bezug genommene Mindestlohn zwingend für alle in Deutschland tätigen Arbeitnehmerinnen und Arbeitnehmer der

---

461 BAG 17.4.2013, 4 AZR 691/11; BAG 26.9.2012, 4 AZR 5/11; BAG 18.4.2012, 5 AZR 630/10, EzA BGB 2002 § 138 Nr. 6.

462 BR- Drucks. 542/08, 1.

463 BGBl. I, 799 mWv 24.4.2009.

Branche Anwendung. Er gilt unabhängig davon, ob der Arbeitgeber seinen Sitz im In- oder Ausland hat.

Das Gesetz folgt grundsätzlich dem **Arbeitsortsprinzip**, dh der Arbeitgeber ist ver- 324
pflichtet, seinen Arbeitnehmern für die Zeit der Entsendung die am jeweiligen Arbeitsort in Deutschland maßgeblichen Arbeitsbedingungen zu gewähren. Die Einhaltung der Mindestlöhne wird von den **Behörden der Zollverwaltung** kontrolliert. Verstöße können als **Ordnungswidrigkeit** nach § 22 AEntG mit einer **Geldbuße** von bis zu 500.000 Euro geahndet werden. Entsprechend der erweiterten Zielrichtung bekam das Gesetz trotz gleich gebliebener Kurzbezeichnung auch einen neuen Namen: „Gesetz über zwingende Arbeitsbedingungen für grenzüberschreitend entsandte und für regelmäßig im Inland beschäftigte Arbeitnehmer und Arbeitnehmerinnen“. Seit der Neufassung 2009 verfolgt das AEntG folgende vier Ziele:

1. Schaffung und Durchsetzung angemessener Mindestarbeitsbedingungen, sowohl für grenzüberschreitend entsandte als auch für regelmäßig im Inland beschäftigte Arbeitnehmer und Arbeitnehmerinnen,
2. Gewährleistung fairer und funktionierender Wettbewerbsbedingungen „durch die Erstreckung der Rechtsnormen von Branchentarifverträgen“,
3. Erhalt sozialversicherungspflichtige Beschäftigung und4. Wahrung der Ordnungs- und Befriedungsfunktion der Tarifautonomie.

b) Sicherheitsdienstleistungen

Nach der **Verordnung über zwingende Arbeitsbedingungen für Sicherheitsleistungen** 325
vom 5.5.2011[464] fanden bis 31.12.2013 die in der Anlage zu dieser Verordnung aufgeführten Rechtsnormen des Tarifvertrags zur Regelung der Mindestlöhne für Sicherheitsdienstleistungen vom 11.2.2011[465] auf alle unter seinen Geltungsbereich fallenden und nicht an ihn gebundenen Arbeitgeber sowie Arbeitnehmer und Arbeitnehmerinnen Anwendung. Voraussetzung war, dass der Betrieb oder dessen selbstständige Betriebsabteilung überwiegend Dienstleistungen des Bewachungs- und Sicherheitsgewerbes oder Kontroll- und Ordnungsdienste erbrachte, die dem Schutz von Rechtsgütern aller Art, insbesondere von Leben, Gesundheit oder Eigentum dienten. Die Rechtsverordnung ist mit Ablauf des 31.12.2013 außer Kraft getreten. Für Wach- und Sicherheitsdienste waren regional differenzierte Mindestlöhne in einer Bandbreite von 7,50 Euro je Stunde in den östlichen und nördlichen Bundesländern bis 9,20 Euro je Stunde in Baden-Württemberg enthalten. Der Arbeitgeberverband hat den Mindestlohn-Tarifvertrag wegen eines Streits über eine Erhöhung und Zuschläge gekündigt.[466] Ein Neuabschluss ist nicht in Sicht, so dass ab 1.1.2015 auch hier der allgemeine gesetzliche Mindestlohn gilt.

464 BAnz 2011, Nr. 72, 1692.
465 Abgeschlossen zwischen dem Bundesverband Deutscher Wach- und Sicherheitsunternehmen e.V., Norsk-Data-Straße 3, 61352 Bad Homburg, einerseits, und der Vereinten Dienstleistungsgewerkschaft – ver.di, Paula-Thiede-Ufer 10, 10179 Berlin, andererseits.
466 FAZ 19.8.2013, Bericht von Dietrich Creutzburg, Berlin.

c) Bergbauspezialarbeiten auf Steinkohlebergwerken

326 Nach der Dritten **Verordnung über zwingende Arbeitsbedingungen für Bergbauspezialarbeiten** auf Steinkohlebergwerken vom 22.11.2013[467] finden die in der Anlage zu dieser Verordnung aufgeführten Rechtsnormen des Tarifvertrages zur Regelung der Mindestbedingungen für die Arbeitnehmer der Bergbau-Spezialgesellschaften im deutschen Steinkohlenbergbau vom 16.8.2013[468] auf alle unter seinen Geltungsbereich fallenden und nicht an ihn gebundenen Arbeitgeber sowie Arbeitnehmer und Arbeitnehmerinnen Anwendung, wenn der Betrieb oder die selbstständige Betriebsabteilung im Auftrag eines Dritten überwiegend auf inländischen Steinkohlebergwerken Grubenräume erstellt oder sonstige untertägige bergbauliche Spezialarbeiten ausführt. Die Verordnung ist am 1.12.2013 in Kraft getreten und tritt am 31.3.2015 außer Kraft. Nach dem Tarifvertrag beträgt ab 1.12.2013 der Mindestlohn bundesweit:

- in der Tarifgruppe I (Werker/Hauer) 11,92 Euro pro Stunde,
- in der Tarifgruppe II (Hauer/Facharbeiter mit Spezialkenntnissen) 13,24 Euro pro Stunde.

d) Abfallwirtschaft mit Straßenreinigung und Winterdienst

327 Nach der Fünften **Verordnung über zwingende Arbeitsbedingungen für die Abfallwirtschaft** einschließlich Straßenreinigung und Winterdienst vom 28.1.2013[469] fanden bis zum 30.6.2014 die in der Anlage zu dieser Verordnung aufgeführten Rechtsnormen des Mindestlohntarifvertrags für die Branche Abfallwirtschaft vom 7.1.2009 in der Fassung der Änderungstarifverträge vom 12.8.2009, 19.8.2010, 16.6.2011, 6.3.2012 und 15.10.2012[470] auf alle unter seinen Geltungsbereich fallenden und nicht an ihn gebundenen Arbeitgeber sowie Arbeitnehmer und Arbeitnehmerinnen Anwendung. Voraussetzung war, dass der beschäftigende Betrieb oder dessen selbstständige Betriebsabteilung überwiegend Abfälle im Sinne des § 3 Abs. 1 Satz 1 des Kreislaufwirtschaftsgesetzes sammelte, beförderte, lagerte, beseitigte oder verwertete oder Dienstleistungen des Kehrens und Reinigens öffentlicher Verkehrsflächen und Schnee- und Eisbeseitigung von öffentlichen Verkehrsflächen einschließlich Streudienste erbrachte. Der erstreckte tarifliche Mindestlohn betrug bundesweit 8,68 Euro pro Stunde. Die Tarifparteien haben vereinbart, den Branchenmindestlohn **ab 1.7.2014 bis zum 30.6.2015 auf 8,86 Euro je Stunde** zu erhöhen. Das BMAS hat den Entwurf der Sechsten Rechtsverordnung am 24.9.2014 dem Kabinett

467 BAnz AT 27.11.2013 V1.

468 Abgeschlossen zwischen der Vereinigung der Bergbau-Spezialgesellschaften e.V., Sandstraße 107–135, 45473 Mülheim an der Ruhr, und der Industriegewerkschaft Bergbau, Chemie, Energie, Königsworther Platz 6, 30167 Hannover.

469 BAnz AT 30.1.2013 V1.

470 Abgeschlossen zwischen der Vereinigung der kommunalen Arbeitgeberverbände, Allerheiligentor 2–4, 60311 Frankfurt/M., und dem BDE Bundesverband der Deutschen Entsorgungs-, Wasser- und Rohstoffwirtschaft e.V., Behrenstraße 29, 10117 Berlin, einerseits, sowie der Vereinten Dienstleistungsgewerkschaft – ver.di, Paula-Thiede-Ufer 10, 10179 Berlin, andererseits.

zur Kenntnis gebracht. Mit dem Erlass ist noch im September 2014 und dem Inkrafttreten der Verordnung bereits zum 1.10.2014 zu rechnen.[471]

e) Aus- und Weiterbildungsdienstleistungen nach dem SGB II oder III

Nach der Zweiten **Verordnung über zwingende Arbeitsbedingungen für Aus- und Weiterbildungsdienstleistungen** nach dem Zweiten oder Dritten Buch Sozialgesetzbuch vom 26.6.2013[472] finden die in der Anlage zu dieser Verordnung aufgeführten Rechtsnormen des Tarifvertrags zur Regelung des Mindestlohns für pädagogisches Personal vom 15.11.2011 in der Fassung des Änderungstarifvertrags Nr. 1 vom 14.2.2013[473] auf alle unter seinen Geltungsbereich fallenden und nicht an ihn gebundenen Arbeitgeber sowie Arbeitnehmer und Arbeitnehmerinnen Anwendung. Voraussetzung ist, dass der beschäftigende Betrieb oder dessen selbstständige Betriebsabteilung überwiegend Aus- und Weiterbildungsmaßnahmen nach dem SGB II oder III durchführt. Ausgenommen sind Einrichtungen der beruflichen Rehabilitation im Sinne des § 35 Abs. 1 Satz 1 des SGB IX. Die Verordnung ist am 1.7.2013 in Kraft getreten und tritt am 31.12.2015 außer Kraft. 328

Die Mindeststundenvergütung (brutto) beträgt nach dem erstreckten § 3 des Tarifvertrags – abhängig vom Einsatzort – mindestens 329

im Gebiet der Länder Berlin, Schleswig-Holstein, Hamburg, Bremen, Niedersachsen, Nordrhein-Westfalen, Hessen, Rheinland-Pfalz, Saarland, Baden-Württemberg, Bayern:

ab dem 1.7.2013:	12,60 Euro,
ab dem 1.1.2014:	13,00 Euro,
ab dem 1.1.2015:	13,35 Euro,

im Gebiet der Länder Brandenburg, Mecklenburg-Vorpommern, Sachsen-Anhalt, Sachsen, Thüringen:

ab dem 1.7.2013:	11,25 Euro,
ab dem 1.1.2014:	11,65 Euro,
ab dem 1.1.2015:	12,50 Euro.

Der in Bezug genommene Tarifvertrag schränkt in seinem § 1 Abs. 3 den persönlichen Geltungsbereich auf **Arbeitnehmer im pädagogischen Bereich** ein, soweit diese mit der Aus- und Weiterbildung, Vermittlung oder Betreuung von Teilnehmern betraut sind. Ausdrücklich ausgenommen sind **Praktikanten**. Für diese gilt deshalb ab

471 http://www.lohn-info.de/mindestlohn.html Aufruf 20.9.2014; PM des BMAS vom 24.9.2014.

472 BAnz AT 28.6.2013 V1.

473 Abgeschlossen zwischen der Zweckgemeinschaft des Bundesverbandes der Träger beruflicher Bildung, Französische Straße 8, 10117 Berlin, einerseits, sowie der Vereinten Dienstleistungsgewerkschaft – ver.di, Bundesverwaltung, Paula-Thiede-Ufer 10, 10179 Berlin, und der Gewerkschaft Erziehung und Wissenschaft (GEW), Hauptvorstand, Reifenberger Straße 21, 60489 Frankfurt/M., andererseits.

2015 der gesetzliche Mindestlohn. Nach § 3 des Tarifvertrags gilt der Mindestlohn des Arbeitsortes. **Auswärts** beschäftigte Arbeitnehmer behalten jedoch den Anspruch auf das Entgelt ihres Einstellungsortes, soweit dieses höher ist.

f) Wäschereidienstleistungen im Objektkundengeschäft

330 Nach der Zweiten **Verordnung über zwingende Arbeitsbedingungen für Wäschereidienstleistungen im Objektkundengeschäft** vom 27.1.2014[474] finden die in der Anlage zu dieser Verordnung aufgeführten Rechtsnormen des Mindestlohn-Tarifvertrags für Wäschereidienstleistungen im Objektkundengeschäft vom 25.9.2013[475] auf alle unter seinen Geltungsbereich fallenden und nicht an ihn gebundenen Arbeitgeber sowie Arbeitnehmer und Arbeitnehmerinnen Anwendung. Voraussetzung ist, dass der beschäftigende Betrieb oder dessen selbstständige Betriebsabteilung gewerbsmäßig **überwiegend Textilien für gewerbliche Kunden** sowie öffentlich-rechtliche oder kirchliche Einrichtungen wäscht; dies gilt unabhängig davon, ob die Wäsche im Eigentum der Wäscherei oder des Kunden steht. In § 2 der Verordnung sind Wäschereidienstleistungen ausgenommen, die von Werkstätten für behinderte Menschen im Sinne des § 136 SGB IX erbracht werden. Die Verordnung ist am 1.2.2014 in Kraft getreten und tritt am 30.9.2017 außer Kraft.

331 Der Mindestlohn je Stunde beträgt nach dem erstreckten § 2 des Tarifvertrags in den Bundesländern Berlin, Brandenburg, Mecklenburg-Vorpommern, Sachsen, Sachsen-Anhalt und Thüringen:

ab 1.12.2013	7,00 Euro
ab 1.10.2014	8,00 Euro
ab 1.7.2016	8,75 Euro

332 Der Mindestlohn je Stunde beträgt in den Bundesländern Baden-Württemberg, Bayern, Bremen, Hamburg, Hessen, Niedersachsen, Nordrhein-Westfalen, Rheinland-Pfalz, Saarland und Schleswig-Holstein:

ab 1.12.2013	8,25 Euro
ab 1.10.2014	8,50 Euro
ab 1.7.2016	8,75 Euro.

Nach § 3 des TV Mindestlohn gilt der Mindestlohn des Arbeitsortes. **Auswärts** beschäftigte Arbeitnehmer behalten jedoch den Anspruch auf das Entgelt ihres Einstellungsortes, soweit dieses höher ist.

474 BAnz AT 31.1.2014 V1.

475 Abgeschlossen zwischen dem Industrieverband Textil Service – intex – e.V., Mainzer Landstraße 55, 60329 Frankfurt/M., der Tarifpolitischen Arbeitsgemeinschaft Textilreinigung (TATEX) im Deutschen Textilreinigungsverband e.V., In der Raste 12, 53129 Bonn, einerseits, sowie der Industriegewerkschaft Metall, Vorstand, Wilhelm-Leuschner-Straße 79, 60329 Frankfurt/M., andererseits.

4. Mindestarbeitsbedingungen für die Pflegebranche

Für die Pflegebranche wurde 2009 ein eigener Abschnitt in §§ 10–13 in das AEntG aufgenommen, um den Besonderheiten dieser Branche Rechnung zu tragen. Der Verordnungsgeber knüpft in der Pflegebranche zur Festsetzung von Mindestlöhnen nicht an einen Tarifvertrag an. Er hat in § 12 AEntG das BMAS ermächtigt, auf Antrag einer Tarifvertragspartei oder auf Antrag der kirchlichen Dienstgeber- bzw der Dienstnehmerseite oder auf Antrag der von diesen paritätisch besetzten Gremien eine **Kommission** zu Erarbeitung von Arbeitsbedingungen zu errichten. Die von der Kommission vorgeschlagenen Arbeitsbedingungen können durch Rechtsverordnung des BMAS verbindlich auf alle Arbeitsverhältnisse erstreckt werden. Gegenstand der Erstreckung können nur Mindestentgeltsätze (§ 5 Abs. 1 Nr. 1 AEntG), die Dauer des Erholungsurlaubs und die Höhe des Urlaubsentgelts sowie des zusätzlichen Urlaubsgelds (§ 5 Abs. 1 Nr. 2 AEntG) sein. Auf Empfehlung der ersten Pflegekommission sind für die Zeit bis Ende 2014 Mindestarbeitsbedingungen festgelegt worden.[476] Die im Februar 2014 vom BMAS berufene zweite Pflegekommission hat sich am 4.9.2014 für die Zeit ab 2015 auf höhere Mindestlöhne für Beschäftigte in der Pflege und eine Ausweitung des Geltungsbereichs geeinigt.[477] Ab 1.10.2015 sollen auch Betreuungskräfte von dementen Personen, Alltagsbegleiterinnen und -begleiter sowie Assistenzkräfte unter die Mindestlohnregelung fallen. Diese neuen Entgeltsätze müssen noch durch die zweite Verordnung festgelegt werden. Damit ist zu rechnen. 333

Pflegebranche	Stundenlohn bis 31.12.2014	Stundenlohn ab 1.1.2015
West einschließlich Berlin	9,00 Euro	9,40 Euro
Ost	8,00 Euro	8,65 Euro

Persönlich ausgenommen sind in § 1 Abs. 3 der Verordnung **Praktikanten**, deren Tätigkeit im untrennbaren Zusammenhang mit einem berufsvorbereitenden, beruflichen oder schulischen Lehrgang oder einer entsprechenden Maßnahme steht.

Vom betrieblichen Geltungsbereich sind nach § 1 Abs. 2 der Verordnung ausgenommen:

- Betriebe und selbstständige Betriebsabteilungen, die überwiegend ambulante **Krankenpflegeleistungen** für Pflegebedürftige erbringen
- Einrichtungen, in denen die **Leistungen zur medizinischen Vorsorge**, zur medizinischen **Rehabilitation**, zur Teilhabe am Arbeitsleben oder am Leben in der Gemeinschaft , die schulische Ausbildung oder die Erziehung kranker oder behinderter Menschen im Vordergrund des Zweckes der Einrichtung stehen, sowie
- Krankenhäuser.

476 Verordnung über zwingende Arbeitsbedingungen für die Pflegebranche vom 15.7.2010, BAnz AT Nr. 110 S. 2571.

477 http://www.lohn-info.de/mindestlohn.html Aufruf 20.9.2014.

II. Das Erste Gesetz zur Änderung des AEntG 2009

1. Zweites „Erstes" Änderungsgesetz

334 Noch während des laufenden Gesetzgebungsverfahrens zum Tarifautonomiestärkungsgesetz ist auf Initiative der Bundesregierung das „Erste Gesetz zur Änderung des Arbeitnehmer-Entsendegesetzes" am 28.5.2014 verkündet worden und am 29.5.2014 in Kraft getreten.[478] Die von der Bundesregierung gewählte Gesetzesbezeichnung ist missverständlich; denn es gibt schon ein älteres Erstes Gesetz zur Änderung des Arbeitnehmer-Entsendegesetzes. Dieses stammt vom 25.4.2007 (siehe Rn 312). Gemeint ist die „erste" Änderung des neugefassten Arbeitnehmer-Entsendegesetz vom 20.4.2009.

2. Neue Branche: „Schlachten und Fleischverarbeitung"

335 Inhalt des Änderungsgesetzes ist die erneute Ausweitung des Katalogs der sogenannten **einbezogenen Branchen** in § 4 Abs. 1 AEntG um eine Nr. 9 „für Schlachten und Fleischverarbeitung."

3. Neuer bundesweiter Mindestlohn für die Fleischwirtschaft

336 Anlass der Erweiterung ist, dass nach zähen Verhandlungsrunden die Gewerkschaft NGG und die Arbeitgebervereinigung Nahrung und Genuss e.V. (ANG) sich am 14.1.2014 erstmals auf den **Abschluss eines Mindestlohntarifvertrages für die deutsche Fleischwirtschaft** geeinigt haben. Diese Einigung ist letztlich eine Frucht des Koalitionsvertrags. Die Verhandlungen waren zunächst ergebnislos beendet worden. Angesichts der im Koalitionsvertrag vom 16.12.2013 angekündigten gesetzlichen Mindestlohnregelung kam jedoch wieder Bewegung in die Verhandlungen. Unter dem Druck der dort aufgestellten Rahmenbedingungen für eine befristete Möglichkeit, den gesetzlichen Mindestlohn zu unterschreiten, kam am 13.1.2014 eine Stufenlösung zustande, mit der die Höhe des von der Koalition vereinbarten Mindestlohns noch vor dem Stichtag 31.12.2016 bereits am 1.10.2015 erreicht wird.

337 Mit Inkrafttreten der **Verordnung über zwingende Arbeitsbedingungen in der Fleischwirtschaft** vom 30.6.2014[479] am 1.8.2014 finden diese Mindestlöhne des Tarifvertrags zur Regelung der Mindestbedingungen für Arbeitnehmer in der Fleischwirtschaft der Bundesrepublik Deutschland (TV Mindestbedingungen) vom

478 BGBl. I 2014, 538.
479 BAnz AT 31.7.2014 V1.

13.1.2014[480] auf alle nicht an ihn gebundenen Arbeitgeber sowie Arbeitnehmer und Arbeitnehmerinnen Anwendung. Voraussetzung ist:

1. dass in dem beschäftigenden Betrieb oder dessen selbstständige Betriebsabteilung überwiegend geschlachtet oder Fleisch verarbeitet wird (Betriebe der Fleischwirtschaft) sowie
2. dass der Betrieb oder die selbstständige Betriebsabteilung die Arbeitnehmer und Arbeitnehmerinnen überwiegend in Betrieben der Fleischwirtschaft einsetzt.[481]

Die in § 2 Abs. 2 des erstreckten Tarifvertrags vereinbarten Mindestlöhne betragen bundesweit: 338

1. Stufe	1.7.2014	7,75 Euro/Stunde
2. Stufe	1.12.2014	8,00 Euro/Stunde
3. Stufe	1.10.2015	8,60 Euro/Stunde
4. Stufe	1.12.2016	8,75 Euro/Stunde.

Diese Mindestlöhne gelten nach § 1 Abs. 3 des Tarifvertrags auch:

- für diejenigen, die eine **geringfügige Beschäftigung** ausüben und auch
- für **Arbeitnehmer von Dienstleistern der Fleischwirtschaft**, soweit sie in Betrieben oder selbstständigen Betriebsabteilungen der Fleischwirtschaft eingesetzt werden.

Ausgenommen von der Geltung sind nur „Personen, die nachweislich aufgrund einer Schul-, Ausbildungs- oder Studienordnung ein **Praktikum** absolvieren".

4. Ergänzung § 6 AEntG

In § 6 AEntG ist ein neuer Abs. 10 angefügt worden. Für die unter § 4 Nr. 9 AEntG neu eingefügte Branche soll die Lösung von Abgrenzungsproblemen zu anderen Branchen erleichtern werden. Danach findet die Erstreckung der tariflichen Mindestarbeitsbedingungen nur Anwendung in Betrieben und selbstständigen Betriebs- 339

480 Abgeschlossen zwischen dem Arbeitgeberverband der Bayrischen Ernährungswirtschaft (abe) e.V., Oskar-von-Miller-Ring 1, 80333 München, dem Arbeitgeberverband der Ernährungsindustrie Baden-Württemberg e.V., Eduard-Pfeiffer-Straße 48, 70192 Stuttgart, dem Arbeitgeberverband der Ernährungsindustrie Nordrhein-Westfalen, Ostwall 227, 47798 Krefeld, dem Arbeitgeberverband Ernährung Genuss Hessen/Rheinland-Pfalz/Saarland e.V., Sonnenberger Straße 46, 65193 Wiesbaden, dem Arbeitgeberverband Nahrung und Genuss Thüringen e.V., Lossiusstraße 1, 99094 Erfurt, dem Arbeitgeberverband der Ernährungsindustrie Hamburg/Schleswig-Holstein/Mecklenburg-Vorpommern e.V., Winterhuder Weg 76, 22085 Hamburg, dem Sächsischen Arbeitgeberverband Nahrung und Genuss e.V., Bamberger Straße 7, 01187 Dresden, dem Verband der Ernährungswirtschaft Niedersachsen/Bremen/Sachsen-Anhalt e.V., Arbeitgebervereinigung, Mengendamm 16 D, 30177 Hannover, und der Wirtschaftsvereinigung der Ernährungsindustrie in Berlin und Brandenburg e.V., Am Schillertheater 2, 10625 Berlin, einerseits, sowie der Gewerkschaft Nahrung-Genuss-Gaststätten, Hauptverwaltung, Haubachstraße 76, 22765 Hamburg, andererseits.

481 Weitere Einzelheiten zur Abgrenzung zu anderen Branchen Düwell, jurisPR-ArbR 19/2014 Anm. 1.

abteilungen, in denen überwiegend geschlachtet oder Fleisch verarbeitet wird (Betriebe der Fleischwirtschaft), sowie in Betrieben und selbstständigen Betriebsabteilungen, die ihre Arbeitnehmer und Arbeitnehmerinnen überwiegend in Betrieben der Fleischwirtschaft einsetzen. Das **Schlachten und Verarbeiten** wird gesetzlich definiert. Das Schlachten umfasst alle Tätigkeiten des Schlachtens und Zerlegens von Tieren mit Ausnahme von Fischen. Die Verarbeitung umfasst alle Tätigkeiten der Weiterverarbeitung von beim Schlachten gewonnenen Fleischprodukten zur Herstellung von Nahrungsmitteln sowie deren Portionierung und Verpackung.[482]

III. Ausbau des AEntG durch das Tarifautonomiestärkungsgesetz

1. Änderung in Art. 6 Tarifautonomiestärkungsgesetz

340 Bereits im Koalitionsvertrag vom 16.12.2013 war angekündigt: „...werden wir den Geltungsbereich des Arbeitnehmer-Entsendegesetzes über die bereits dort genannten Branchen hinaus für alle Branchen öffnen".[483] Diese Vereinbarung ist jetzt durch Art. 6 des Gesetzes zur Stärkung der Tarifautonomie (**Tarifautonomiestärkungsgesetz**) mit Wirkung zum 16.8.2014 umgesetzt worden.

2. Ergänzung des Branchenkatalogs

341 Der bislang abschließende Katalog der einbezogenen Branchen hat seine enumerative Wirkung verloren, weil nach § 4 AEntG ein weiterer Absatz angefügt worden ist:

> (2) § 3 gilt darüber hinaus für Tarifverträge aller anderen als der in Absatz 1 genannten Branchen, wenn die Erstreckung der Rechtsnormen des Tarifvertrages im öffentlichen Interesse geboten erscheint, um die in § 1 genannten Gesetzesziele zu erreichen und dabei insbesondere einem Verdrängungswettbewerb über die Lohnkosten entgegen zu wirken.

342 Der neue Absatz bewirkt die Öffnung des AEntG auch für alle anderen, bislang nicht im Katalog des § 4 Abs. 1 aufgeführten Branchen. Damit steht der in § 3 iVm § 7 AEntG eröffnete Weg, bundesweite Tarifverträge über Mindestarbeitsbedingungen auf nicht Tarifgebundene zu erstrecken, den Tarifvertragsparteien aller Branchen offen.

3. Erweiterung der erstreckungsfähigen Gegenstände von Tarifverträgen

343 Durch den in § 5 AEntG angefügten Satz 2 ist klargestellt, dass tarifvertragliche **Regelungen zur Fälligkeit** der Ansprüche auf Arbeitsbedingungen von der Regelungsbefugnis mit umfasst werden. Das Gleiche gilt auch für tarifvertragliche Sonderregelungen wie zB **Arbeitszeitkontenregelungen**, die Ausnahmen von der Fälligkeitsregelung zulassen. Ist wie in § 2 Abs. 3 TV Mindestbedingungen der Fleischwirtschaft geregelt, dass der Anspruch auf den Mindestlohn ohne Ausnahme spätestens zum 15. des Folgemonats fällig wird, so darf auch kein die starre Fälligkeitsregelung un-

482 Weitere Einzelheiten zur Abgrenzung zu anderen Branchen Düwell, jurisPR-ArbR 19/2014 Anm. 1.

483 Deutschlands Zukunft gestalten, Koalitionsvertrag zwischen CDU, CSU und SPD, 18. Legislaturperiode, S. 67.

terlaufendes Arbeitszeitkonto geführt werden. Das hat große praktische Bedeutung insbesondere für die **Kontrolltätigkeit der Zollbehörden.**[484]

4. Erstmaliger Erlass einer Verordnung bei einbezogener Branche

Das Verfahren zum **erstmaligen Erlass** einer Verordnung in einer nach § 4 Abs. 1 AEntG „einbezogenen" Branche wird zeitlich gestrafft. Die Veröffentlichung des Antrags im Bundesanzeiger entfällt. Das BMAS veröffentlicht künftig erst den Entwurf einer Rechtsverordnung und gibt dann den Betroffenen (der in § 7 Abs. 4 AEntG bezeichnete Kreis von Personen und **Verbänden**) Gelegenheit zur **Stellungnahme.** Anschließend wird der **Tarifausschuss** befasst und kann bei seinem Votum auf diese Stellungnahmen zurückgreifen. 344

5. Erlass einer Verordnung bei nicht einbezogener Branche

a) Neuer Weg für Erstreckungsanträge der Tarifvertragsparteien

Durch den neu eingefügten § 7 a AEntG wird für die Tarifvertragsparteien aus den nicht in § 4 Abs. 1 AEntG aufgeführten Branchen ein neuer, separater Weg zur Erstreckung von Branchentarifverträgen eröffnet, wenn sie gemeinsamen den Antrag auf Erlass einer Rechtsverordnung stellen. Für diesen Weg werden zusätzliche Voraussetzungen aufgestellt. Insbesondere wird ein **öffentliches Interesse** gefordert, das es als geboten erscheinen lässt, einem Verdrängungswettbewerb über die Lohnkosten entgegen zu wirken. 345

In § 7 a Abs. 3 AEntG wird **der Kreis der zur Stellungnahme berechtigten Personen und Verbände** erweitert, um eventuellen Überschneidungen mit Blick auf benachbarte Branchen vorzubeugen. Dazu gehören: 346

- Alle in den Geltungsbereich der Rechtsverordnung fallenden und möglicherweise von ihr betroffenen Arbeitgeber sowie Arbeitnehmer,
- die Parteien des Tarifvertrages,
- alle am Ausgang des Verfahrens interessierten Gewerkschaften, Vereinigungen der Arbeitgeber und paritätisch besetzten Kommissionen, die auf der Grundlage kirchlichen Rechts Arbeitsbedingungen für den Bereich kirchlicher Arbeitgeber festlegen.

In diesem Anhörungsverfahren wird der Frage, inwieweit eine Erstreckung geeignet ist, einem **Verdrängungswettbewerb über die Lohnkosten** entgegen zu wirken, eine zentrale Stellung eingeräumt. Für eine Stellungnahme genügt die Textform; unzureichend ist eine mündliche Übermittlung.

Bislang war in § 7 Abs. 5 AEntG das modifizierte Verfahren zur Befassung des Tarifausschusses nur für den Fall des erstmaligen Antrags von Tarifvertragsparteien 347

484 Siehe dazu die Übersicht über zulässige Arbeitskontenregelungen bei branchenbezogenen Mindestlöhnen nach dem AEntG im Internetauftritt des Zolls http://www.zoll.de/DE/Fachthemen/Arbeit/Mindestarbeitsbedingungen/Mindestlohn_Lohnuntergrenze/mindestlohn_lohnuntergrenze_node.html#doc99790bodyText3 Aufruf 20.9.2014.

einer einbezogenen Branche vorgeschrieben. Jetzt gilt dieses auch für die Anträge der Tarifvertragsparteien, deren Branchen nicht „einbezogen" sind (§ 7 a AEntG). So soll dem erhöhten Bedarf an Klarheit bei der Branchenabgrenzung Rechnung getragen werden.

b) Zuständigkeit nach Abstimmungsmehrheit im Tarifausschuss

348 Ist der **Tarifausschuss** befasst, so gelten nach § 7 Abs. 5 nF und § 7 a Abs. 4 AEntG **besondere Abstimmungsregeln**: Stimmen von den sechs Ausschussmitglieder mindestens vier für den Antrag oder gibt der Tarifausschuss innerhalb von zwei Monaten keine Stellungnahme ab, so kann das BMAS eine Rechtsverordnung erlassen. Stimmen nur zwei oder drei Ausschussmitglieder für den Antrag, ist die höhere Ebene zuständig. Dann darf das BMAS keine Verordnung erlassen und die **Bundesregierung** ist zuständig. Die von der Abstimmung abhängige Zuständigkeitsverlagerung gilt nach § 7 Abs. 5 Satz 3 AEntG nicht für die einbezogenen Branchen, die schon in den Katalog des § 4 Abs. 1 Nr. 1 bis 8 AEntG „einbezogen" sind.

6. Branchenmindestlohn bei Überlassung

a) Änderung § 8 Abs. 3 AEntG

349 Die Regelung in § 8 Abs. 3 AEntG (Vorgängervorschrift: § 1 Abs. 2 a AEntG in der bis zum 30.6.2007 geltenden Fassung) wurde geschaffen, um zu verhindern, dass Arbeitgeber auf den **Einsatz von Leiharbeitnehmern** ausweichen, um sich der Anwendung der nach dem AEntG für allgemeinverbindlich erklärten Mindestarbeitsbedingungen zu entziehen.[485] In § 8 Abs. 3 AEntG ist jetzt der Halbsatz angehängt worden: „dies gilt auch dann, wenn der Betrieb des Entleihers nicht in den fachlichen Geltungsbereich dieses Tarifvertrages oder dieser Rechtsverordnung fällt". Diese Änderung stellt klar, dass es für die Verpflichtung des Verleihers zur Gewährung der vorgeschriebenen Arbeitsbedingungen allein auf die von Leiharbeitnehmern oder Leiharbeitnehmerinnen ausgeübte Tätigkeit ankommt. Der Betrieb des Entleihers selbst muss nicht dem fachlichen Geltungsbereich eines für allgemeinverbindlich erklärten Tarifvertrages oder einer Rechtsverordnung unterfallen (vgl auch Rn 126). Das entsprach auch lange Zeit der Kontrollpraxis der **Zollbehörden.**[486]

b) Korrektur der Rechtsprechung

350 Der Gesetzgeber hat ein Eingreifen für erforderlich gehalten, weil er der Auslegung der Norm durch die Rechtsprechung[487] nicht zustimmt.[488] Nach dem Verständnis des BAG sollte die Regelung nur die Fälle erfassen, in denen der Entleiherbetrieb in

485 Koberski/Asshoff/Hold, AEntG, 2. Aufl., § 1 Rn 185 f.
486 BT-Drucks. 18/1558 S. 63.
487 BAG 21.10.2009, 5 AZR 951/08, BAGE 132 S. 228 = AP Nr. 14 zu § 1 TVG Tarifverträge: Maler.
488 BT-Drucks. 18/1558, 63.

den **fachlichen Geltungsbereich** des AEntG fiel. Instruktiv ist der folgende vom Fünften Senat des BAG entschiedene Fall.[489]

Der Kläger war gelernter Maler und seit 2006 bei einem Verleiher als Produktionshelfer/Hilfskraft beschäftigt. Von Februar bis April 2007 wurde er einem Entleiher, dessen Betrieb keine Bauleistungen in Form von Maler- oder Lackiererarbeiten ausführt, für Malerarbeiten überlassen. Der Verleiher vergütete die dort geleisteten Stunden mit dem vereinbarten Stundenlohn von 7,00 Euro. Der Kläger verlangte 7,85 Euro brutto pro Stunde auf der Grundlage des Mindestlohns für gewerbliche Arbeitnehmer des Maler- und Lackiererhandwerks nach der Dritten Verordnung über die zwingenden Arbeitsbedingungen im Maler- und Lackiererhandwerk. Das BAG bestätigte das die Klage abweisende Urteil des LAG; denn seiner Meinung nach fielen in den Anwendungsbereich des AEntG nur Entleiherbetriebe, die die Voraussetzungen des § 1 Abs. 1 Satz 1 AEntG aF (jetzt § 3 Satz 1 AEntG) erfüllten, dh Betriebe, die überwiegend Bauleistungen erbrachten. Dass der Leiharbeitnehmer eine Tätigkeit als Maler verrichte, genügte nicht. Ebenso hat das Hessische LAG für die Verrichtung von Reinigungsarbeiten entschieden, dass nicht auf die ausgeübte Reinigungstätigkeit abzustellen ist. Maßgeblich sei, ob diese Tätigkeit in einem Entleiherbetrieb erbracht werde, der unter den betrieblichen Geltungsbereich der Tarifverträge für die gewerblichen Beschäftigten in der Gebäudereinigung falle.[490]

Das Abstellen auf den fachlichen Geltungsbereich eröffnet Gestaltungsspielräume. Es braucht der überlassene Leiharbeitnehmer nur vom Entleiher einer fachfremden Betriebsabteilung zugeordnet zu werden, um ihn aus dem Anwendungsbereich des Branchenmindestlohntarifvertrags herauszudrängen. Entsprechende Wege zur Nutzung dieser Lücke zur **„Mindestlohnflucht durch Zeitarbeit“** sind im Schrifttum beispielhaft für Hoteldienstleistungen aufgezeigt worden.[491] Das Eingreifen des Gesetzgebers zur Schließung dieser Lücke ist deshalb aus rechtspolitischer Sicht zu begrüßen.[492] Seit Inkrafttreten des Tarifautonomiestärkungsgesetzes am 16.8.2014 ist für die Anwendung eines nach dem AEntG allgemeinverbindlichen Mindestlohns ausreichend, dass eine **mindestlohnpflichtige Tätigkeit** ausgeübt wird. Das wird als Stand der aktuellen Rechtslage auch von der Zeitarbeitsbranche eingeräumt, aber rechtspolitisch bekämpft.[493] Es wird dazu der folgende Widerspruch geltend gemacht: Der Verleiher, der einen Maler an einen Hotelbetrieb für Malerarbeiten überlässt, muss nach neuem Recht den Malermindestlohn zahlen. Demgegenüber braucht der Hotelbetreiber, der einen Maler befristet für Malerarbeiten als Arbeitnehmer einstellt, nicht den Malermindestlohn zu zahlen.

---

489 BAG 21.10.2009, 5 AZR 951/08, BAGE 132 S. 228 = AP Nr. 14 zu § 1 TVG Tarifverträge: Maler.

490 Hessisches LAG 14.7.2009, 15/11/7 Sa 2099/08.

491 Rieble, DB 2011, 356.

492 Vgl Düwell, Lohnuntergrenzen bei vorübergehender Arbeitnehmerüberlassung, DB 2013, 756 ff.

493 So http://ig-zeitarbeit.de/system/files/datenbank_recht/2014-07-11_rechtsinfo_tarifautonomiestaerkungsgesetz.pdf und igZ-Merkblatt: Mindestlöhne Stand: 28.7.2014.

c) Lohnuntergrenzen in der Leiharbeit

351 Die Gesetzgebung hat in § 8 Abs. 3 AEntG nur der Vorrang der günstigeren Arbeitsbedingungen nach dem AEntG gegenüber den sogenannten Lohnuntergrenzen geregelt, die nach der **Zweiten Verordnung über eine Lohnuntergrenze in der Arbeitnehmerüberlassung** vom 21.3.2014[494] gemäß § 3 a AÜG verordnet sind. Danach beträgt das Mindeststundenentgelt:

in Berlin, Brandenburg, Mecklenburg-Vorpommern, Sachsen, Sachsen-Anhalt und Thüringen

- vom 1.4.2014 bis zum 31.3.2015 7,86 Euro,
- vom 1.4.2015 bis zum 31.5.2016 8,20 Euro,
- vom 1.6.2016 bis zum 31.12.2016 8,50 Euro.

in den übrigen Bundesländern:

- vom 1.4. 2014 bis zum 31.3.2015 8,50 Euro,
- vom 1.4. 2015 bis zum 31.5.2016 8,80 Euro,
- vom 1.6.2016 bis zum 31.12.2016 9,00 Euro.

Nach § 2 Abs. 3 der Verordnung gilt das Mindeststundenentgelt des Arbeitsortes. **Auswärtig** beschäftigte Leiharbeitnehmerinnen und Leiharbeitnehmer behalten den Anspruch auf das Entgelt ihres Einstellungsortes, soweit dieses höher ist.

Der Anspruch auf das Mindeststundenentgelt wird nach § 2 Abs. 4 der Verordnung spätestens **am 15. Bankarbeitstag** (Referenzort ist Frankfurt am Main) des Monats **fällig**, der auf den Monat folgt, für den das Mindestentgelt zu zahlen ist. Die Verordnung erlaubt für die über die regelmäßige monatliche Arbeitszeit hinaus entstandenen Arbeitsstunden die Anwendung einer tarifvertraglichen Regelung zur Arbeitszeitflexibilisierung mit einem **Arbeitszeitkonto**. Das Arbeitszeitkonto darf dann höchstens 200 Plusstunden umfassen. Zur Beschäftigungssicherung darf das Arbeitszeitkonto bei saisonalen Schwankungen im Einzelfall bis zu 230 Plusstunden umfassen. Das Führen eines Arbeitszeitkonto mit einem Arbeitszeitguthaben von mehr als 150 Plusstunden ist jedoch nur zulässig, sofern der Verleiher die über 150 Stunden hinausgehenden Plusstunden einschließlich der darauf entfallenden Sozialversicherungsabgaben gegen Insolvenz abgesichert und diese Insolvenzsicherung dem Leiharbeitnehmer nachgewiesen hat.

d) Kollisionen von Fälligkeitsregelungen

351a Wird für Tätigkeiten mit allgemeinverbindlichem Branchenmindestlohn nach dem AEntG überlassen, kann es zur Kollision unterschiedlicher **Fälligkeitsregelungen** kommen. Zwar ist für den Mindestlohn in der Leiharbeit die Arbeitszeitflexibilisierung durch Führen von Arbeitszeitkonten zugelassen, für die nach § 7 AEntG zwingenden Mindestlöhne in der Fleischwirtschaft und in der Gebäudereinigung jedoch nicht. Wird für diese Tätigkeiten überlassen, darf kein Arbeitszeitkonto geführt wer-

494 BAnz AT 26.03.2014 V1

den. Die tariflichen Regeln zur Arbeitszeitflexibilisierung in der Leiharbeit sind nach § 8 Abs. 3 AEntG nF nicht anwendbar; denn diese sind nach dem neuen Satz 2 in § 5 AEntG (vgl Rn 343) Bestandteil der verdrängten Mindestarbeitsbedingungen. Soweit für höher vergütete mindestlohnpflichtige Tätigkeiten überlassen wird und die entsprechenden Verordnungen das Führen von Arbeitszeitkonten vorsehen, dürfen diese Flexibilisierungsregeln auch vom Verleiher angewandt werden.

Problematisch ist die Regelung im Maler- und Lackiererhandwerk. Dort ist das **Führen von Arbeitszeitkonten** nur soweit zugelassen, wie sie der Vermeidung witterungsbedingter Kündigungen dienen. Während nach § 46 des Rahmentarifvertrages für die gewerblichen Arbeitnehmer im Maler- und Lackiererhandwerk (RTV) das Arbeitsverhältnis wegen schlechter Witterung in der Zeit vom 15. 11. bis zum 15. 3. ausnahmsweise im Laufe eines Tages mit Wirkung zu Beginn des übernächsten Tages durch ordentliche Kündigung gekündigt werden kann, bestehen in der Leiharbeit keine vergleichbaren tariflichen Regelungen. Daraus folgern die Zollbehörden, dass Verleiher für die Dauer der Überlassung als Maler kein Arbeitszeitkonto führen dürfen; denn der mit dem Arbeitszeitkonto im Malerhandwerk verbundene Zweck, witterungsbedingte Kündigungen zu vermeiden, werde von Verleihunternehmen nicht verfolgt. Gegen diese Rechtsauffassung haben die Verbände der Zeitarbeit mit dem Argument interveniert, auch bei ihnen diene das Arbeitszeitkonto der Beschäftigungssicherung (vgl im Übrigen Rn 126).[495]

7. Arbeitszeitdokumentation

In § 19 AEntG sind die Bestimmungen über das **Erstellen und Bereithalten von Dokumenten** neu gefasst. Soweit die Rechtsnormen eines für allgemeinverbindlich erklärten Tarifvertrages über die Zahlung eines Mindestentgelts oder die Einziehung von Beiträgen und die Gewährung von Leistungen im Zusammenhang mit Urlaubsansprüchen auf das Arbeitsverhältnis Anwendung finden, ist der Arbeitgeber verpflichtet, Beginn, Ende und Dauer der täglichen Arbeitszeit der Arbeitnehmer und Arbeitnehmerinnen spätestens bis zum Ablauf des siebten auf den Tag der Arbeitsleistung folgenden Kalendertages aufzuzeichnen. Diese Aufzeichnungen sind mindestens zwei Jahre aufzubewahren. Die Frist beginnt mit dem für die Aufzeichnung maßgeblichen Zeitpunkt. Parallel zu § 17 Abs. 1 MiLoG wird auch bei den Aufzeichnungspflichten nach dem AEntG der Zeitpunkt gesetzlich konkretisiert, bis zu dem der Arbeitgeber spätestens seine Aufzeichnungspflicht zu erfüllen hat. Mit dem vorgesehenen Zeitraum von **längstens sieben Tagen** soll sowohl den Erfordernissen einer effektiven **Kontrolle** als auch den Bedürfnissen der betrieblichen Praxis nach Flexibilität Rechnung getragen werden. 352

495 Gemeinsames Schreiben von BAP und iGZ an das Bundesfinanzministerium vom 29.8.2014.

Teil 6: Änderungen des Tarifrechts

I. Änderungen des TVG durch Art. 5 Tarifautonomiestärkungsgesetz

1. Modifikation des Tarifbindungsquorums

353 Vor Inkrafttreten des Tarifautonomiestärkungsgesetzes konnte das BMAS auf Antrag einer Tarifvertragspartei einen Tarifvertrag für allgemeinverbindlich erklären, wenn

1. die tarifgebundenen Arbeitgeber nicht weniger als 50 vom Hundert der unter den Geltungsbereich des Tarifvertrags fallenden Arbeitnehmer beschäftigen und
2. die Allgemeinverbindlicherklärung im öffentlichen Interesse geboten erscheint.

354 Dieses Quorum war zu starr.[496] Es ist auch auf Anregung des Bundesrats[497] geändert worden. Artikel 5 des Tarifautonomiestärkungsgesetzes hat § 5 Abs. 1 TVG neu gefasst. Nach § 5 Abs. 1 Satz 2 TVG nF erscheint die Allgemeinverbindlicherklärung (AVE) in der Regel im öffentlichen Interesse geboten, wenn

1. der Tarifvertrag in seinem Geltungsbereich für die Gestaltung der Arbeitsbedingungen überwiegende Bedeutung erlangt hat oder
2. die Absicherung der Wirksamkeit der tarifvertraglichen Normsetzung gegen die Folgen wirtschaftlicher Fehlentwicklung eine Allgemeinverbindlicherklärung verlangt.

355 Das **50 Prozent-Beschäftigungsquorum** ist gefallen. Es stellte eine ernsthafte Bedrohung für den Fortbestand des Instituts der Allgemeinverbindlicherklärung dar. Denn von der Rechtsprechung wurde in Auslegung des § 5 Abs. 1 Satz 1 Nr. 1 TVG aF vorausgesetzt, dass mindestens 50 vH der Arbeitnehmer von tarifgebundenen Arbeitgebern im Tarifgebiet beschäftigt wurden. Hierzu wurde ein Vergleich aller vom Geltungsbereich des für allgemeinverbindlich erklärten Tarifvertrags erfassten Arbeitnehmer (sog. „große Zahl") mit den von den tarifgebundenen Arbeitgebern beschäftigten Arbeitnehmern (sog. „kleine Zahl") angestellt.[498] Angesichts der Tarifflucht vieler Arbeitgeber und der dadurch bewirkten abnehmenden **Tarifbindung** war dieses Beschäftigungsquorum nur in wenigen gewerkschaftsstarken Wirtschaftsbereichen zu erfüllen.[499] Die Neuregelung stellt nicht mehr allein auf eine rechtliche Bindung des Arbeitgebers nach § 3 TVG an den Tarifvertrag ab. Es zählen bei dem Vergleich „große Zahl" mit „kleiner Zahl" auch die Arbeitgeber mit, die, ohne sich tarifrechtlich binden zu wollen, durch **vertragliche Bezugnahmen** die Ordnungswir-

496 Kritisch: Düwell, Die gerichtliche Überprüfung der Allgemeinverbindlicherklärung von Tarifverträgen, NZA-Beilage 2011, Nr. 2, 80.

497 BT-Drucks. 18/1558, 83.

498 BAG 28.3.1990, 4 AZR 536/89, NJW 1990, 3036.

499 Nach der Mitteilung des Instituts für Arbeitsmarkt- und Berufsforschung (IAB) vom 3.6.2013 bestand im Jahr 2012 in Westdeutschland eine Tarifbindung der Belegschaften nur noch 53 Prozent und in Ostdeutschland von 36 Prozent, http://www.iab.de/de/informationsservice/presse/presseinformationen/tarifbindungszahlen.aspx. Aufruf 24.9.2014

kung eines Tarifvertrags für ihren Betrieb nutzen.[500] Damit wird der Fortbestand des Instruments der AVE für tarifliche Mindestarbeitsbedingungen gesichert; denn werden die Arbeitnehmer aus den Betrieben mitgezählt, die zwar ohne Tarifbindung sind, sich jedoch an den Entgelttarifverträgen orientieren, so werden im Westen 62 und im Osten 57 vH erfasst.[501]

Die zum Gesetz gewordene Fassung ist nicht voll mit dem Gesetzentwurf der Bun- **356**
desregierung identisch. Im Entwurf genügte es noch für die **Annahme des öffentlichen Interesses**, „wenn die Tarifvertragsparteien darlegen, dass 1. der Tarifvertrag in seinem Geltungsbereich für die Gestaltung der Arbeitsbedingungen überwiegende Bedeutung erlangt hat oder 2. die Absicherung der Wirksamkeit der tarifvertraglichen Normsetzung gegen die Folgen wirtschaftlicher Fehlentwicklung eine Allgemeinverbindlicherklärung verlangt." Dem ist bei der Sachverständigenanhörung die Bundesvereinigung der Deutschen Arbeitgeberverbände mit dem Hinweis auf eine andere Vereinbarung im Koalitionsvertrag entgegen getreten.[502] Danach solle an Stelle des bisherigen Erfordernisses eines öffentlichen Interesses und des Nachweises einer Tarifbindung von 50 vH ein besonderes öffentliches Interesse treten, das durch Regelbeispiele beschrieben werde. Dem entspreche der Gesetzentwurf nicht, weil er nur ein „einfaches" öffentliches Interesse vorsehe. Der Ausschuss hat die Kritik nur durch eine „Anpassung" berücksichtigt. Er hat mit der zum Gesetz gewordenen Fassung klargestellt, dass nicht bereits die bloße Behauptung der Tarifvertragsparteien, ihr Tarifvertrag habe in seinem Geltungsbereich überwiegende Bedeutung erlangt oder seine Allgemeinverbindlicherklärung sei zur Absicherung der Wirksamkeit des Tarifvertrags gegen die Folgen wirtschaftlicher Fehlentwicklungen erforderlich, zur Bejahung des öffentlichen Interesses hinreichen könne. Das Vorliegen des öffentlichen Interesses sei vom BMAS oder – bei regionalen Tarifverträgen – von der obersten Arbeitsbehörde des Landes selbsttätig zu prüfen.[503]

2. Gemeinsamer Antrag

Die Erleichterung der AVE wird ergänzt durch eine Vorschrift, die den Tarifparteien **357**
eine stärkere Position verschafft und so die Tarifautonomie stärkt. Eine AVE ist nach der Neufassung von § 5 Abs. 1 Satz 1 TVG nur auf **gemeinsamen Antrag der Tarifvertragsparteien** zulässig. Vordem war der Antrag einer Tarifvertragspartei ausreichend. Mit der Antragstellung müssen jetzt beide Tarifvertragsparteien darlegen, dass der Tarifvertrag in seinem Geltungsbereich für die Gestaltung der Arbeitsbedingungen überwiegende Bedeutung erlangt hat oder die Absicherung der Wirksamkeit der tarifvertraglichen Normsetzung gegen die Folgen wirtschaftlicher Fehlentwicklung eine AVE verlangt.

---

500 So auch die Meinung der Ausschussmehrheit, vgl BT-Drucksache 18/2010, 17, 18.
501 Ellguth, Entwicklung der Tarifbindung, Bericht über die Ergebnisse des IAB 2012, veröffentlicht unter http://www.boeckler.de/pdf/v_2013_03_21_ellguth.pdf Aufruf 24.9.2014
502 BT-Ausschussdrucksache 18(11)148, 12.
503 BT-Ausschussdrucksache 18(11)148, 27.

3. Sicherung der Funktionsfähigkeit gemeinsamer Einrichtungen

358 Eine Sonderregelung ist für gemeinsame Einrichtungen der Tarifvertragsparteien in § 5 Abs. 1 a TVG getroffen worden. Tarifverträge können zur Sicherung der **Funktionsfähigkeit gemeinsamer Einrichtungen** der Tarifvertragsparteien für allgemeinverbindlich erklären,[504] wenn sie folgende Gegenstände[505] regeln:

1. den Erholungsurlaub, ein Urlaubsgeld oder ein zusätzliches Urlaubsgeld,
2. eine betriebliche Altersversorgung im Sinne des Betriebsrentengesetzes,
3. die Vergütung der Auszubildenden oder die Ausbildung in überbetrieblichen Bildungsstätten,
4. eine zusätzliche betriebliche oder überbetriebliche Vermögensbildung der Arbeitnehmer,
5. Lohnausgleich bei Arbeitszeitausfall, Arbeitszeitverkürzung oder Arbeitszeitverlängerung.

359 Auch wenn es nicht ausdrücklich herausgestellt ist, so ist doch nach dem Gang der Verhandlungen im Ausschuss davon auszugehen, dass auch die Tarifverträge erfasst werden, die den **Beitragseinzug** und die **Leistungsgewährung** sowie die damit in Zusammenhang stehenden Rechte und Pflichten regeln. Sie gehören zum Kernbestand. Sonst wären die neu geschaffenen Sicherungsvorschriften nutzlos.

4. Vorrang für allgemeinverbindliche Tarifverträge

360 An § 5 TVG ist ein neuer Abs. 4 angefügt: „Ein nach Absatz 1 a für allgemeinverbindlich erklärter Tarifvertrag ist vom Arbeitgeber auch dann einzuhalten, wenn er nach § 3 an einen anderen Tarifvertrag gebunden ist."

361 Damit ist zur Sicherung der gemeinsamen Einrichtungen eine klarstellende **Kollisionsregelung** getroffen worden, die die Flucht aus dem Geltungsbereich der allgemeinverbindlichen Tarifverträge verwehrt (vgl auch Rn 43). Ohne eine derartige Regel bestünde die Gefahr, dass das zur Sicherung der Finanzierung der gemeinsamen Einrichtung erforderliche solidarische **Umlageverfahren** nicht von allen bedient wird. Dieser Stelle des Entwurfs traf bei der Sachverständigenanhörung auf scharfe Kritik des Handwerks: „gut gemeint" aber „über das Ziel hinaus".[506] Dennoch blieb es dabei.

5. Verbesserte Publizität

362 Zur besseren Transparenz hat der Gesetzgeber in § 5 Abs. 7 Satz 2 TVG eine seit langem überfällige Verbesserung der **Publizität von Tarifnomen** vorgenommen. Mit der Bekanntmachung der AVE hat das BMAS auch die von der AVE erfassten

---

504 Zustimmend: Bepler, Stärkung der Tarifautonomie – Welche Änderungen des Tarifvertragsrechts empfehlen sich?, Gutachten B zum 70. Deutschen Juristentag, München 2014, S. 112 ff.

505 Kritisch zum festen Katalog der Gegenstände: Bepler, S. 114 Fn 70.

506 BT- Ausschussdrucksache 18(11)148, 20.

Rechtsnormen des Tarifvertrages im vollen Wortlaut zu veröffentlichen. Das war auch dringend geboten. Denn das BVerfG hat bereits 1977 dem Gesetzgeber den Prüfauftrag erteilt: „Der Gesetzgeber wird jedoch zu prüfen haben, welche Verbesserungen der Publizitätsvorschriften möglich und angezeigt sind, damit den berechtigten Bedürfnissen der Praxis mehr als bisher entsprochen werden kann."[507]

II. Elektronisches Tarifarchiv

Mit der Zweiten Verordnung zur Änderung der Verordnung zur Durchführung des Tarifvertragsgesetzes vom 11.3.2014[508] ist eine weitere Verbesserung der Publizität von Tarifverträgen verbunden. Nach § 14 der Verordnung soll künftig das das beim BMAS bestehende **Tarifregister** als **Tarifarchiv** elektronisch geführt werden. Mit der Modernisierung ist verbunden: Tarifverträge sollen gescannt in eine Datenbank eingepflegt, den obersten Arbeitsbehörden der Länder eine Zugriffsberechtigung eingeräumt und Tarifvertragsparteien die Möglichkeit der Einsichtnahme gewährt werden. Jedes Jahr gehen rund 6.300 neue Tarifverträge beim Tarifregister ein. Mit der elektronischen Verarbeitung und Speicherung ergeben sich für die nach § 16 der Verordnung auf Anfrage zu erteilenden **Auskünfte** verbesserte und erweiterte Möglichkeiten zur Recherche und Information. 363

507 BVerfG 24. 5.1977, 2 BvL 11/74, BVerfGE 44, 322.
508 BGBl. I, 263.

Anhang: Gesetz zur Regelung eines allgemeinen Mindestlohns (Mindestlohngesetz – MiLoG)

Vom 11. August 2014 (BGBl. I S. 1348)
(FNA 802-5)

Abschnitt 1 Festsetzung des allgemeinen Mindestlohns

Unterabschnitt 1 Inhalt des Mindestlohns

§ 1 Mindestlohn

(1) Jede Arbeitnehmerin und jeder Arbeitnehmer hat Anspruch auf Zahlung eines Arbeitsentgelts mindestens in Höhe des Mindestlohns durch den Arbeitgeber.
(2) [1]Die Höhe des Mindestlohns beträgt ab dem 1. Januar 2015 brutto 8,50 Euro je Zeitstunde. [2]Die Höhe des Mindestlohns kann auf Vorschlag einer ständigen Kommission der Tarifpartner (Mindestlohnkommission) durch Rechtsverordnung der Bundesregierung geändert werden.
(3) [1]Die Regelungen des Arbeitnehmer-Entsendegesetzes, des Arbeitnehmerüberlassungsgesetzes und der auf ihrer Grundlage erlassenen Rechtsverordnungen gehen den Regelungen dieses Gesetzes vor, soweit die Höhe der auf ihrer Grundlage festgesetzten Branchenmindestlöhne die Höhe des Mindestlohns nicht unterschreitet. [2]Der Vorrang nach Satz 1 gilt entsprechend für einen auf der Grundlage von § 5 des Tarifvertragsgesetzes für allgemeinverbindlich erklärten Tarifvertrag im Sinne von § 4 Absatz 1 Nummer 1 sowie §§ 5 und 6 Absatz 2 des Arbeitnehmer-Entsendegesetzes.

§ 2 Fälligkeit des Mindestlohns

(1) [1]Der Arbeitgeber ist verpflichtet, der Arbeitnehmerin oder dem Arbeitnehmer den Mindestlohn

1. zum Zeitpunkt der vereinbarten Fälligkeit,
2. spätestens am letzten Bankarbeitstag (Frankfurt am Main) des Monats, der auf den Monat folgt, in dem die Arbeitsleistung erbracht wurde,

zu zahlen. [2]Für den Fall, dass keine Vereinbarung über die Fälligkeit getroffen worden ist, bleibt § 614 des Bürgerlichen Gesetzbuchs unberührt.
(2) [1]Abweichend von Absatz 1 Satz 1 sind bei Arbeitnehmerinnen und Arbeitnehmern die über die vertraglich vereinbarte Arbeitszeit hinausgehenden und auf einem schriftlich vereinbarten Arbeitszeitkonto eingestellten Arbeitsstunden spätestens innerhalb von zwölf Kalendermonaten nach ihrer monatlichen Erfassung durch bezahlte Freizeitgewährung oder Zahlung des Mindestlohns auszugleichen, soweit der Anspruch auf den Mindestlohn für die geleisteten Arbeitsstunden nach § 1 Absatz 1 nicht bereits durch Zahlung des verstetigten Arbeitsentgelts erfüllt ist. [2]Im Falle der Beendigung des Arbeitsverhältnisses hat der Arbeitgeber nicht ausgeglichene Arbeitsstunden spätestens in dem auf die Beendigung des Arbeitsverhältnisses folgenden Kalendermonat auszugleichen. [3]Die auf das Arbeitszeitkonto eingestellten Ar-

beitsstunden dürfen monatlich jeweils 50 Prozent der vertraglich vereinbarten Arbeitszeit nicht übersteigen.
(3) [1]Die Absätze 1 und 2 gelten nicht für Wertguthabenvereinbarungen im Sinne des Vierten Buches Sozialgesetzbuch. [2]Satz 1 gilt entsprechend für eine im Hinblick auf den Schutz der Arbeitnehmerinnen und Arbeitnehmer vergleichbare ausländische Regelung.

§ 3 Unabdingbarkeit des Mindestlohns

[1]Vereinbarungen, die den Anspruch auf Mindestlohn unterschreiten oder seine Geltendmachung beschränken oder ausschließen, sind insoweit unwirksam. [2]Die Arbeitnehmerin oder der Arbeitnehmer kann auf den entstandenen Anspruch nach § 1 Absatz 1 nur durch gerichtlichen Vergleich verzichten; im Übrigen ist ein Verzicht ausgeschlossen. [3]Die Verwirkung des Anspruchs ist ausgeschlossen.

Unterabschnitt 2 Mindestlohnkommission

§ 4 Aufgabe und Zusammensetzung

(1) Die Bundesregierung errichtet eine ständige Mindestlohnkommission, die über die Anpassung der Höhe des Mindestlohns befindet.
(2) [1]Die Mindestlohnkommission wird alle fünf Jahre neu berufen. [2]Sie besteht aus einer oder einem Vorsitzenden, sechs weiteren stimmberechtigten ständigen Mitgliedern und zwei Mitgliedern aus Kreisen der Wissenschaft ohne Stimmrecht (beratende Mitglieder).

§ 5 Stimmberechtigte Mitglieder

(1) [1]Die Bundesregierung beruft je drei stimmberechtigte Mitglieder auf Vorschlag der Spitzenorganisationen der Arbeitgeber und der Arbeitnehmer aus Kreisen der Vereinigungen von Arbeitgebern und Gewerkschaften. [2]Die Spitzenorganisationen der Arbeitgeber und Arbeitnehmer sollen jeweils mindestens eine Frau und einen Mann als stimmberechtigte Mitglieder vorschlagen. [3]Werden auf Arbeitgeber- oder auf Arbeitnehmerseite von den Spitzenorganisationen mehr als drei Personen vorgeschlagen, erfolgt die Auswahl zwischen den Vorschlägen im Verhältnis zur Bedeutung der jeweiligen Spitzenorganisationen für die Vertretung der Arbeitgeber- oder Arbeitnehmerinteressen im Arbeitsleben des Bundesgebietes. [4]Übt eine Seite ihr Vorschlagsrecht nicht aus, werden die Mitglieder dieser Seite durch die Bundesregierung aus Kreisen der Vereinigungen von Arbeitgebern oder Gewerkschaften berufen.
(2) Scheidet ein Mitglied aus, wird nach Maßgabe des Absatzes 1 Satz 1 und 4 ein neues Mitglied berufen.

§ 6 Vorsitz

(1) Die Bundesregierung beruft die Vorsitzende oder den Vorsitzenden auf gemeinsamen Vorschlag der Spitzenorganisationen der Arbeitgeber und der Arbeitnehmer.
(2) [1]Wird von den Spitzenorganisationen kein gemeinsamer Vorschlag unterbreitet, beruft die Bundesregierung jeweils eine Vorsitzende oder einen Vorsitzenden auf

Vorschlag der Spitzenorganisationen der Arbeitgeber und der Arbeitnehmer. [2]Der Vorsitz wechselt zwischen den Vorsitzenden nach jeder Beschlussfassung nach § 9. [3]Über den erstmaligen Vorsitz entscheidet das Los. [4]§ 5 Absatz 1 Satz 3 und 4 gilt entsprechend.
(3) Scheidet die Vorsitzende oder der Vorsitzende aus, wird nach Maßgabe der Absätze 1 und 2 eine neue Vorsitzende oder ein neuer Vorsitzender berufen.

§ 7 Beratende Mitglieder

(1) [1]Die Bundesregierung beruft auf Vorschlag der Spitzenorganisationen der Arbeitgeber und Arbeitnehmer zusätzlich je ein beratendes Mitglied aus Kreisen der Wissenschaft. [2]Die Bundesregierung soll darauf hinwirken, dass die Spitzenorganisationen der Arbeitgeber und Arbeitnehmer eine Frau und einen Mann als beratendes Mitglied vorschlagen. [3]Das beratende Mitglied soll in keinem Beschäftigungsverhältnis stehen zu

1. einer Spitzenorganisation der Arbeitgeber oder Arbeitnehmer,
2. einer Vereinigung der Arbeitgeber oder einer Gewerkschaft oder
3. einer Einrichtung, die von den in der Nummer 1 oder Nummer 2 genannten Vereinigungen getragen wird.

[4]§ 5 Absatz 1 Satz 3 und 4 und Absatz 2 gilt entsprechend.
(2) [1]Die beratenden Mitglieder unterstützen die Mindestlohnkommission insbesondere bei der Prüfung nach § 9 Absatz 2 durch die Einbringung wissenschaftlichen Sachverstands. [2]Sie haben das Recht, an den Beratungen der Mindestlohnkommission teilzunehmen.

§ 8 Rechtsstellung der Mitglieder

(1) Die Mitglieder der Mindestlohnkommission unterliegen bei der Wahrnehmung ihrer Tätigkeit keinen Weisungen.
(2) Die Tätigkeit der Mitglieder der Mindestlohnkommission ist ehrenamtlich.
(3) [1]Die Mitglieder der Mindestlohnkommission erhalten eine angemessene Entschädigung für den ihnen bei der Wahrnehmung ihrer Tätigkeit erwachsenden Verdienstausfall und Aufwand sowie Ersatz der Fahrtkosten entsprechend den für ehrenamtliche Richterinnen und Richter der Arbeitsgerichte geltenden Vorschriften. [2]Die Entschädigung und die erstattungsfähigen Fahrtkosten setzt im Einzelfall die oder der Vorsitzende der Mindestlohnkommission fest.

§ 9 Beschluss der Mindestlohnkommission

(1) [1]Die Mindestlohnkommission hat über eine Anpassung der Höhe des Mindestlohns erstmals bis zum 30. Juni 2016 mit Wirkung zum 1. Januar 2017 zu beschließen. [2]Danach hat die Mindestlohnkommission alle zwei Jahre über Anpassungen der Höhe des Mindestlohns zu beschließen.
(2) [1]Die Mindestlohnkommission prüft im Rahmen einer Gesamtabwägung, welche Höhe des Mindestlohns geeignet ist, zu einem angemessenen Mindestschutz der Ar-

beitnehmerinnen und Arbeitnehmer beizutragen, faire und funktionierende Wettbewerbsbedingungen zu ermöglichen sowie Beschäftigung nicht zu gefährden. [2]Die Mindestlohnkommission orientiert sich bei der Festsetzung des Mindestlohns nachlaufend an der Tarifentwicklung.

(3) Die Mindestlohnkommission hat ihren Beschluss schriftlich zu begründen.

(4) Die Mindestlohnkommission evaluiert laufend die Auswirkungen des Mindestlohns auf den Schutz der Arbeitnehmerinnen und Arbeitnehmer, die Wettbewerbsbedingungen und die Beschäftigung im Bezug auf bestimmte Branchen und Regionen sowie die Produktivität und stellt ihre Erkenntnisse der Bundesregierung in einem Bericht alle zwei Jahre gemeinsam mit ihrem Beschluss zur Verfügung.

§ 10 Verfahren der Mindestlohnkommission

(1) Die Mindestlohnkommission ist beschlussfähig, wenn mindestens die Hälfte ihrer stimmberechtigten Mitglieder anwesend ist.

(2) [1]Die Beschlüsse der Mindestlohnkommission werden mit einfacher Mehrheit der Stimmen der anwesenden Mitglieder gefasst. [2]Bei der Beschlussfassung hat sich die oder der Vorsitzende zunächst der Stimme zu enthalten. [3]Kommt eine Stimmenmehrheit nicht zustande, macht die oder der Vorsitzende einen Vermittlungsvorschlag. [4]Kommt nach Beratung über den Vermittlungsvorschlag keine Stimmenmehrheit zustande, übt die oder der Vorsitzende ihr oder sein Stimmrecht aus.

(3) [1]Die Mindestlohnkommission kann Spitzenorganisationen der Arbeitgeber und Arbeitnehmer, Vereinigungen von Arbeitgebern und Gewerkschaften, öffentlich-rechtliche Religionsgesellschaften, Wohlfahrtsverbände, Verbände, die wirtschaftliche und soziale Interessen organisieren, sowie sonstige von der Anpassung des Mindestlohns Betroffene vor Beschlussfassung anhören. [2]Sie kann Informationen und fachliche Einschätzungen von externen Stellen einholen.

(4) [1]Die Sitzungen der Mindestlohnkommission sind nicht öffentlich; der Inhalt ihrer Beratungen ist vertraulich. [2]Die übrigen Verfahrensregelungen trifft die Mindestlohnkommission in einer Geschäftsordnung.

§ 11 Rechtsverordnung

(1) [1]Die Bundesregierung kann die von der Mindestlohnkommission vorgeschlagene Anpassung des Mindestlohns durch Rechtsverordnung ohne Zustimmung des Bundesrates für alle Arbeitgeber sowie Arbeitnehmerinnen und Arbeitnehmer verbindlich machen. [2]Die Rechtsverordnung tritt am im Beschluss der Mindestlohnkommission bezeichneten Tag, frühestens aber am Tag nach Verkündung in Kraft. [3]Die Rechtsverordnung gilt, bis sie durch eine neue Rechtsverordnung abgelöst wird.

(2) [1]Vor Erlass der Rechtsverordnung erhalten die Spitzenorganisationen der Arbeitgeber und Arbeitnehmer, die Vereinigungen von Arbeitgebern und Gewerkschaften, die öffentlich-rechtlichen Religionsgesellschaften, die Wohlfahrtsverbände sowie die Verbände, die wirtschaftliche und soziale Interessen organisieren, Gelegenheit zur schriftlichen Stellungnahme. [2]Die Frist zur Stellungnahme beträgt drei Wochen; sie beginnt mit der Bekanntmachung des Verordnungsentwurfs.

§ 12 Geschäfts- und Informationsstelle für den Mindestlohn; Kostenträgerschaft

(1) [1]Die Mindestlohnkommission wird bei der Durchführung ihrer Aufgaben von einer Geschäftsstelle unterstützt. [2]Die Geschäftsstelle untersteht insoweit fachlich der oder dem Vorsitzenden der Mindestlohnkommission.
(2) Die Geschäftsstelle wird bei der Bundesanstalt für Arbeitsschutz und Arbeitsmedizin als selbständige Organisationeinheit eingerichtet.
(3) Die Geschäftsstelle informiert und berät als Informationsstelle für den Mindestlohn Arbeitnehmerinnen und Arbeitnehmer sowie Unternehmen zum Thema Mindestlohn.
(4) Die durch die Tätigkeit der Mindestlohnkommission und der Geschäftsstelle anfallenden Kosten trägt der Bund.

Abschnitt 2 Zivilrechtliche Durchsetzung

§ 13 Haftung des Auftraggebers

§ 14 des Arbeitnehmer-Entsendegesetzes findet entsprechende Anwendung.

Abschnitt 3 Kontrolle und Durchsetzung durch staatliche Behörden

§ 14 Zuständigkeit

Für die Prüfung der Einhaltung der Pflichten eines Arbeitgebers nach § 20 sind die Behörden der Zollverwaltung zuständig.

§ 15 Befugnisse der Behörden der Zollverwaltung und anderer Behörden; Mitwirkungspflichten des Arbeitgebers

[1]Die §§ 2 bis 6, 14, 15, 20, 22 und 23 des Schwarzarbeitsbekämpfungsgesetzes sind entsprechend anzuwenden mit der Maßgabe, dass

1. die dort genannten Behörden auch Einsicht in Arbeitsverträge, Niederschriften nach § 2 des Nachweisgesetzes und andere Geschäftsunterlagen nehmen können, die mittelbar oder unmittelbar Auskunft über die Einhaltung des Mindestlohns nach § 20 geben, und
2. die nach § 5 Absatz 1 des Schwarzarbeitsbekämpfungsgesetzes zur Mitwirkung Verpflichteten diese Unterlagen vorzulegen haben.

[2]§ 6 Absatz 3 sowie die §§ 16 bis 19 des Schwarzarbeitsbekämpfungsgesetzes finden entsprechende Anwendung.

§ 16 Meldepflicht

(1) [1]Ein Arbeitgeber mit Sitz im Ausland, der eine Arbeitnehmerin oder einen Arbeitnehmer oder mehrere Arbeitnehmerinnen oder Arbeitnehmer in den in § 2 a des Schwarzarbeitsbekämpfungsgesetzes genannten Wirtschaftsbereichen oder Wirtschaftszweigen im Anwendungsbereich dieses Gesetzes beschäftigt, ist verpflichtet, vor Beginn jeder Werk- oder Dienstleistung eine schriftliche Anmeldung in deut-

scher Sprache bei der zuständigen Behörde der Zollverwaltung nach Absatz 6 vorzulegen, die die für die Prüfung wesentlichen Angaben enthält. [2]Wesentlich sind die Angaben über

1. den Familiennamen, den Vornamen und das Geburtsdatum der von ihm im Geltungsbereich dieses Gesetzes beschäftigten Arbeitnehmerinnen und Arbeitnehmer,
2. den Beginn und die voraussichtliche Dauer der Beschäftigung,
3. den Ort der Beschäftigung,
4. den Ort im Inland, an dem die nach § 17 erforderlichen Unterlagen bereitgehalten werden,
5. den Familiennamen, den Vornamen, das Geburtsdatum und die Anschrift in Deutschland der oder des verantwortlich Handelnden und
6. den Familiennamen, den Vornamen und die Anschrift in Deutschland einer oder eines Zustellungsbevollmächtigten, soweit diese oder dieser nicht mit der oder dem in Nummer 5 genannten verantwortlich Handelnden identisch ist.

[3]Änderungen bezüglich dieser Angaben hat der Arbeitgeber im Sinne des Satzes 1 unverzüglich zu melden.

(2) Der Arbeitgeber hat der Anmeldung eine Versicherung beizufügen, dass er die Verpflichtungen nach § 20 einhält.

(3) [1]Überlässt ein Verleiher mit Sitz im Ausland eine Arbeitnehmerin oder einen Arbeitnehmer oder mehrere Arbeitnehmerinnen oder Arbeitnehmer zur Arbeitsleistung einem Entleiher, hat der Entleiher in den in § 2 a des Schwarzarbeitsbekämpfungsgesetzes genannten Wirtschaftsbereichen oder Wirtschaftszweigen unter den Voraussetzungen des Absatzes 1 Satz 1 vor Beginn jeder Werk- oder Dienstleistung der zuständigen Behörde der Zollverwaltung eine schriftliche Anmeldung in deutscher Sprache mit folgenden Angaben zuzuleiten:

1. den Familiennamen, den Vornamen und das Geburtsdatum der überlassenen Arbeitnehmerinnen und Arbeitnehmer,
2. den Beginn und die Dauer der Überlassung,
3. den Ort der Beschäftigung,
4. den Ort im Inland, an dem die nach § 17 erforderlichen Unterlagen bereitgehalten werden,
5. den Familiennamen, den Vornamen und die Anschrift in Deutschland einer oder eines Zustellungsbevollmächtigten des Verleihers,
6. den Familiennamen, den Vornamen oder die Firma sowie die Anschrift des Verleihers.

[2]Absatz 1 Satz 3 gilt entsprechend.

(4) Der Entleiher hat der Anmeldung eine Versicherung des Verleihers beizufügen, dass dieser die Verpflichtungen nach § 20 einhält.

(5) Das Bundesministerium der Finanzen kann durch Rechtsverordnung im Einvernehmen mit dem Bundesministerium für Arbeit und Soziales ohne Zustimmung des Bundesrates bestimmen,

1. dass, auf welche Weise und unter welchen technischen und organisatorischen Voraussetzungen eine Anmeldung, eine Änderungsmeldung und die Versicherung abweichend von Absatz 1 Satz 1 und 3, Absatz 2 und 3 Satz 1 und 2 und Absatz 4 elektronisch übermittelt werden kann,
2. unter welchen Voraussetzungen eine Änderungsmeldung ausnahmsweise entfallen kann, und
3. wie das Meldeverfahren vereinfacht oder abgewandelt werden kann, sofern die entsandten Arbeitnehmerinnen und Arbeitnehmer im Rahmen einer regelmäßig wiederkehrenden Werk- oder Dienstleistung eingesetzt werden oder sonstige Besonderheiten der zu erbringenden Werk- oder Dienstleistungen dies erfordern.

(6) Das Bundesministerium der Finanzen kann durch Rechtsverordnung ohne Zustimmung des Bundesrates die zuständige Behörde nach Absatz 1 Satz 1 und Absatz 3 Satz 1 bestimmen.

§ 17 Erstellen und Bereithalten von Dokumenten

(1) [1]Ein Arbeitgeber, der Arbeitnehmerinnen und Arbeitnehmer nach § 8 Absatz 1 des Vierten Buches Sozialgesetzbuch oder in den in § 2 a des Schwarzarbeitsbekämpfungsgesetzes genannten Wirtschaftsbereichen oder Wirtschaftszweigen beschäftigt, ist verpflichtet, Beginn, Ende und Dauer der täglichen Arbeitszeit dieser Arbeitnehmerinnen und Arbeitnehmer spätestens bis zum Ablauf des siebten auf den Tag der Arbeitsleistung folgenden Kalendertages aufzuzeichnen und diese Aufzeichnungen mindestens zwei Jahre beginnend ab dem für die Aufzeichnung maßgeblichen Zeitpunkt aufzubewahren. [2]Satz 1 gilt entsprechend für einen Entleiher, dem ein Verleiher eine Arbeitnehmerin oder einen Arbeitnehmer oder mehrere Arbeitnehmerinnen oder Arbeitnehmer zur Arbeitsleistung in einem der in § 2 a des Schwarzarbeitsbekämpfungsgesetzes genannten Wirtschaftszweige überlässt. [3]Satz 1 gilt nicht für Beschäftigungsverhältnisse nach § 8 a des Vierten Buches Sozialgesetzbuch.

(2) [1]Arbeitgeber im Sinne des Absatzes 1 haben die für die Kontrolle der Einhaltung der Verpflichtungen nach § 20 in Verbindung mit § 2 erforderlichen Unterlagen im Inland in deutscher Sprache für die gesamte Dauer der tatsächlichen Beschäftigung der Arbeitnehmerinnen und Arbeitnehmer im Geltungsbereich dieses Gesetzes, mindestens für die Dauer der gesamten Werk- oder Dienstleistung, insgesamt jedoch nicht länger als zwei Jahre, bereitzuhalten. [2]Auf Verlangen der Prüfbehörde sind die Unterlagen auch am Ort der Beschäftigung bereitzuhalten.

(3) Das Bundesministerium für Arbeit und Soziales kann durch Rechtsverordnung ohne Zustimmung des Bundesrates die Verpflichtungen des Arbeitgebers oder eines Entleihers nach § 16 und den Absätzen 1 und 2 hinsichtlich bestimmter Gruppen von Arbeitnehmerinnen und Arbeitnehmern oder der Wirtschaftsbereiche oder den Wirtschaftszweigen einschränken oder erweitern.

(4) Das Bundesministerium der Finanzen kann durch Rechtsverordnung im Einvernehmen mit dem Bundesministerium für Arbeit und Soziales ohne Zustimmung des Bundesrates bestimmen, wie die Verpflichtung des Arbeitgebers, die tägliche Arbeitszeit bei ihm beschäftigter Arbeitnehmerinnen und Arbeitnehmer aufzuzeichnen und diese Aufzeichnungen aufzubewahren, vereinfacht oder abgewandelt werden kann, sofern Besonderheiten der zu erbringenden Werk- oder Dienstleistungen oder Besonderheiten des jeweiligen Wirtschaftsbereiches oder Wirtschaftszweiges dies erfordern.

§ 18 Zusammenarbeit der in- und ausländischen Behörden

(1) Die Behörden der Zollverwaltung unterrichten die zuständigen örtlichen Landesfinanzbehörden über Meldungen nach § 16 Absatz 1 und 3.
(2) [1]Die Behörden der Zollverwaltung und die übrigen in § 2 des Schwarzarbeitsbekämpfungsgesetzes genannten Behörden dürfen nach Maßgabe der datenschutzrechtlichen Vorschriften auch mit Behörden anderer Vertragsstaaten des Abkommens über den Europäischen Wirtschaftsraum zusammenarbeiten, die diesem Gesetz entsprechende Aufgaben durchführen oder für die Bekämpfung illegaler Beschäftigung zuständig sind oder Auskünfte geben können, ob ein Arbeitgeber seine Verpflichtungen nach § 20 erfüllt. [2]Die Regelungen über die internationale Rechtshilfe in Strafsachen bleiben hiervon unberührt.
(3) Die Behörden der Zollverwaltung unterrichten das Gewerbezentralregister über rechtskräftige Bußgeldentscheidungen nach § 21 Absatz 1 bis 3, sofern die Geldbuße mehr als zweihundert Euro beträgt.

§ 19 Ausschluss von der Vergabe öffentlicher Aufträge

(1) Von der Teilnahme an einem Wettbewerb um einen Liefer-, Bau- oder Dienstleistungsauftrag der in § 98 des Gesetzes gegen Wettbewerbsbeschränkungen genannten Auftraggeber sollen Bewerberinnen oder Bewerber für eine angemessene Zeit bis zur nachgewiesenen Wiederherstellung ihrer Zuverlässigkeit ausgeschlossen werden, die wegen eines Verstoßes nach § 21 mit einer Geldbuße von wenigstens zweitausendfünfhundert Euro belegt worden sind.
(2) Die für die Verfolgung oder Ahndung der Ordnungswidrigkeiten nach § 21 zuständigen Behörden dürfen öffentlichen Auftraggebern nach § 98 Nummer 1 bis 3 und 5 des Gesetzes gegen Wettbewerbsbeschränkungen und solchen Stellen, die von öffentlichen Auftraggebern zugelassene Präqualifikationsverzeichnisse oder Unternehmer- und Lieferantenverzeichnisse führen, auf Verlangen die erforderlichen Auskünfte geben.
(3) [1]Öffentliche Auftraggeber nach Absatz 2 fordern im Rahmen ihrer Tätigkeit beim Gewerbezentralregister Auskünfte über rechtskräftige Bußgeldentscheidungen wegen einer Ordnungswidrigkeit nach § 21 Absatz 1 oder Absatz 2 an oder verlangen von Bewerberinnen oder Bewerbern eine Erklärung, dass die Voraussetzungen für einen Ausschluss nach Absatz 1 nicht vorliegen. [2]Im Falle einer Erklärung der Bewerberin oder des Bewerbers können öffentliche Auftraggeber nach Absatz 2 je-

derzeit zusätzlich Auskünfte des Gewerbezentralregisters nach § 150 a der Gewerbeordnung anfordern.
(4) Bei Aufträgen ab einer Höhe von 30 000 Euro fordert der öffentliche Auftraggeber nach Absatz 2 für die Bewerberin oder den Bewerber, die oder der den Zuschlag erhalten soll, vor der Zuschlagserteilung eine Auskunft aus dem Gewerbezentralregister nach § 150 a der Gewerbeordnung an.
(5) Vor der Entscheidung über den Ausschluss ist die Bewerberin oder der Bewerber zu hören.

§ 20 Pflichten des Arbeitgebers zur Zahlung des Mindestlohns

Arbeitgeber mit Sitz im In- oder Ausland sind verpflichtet, ihren im Inland beschäftigten Arbeitnehmerinnen und Arbeitnehmern ein Arbeitsentgelt mindestens in Höhe des Mindestlohns nach § 1 Absatz 2 spätestens zu dem in § 2 Absatz 1 Satz 1 Nummer 2 genannten Zeitpunkt zu zahlen.

§ 21 Bußgeldvorschriften

(1) Ordnungswidrig handelt, wer vorsätzlich oder fahrlässig

1. entgegen § 15 Satz 1 in Verbindung mit § 5 Absatz 1 Satz 1 des Schwarzarbeitsbekämpfungsgesetzes eine Prüfung nicht duldet oder bei einer Prüfung nicht mitwirkt,
2. entgegen § 15 Satz 1 in Verbindung mit § 5 Absatz 1 Satz 2 des Schwarzarbeitsbekämpfungsgesetzes das Betreten eines Grundstücks oder Geschäftsraums nicht duldet,
3. entgegen § 15 Satz 1 in Verbindung mit § 5 Absatz 3 Satz 1 des Schwarzarbeitsbekämpfungsgesetzes Daten nicht, nicht richtig, nicht vollständig, nicht in der vorgeschriebenen Weise oder nicht rechtzeitig übermittelt,
4. entgegen § 16 Absatz 1 Satz 1 oder Absatz 3 Satz 1 eine Anmeldung nicht, nicht richtig, nicht vollständig, nicht in der vorgeschriebenen Weise oder nicht rechtzeitig vorlegt oder nicht, nicht richtig, nicht vollständig, nicht in der vorgeschriebenen Weise oder nicht rechtzeitig zuleitet,
5. entgegen § 16 Absatz 1 Satz 3, auch in Verbindung mit Absatz 3 Satz 2, eine Änderungsmeldung nicht, nicht richtig, nicht vollständig, nicht in der vorgeschriebenen Weise oder nicht rechtzeitig macht,
6. entgegen § 16 Absatz 2 oder 4 eine Versicherung nicht, nicht richtig oder nicht rechtzeitig beifügt,
7. entgegen § 17 Absatz 1 Satz 1, auch in Verbindung mit Satz 2, eine Aufzeichnung nicht, nicht richtig, nicht vollständig oder nicht rechtzeitig erstellt oder nicht oder nicht mindestens zwei Jahre aufbewahrt,
8. entgegen § 17 Absatz 2 eine Unterlage nicht, nicht richtig, nicht vollständig oder nicht in der vorgeschriebenen Weise bereithält oder
9. entgegen § 20 das dort genannte Arbeitsentgelt nicht oder nicht rechtzeitig zahlt.

(2) Ordnungswidrig handelt, wer Werk- oder Dienstleistungen in erheblichem Umfang ausführen lässt, indem er als Unternehmer einen anderen Unternehmer beauftragt, von dem er weiß oder fahrlässig nicht weiß, dass dieser bei der Erfüllung dieses Auftrags

1. entgegen § 20 das dort genannte Arbeitsentgelt nicht oder nicht rechtzeitig zahlt oder
2. einen Nachunternehmer einsetzt oder zulässt, dass ein Nachunternehmer tätig wird, der entgegen § 20 das dort genannte Arbeitsentgelt nicht oder nicht rechtzeitig zahlt.

(3) Die Ordnungswidrigkeit kann in den Fällen des Absatzes 1 Nummer 9 und des Absatzes 2 mit einer Geldbuße bis zu fünfhunderttausend Euro, in den übrigen Fällen mit einer Geldbuße bis zu dreißigtausend Euro geahndet werden.

(4) Verwaltungsbehörden im Sinne des § 36 Absatz 1 Nummer 1 des Gesetzes über Ordnungswidrigkeiten sind die in § 14 genannten Behörden jeweils für ihren Geschäftsbereich.

(5) Für die Vollstreckung zugunsten der Behörden des Bundes und der bundesunmittelbaren juristischen Personen des öffentlichen Rechts sowie für die Vollziehung des dinglichen Arrestes nach § 111 d der Strafprozessordnung in Verbindung mit § 46 des Gesetzes über Ordnungswidrigkeiten durch die in § 14 genannten Behörden gilt das Verwaltungs-Vollstreckungsgesetz des Bundes.

Abschnitt 4 Schlussvorschriften

§ 22 Persönlicher Anwendungsbereich

(1) [1]Dieses Gesetz gilt für Arbeitnehmerinnen und Arbeitnehmer. [2]Praktikantinnen und Praktikanten im Sinne des § 26 des Berufsbildungsgesetzes gelten als Arbeitnehmerinnen und Arbeitnehmer im Sinne dieses Gesetzes, es sei denn, dass sie

1. ein Praktikum verpflichtend auf Grund einer schulrechtlichen Bestimmung, einer Ausbildungsordnung, einer hochschulrechtlichen Bestimmung oder im Rahmen einer Ausbildung an einer gesetzlich geregelten Berufsakademie leisten,
2. ein Praktikum von bis zu drei Monaten zur Orientierung für eine Berufsausbildung oder für die Aufnahme eines Studiums leisten,
3. ein Praktikum von bis zu drei Monaten begleitend zu einer Berufs- oder Hochschulausbildung leisten, wenn nicht zuvor ein solches Praktikumsverhältnis mit demselben Ausbildenden bestanden hat, oder
4. an einer Einstiegsqualifizierung nach § 54 a des Dritten Buches Sozialgesetzbuch oder an einer Berufsausbildungsvorbereitung nach §§ 68 bis 70 des Berufsbildungsgesetzes teilnehmen.

[3]Praktikantin oder Praktikant ist unabhängig von der Bezeichnung des Rechtsverhältnisses, wer sich nach der tatsächlichen Ausgestaltung und Durchführung des Vertragsverhältnisses für eine begrenzte Dauer zum Erwerb praktischer Kenntnisse und Erfahrungen einer bestimmten betrieblichen Tätigkeit zur Vorbereitung auf eine

berufliche Tätigkeit unterzieht, ohne dass es sich dabei um eine Berufsausbildung im Sinne des Berufsbildungsgesetzes oder um eine damit vergleichbare praktische Ausbildung handelt.

(2) Personen im Sinne von § 2 Absatz 1 und 2 des Jugendarbeitsschutzgesetzes ohne abgeschlossene Berufsausbildung gelten nicht als Arbeitnehmerinnen und Arbeitnehmer im Sinne dieses Gesetzes.

(3) Von diesem Gesetz nicht geregelt wird die Vergütung von zu ihrer Berufsausbildung Beschäftigten sowie ehrenamtlich Tätigen.

(4) [1]Für Arbeitsverhältnisse von Arbeitnehmerinnen und Arbeitnehmern, die unmittelbar vor Beginn der Beschäftigung langzeitarbeitslos im Sinne des § 18 Absatz 1 des Dritten Buches Sozialgesetzbuch waren, gilt der Mindestlohn in den ersten sechs Monaten der Beschäftigung nicht. [2]Die Bundesregierung hat den gesetzgebenden Körperschaften zum 1. Juni 2016 darüber zu berichten, inwieweit die Regelung nach Satz 1 die Wiedereingliederung von Langzeitarbeitslosen in den Arbeitsmarkt gefördert hat, und eine Einschätzung darüber abzugeben, ob diese Regelung fortbestehen soll.

§ 23 Evaluation

Dieses Gesetz ist im Jahr 2020 zu evaluieren.

§ 24 Übergangsregelung[509]

(1) [1]Bis zum 31. Dezember 2017 gehen abweichende Regelungen eines Tarifvertrages repräsentativer Tarifvertragsparteien dem Mindestlohn vor, wenn sie für alle unter den Geltungsbereich des Tarifvertrages fallenden Arbeitgeber mit Sitz im In- oder Ausland sowie deren Arbeitnehmerinnen und Arbeitnehmer verbindlich gemacht worden sind; ab dem 1. Januar 2017 müssen abweichende Regelungen in diesem Sinne mindestens ein Entgelt von brutto 8,50 Euro je Zeitstunde vorsehen. [2]Satz 1 gilt entsprechend für Rechtsverordnungen, die auf der Grundlage von § 11 des Arbeitnehmer-Entsendegesetzes sowie § 3 a des Arbeitnehmerüberlassungsgesetzes erlassen worden sind.

(2) [1]Zeitungszustellerinnen und Zeitungszusteller haben ab dem 1. Januar 2015 einen Anspruch auf 75 Prozent und ab dem 1. Januar 2016 auf 85 Prozent des Mindestlohns nach § 1 Absatz 2 Satz 1. [2]Vom 1. Januar 2017 bis zum 31. Dezember 2017 beträgt der Mindestlohn für Zeitungszustellerinnen und Zeitungszusteller brutto 8,50 Euro je Zeitstunde. [3]Zeitungszustellerinnen und Zeitungszusteller im Sinne der Sätze 1 und 2 sind Personen, die in einem Arbeitsverhältnis ausschließlich periodische Zeitungen oder Zeitschriften an Endkunden zustellen; dies umfasst auch Zustellerinnen und Zusteller von Anzeigenblättern mit redaktionellem Inhalt.

509 § 24 tritt gem. Art. 15 Abs. 2 G v. 11.8.2014 (BGBl. I S. 1348) mit Ablauf des 31.12.2017 außer Kraft.

Arbeitsgerichtsgesetz

In der Fassung der Bekanntmachung vom 2. Juli 1979[510]
(BGBl. I S. 853, ber. S. 1036)
(FNA 320-1)
zuletzt geändert durch Art. 2 TarifautonomiestärkungsG vom 11. August 2014
(BGBl. I S. 1348)
– Auszug –

§ 2 a Zuständigkeit im Beschlußverfahren

(1) Die Gerichte für Arbeitssachen sind ferner ausschließlich zuständig für

1. Angelegenheiten aus dem Betriebsverfassungsgesetz, soweit nicht für Maßnahmen nach seinen §§ 119 bis 121 die Zuständigkeit eines anderen Gerichts gegeben ist;
2. Angelegenheiten aus dem Sprecherausschußgesetz, soweit nicht für Maßnahmen nach seinen §§ 34 bis 36 die Zuständigkeit eines anderen Gerichts gegeben ist;
3. Angelegenheiten aus dem Mitbestimmungsgesetz, dem Mitbestimmungsergänzungsgesetz und dem Drittelbeteiligungsgesetz, soweit über die Wahl von Vertretern der Arbeitnehmer in den Aufsichtsrat und über ihre Abberufung mit Ausnahme der Abberufung nach § 103 Abs. 3 des Aktiengesetzes zu entscheiden ist;

3a. Angelegenheiten aus den §§ 94, 95, 139 des Neunten Buches Sozialgesetzbuch;

3b. Angelegenheiten aus dem Gesetz über Europäische Betriebsräte, soweit nicht für Maßnahmen nach seinen §§ 43 bis 45 die Zuständigkeit eines anderen Gerichts gegeben ist;

3c. Angelegenheiten aus § 51 des Berufsbildungsgesetzes;

3d. Angelegenheiten aus § 10 des Bundesfreiwilligendienstgesetzes;

3e. Angelegenheiten aus dem SE-Beteiligungsgesetz vom 22. Dezember 2004 (BGBl. I S. 3675, 3686) mit Ausnahme der §§ 45 und 46 und nach den §§ 34 bis 39 nur insoweit, als über die Wahl von Vertretern der Arbeitnehmer in das Aufsichts- oder Verwaltungsorgan sowie deren Abberufung mit Ausnahme der Abberufung nach § 103 Abs. 3 des Aktiengesetzes zu entscheiden ist;

3f. Angelegenheiten aus dem SCE-Beteiligungsgesetz vom 14. August 2006 (BGBl. I S. 1911, 1917) mit Ausnahme der §§ 47 und 48 und nach den §§ 34 bis 39 nur insoweit, als über die Wahl von Vertretern der Arbeitnehmer in das Aufsichts- oder Verwaltungsorgan sowie deren Abberufung zu entscheiden ist;

3g. Angelegenheiten aus dem Gesetz über die Mitbestimmung der Arbeitnehmer bei einer grenzüberschreitenden Verschmelzung vom 21. Dezember 2006 (BGBl. I S. 3332) mit Ausnahme der §§ 34 und 35 und nach den §§ 23 bis 28 nur insoweit, als über die Wahl von Vertretern der Arbeitnehmer in das Aufsichts- oder

510 Neubekanntmachung des ArbGG v. 3.9.1953 (BGBl. I S. 1267) in der ab 1.7.1979 geltenden Fassung.

Verwaltungsorgan sowie deren Abberufung mit Ausnahme der Abberufung nach § 103 Abs. 3 des Aktiengesetzes zu entscheiden ist;

4. die Entscheidung über die Tariffähigkeit und die Tarifzuständigkeit einer Vereinigung;
5. die Entscheidung über die Wirksamkeit einer Allgemeinverbindlicherklärung nach § 5 des Tarifvertragsgesetzes, einer Rechtsverordnung nach § 7 oder § 7 a des Arbeitnehmer-Entsendegesetzes und einer Rechtsverordnung nach § 3 a des Arbeitnehmerüberlassungsgesetzes.

(2) In Streitigkeiten nach diesen Vorschriften findet das Beschlußverfahren statt.

§ 98 Entscheidung über die Wirksamkeit einer Allgemeinverbindlicherklärung oder einer Rechtsverordnung

(1) In den Fällen des § 2 a Absatz 1 Nummer 5 wird das Verfahren eingeleitet auf Antrag

1. jeder natürlichen oder juristischen Person oder
2. einer Gewerkschaft oder einer Vereinigung von Arbeitgebern,

die nach Bekanntmachung der Allgemeinverbindlicherklärung oder der Rechtsverordnung geltend macht, durch die Allgemeinverbindlicherklärung oder die Rechtsverordnung oder deren Anwendung in ihren Rechten verletzt zu sein oder in absehbarer Zeit verletzt zu werden.

(2) Für Verfahren nach § 2 a Absatz 1 Nummer 5 ist das Landesarbeitsgericht zuständig, in dessen Bezirk die Behörde ihren Sitz hat, die den Tarifvertrag für allgemeinverbindlich erklärt hat oder die Rechtsverordnung erlassen hat.

(3) [1]Für das Verfahren sind § 80 Absatz 1, 2 Satz 1 und Absatz 3, §§ 81, 83 Absatz 1 und 2 bis 4, §§ 83 a, 84 Satz 1 und 2, § 90 Absatz 3, § 91 Absatz 2 und §§ 92 bis 96 entsprechend anzuwenden. [2]Für die Vertretung der Beteiligten gilt § 11 Absatz 4 und 5 entsprechend. [3]In dem Verfahren ist die Behörde, die den Tarifvertrag für allgemeinverbindlich erklärt hat oder die Rechtsverordnung erlassen hat, Beteiligte.

(4) [1]Der rechtskräftige Beschluss über die Wirksamkeit einer Allgemeinverbindlicherklärung oder einer Rechtsverordnung wirkt für und gegen jedermann. [2]Rechtskräftige Beschlüsse von Gerichten für Arbeitssachen im Verfahren nach § 2 a Absatz 1 Nummer 5 sind alsbald der obersten Arbeitsbehörde des Bundes in vollständiger Form abschriftlich zu übersenden oder elektronisch zu übermitteln. [3]Soweit eine Allgemeinverbindlicherklärung oder eine Rechtsverordnung rechtskräftig als wirksam oder unwirksam festgestellt wird, ist die Entscheidungsformel durch die oberste Arbeitsbehörde des Bundes im Bundesanzeiger bekannt zu machen.

(5) [1]In den Fällen des § 2 a Absatz 1 Nummer 5 findet eine Wiederaufnahme des Verfahrens auch dann statt, wenn die Entscheidung über die Wirksamkeit einer Allgemeinverbindlicherklärung oder einer Rechtsverordnung darauf beruht, dass ein Beteiligter absichtlich unrichtige Angaben oder Aussagen gemacht hat. [2]§ 581 der Zivilprozessordnung findet keine Anwendung.

(6) [1]Hängt die Entscheidung eines Rechtsstreits davon ab, ob eine Allgemeinverbindlicherklärung oder eine Rechtsverordnung wirksam ist, so hat das Gericht das Verfahren bis zur Erledigung des Beschlussverfahrens nach § 2 a Absatz 1 Nummer 5 auszusetzen. [2]Im Falle des Satzes 1 sind die Parteien des Rechtsstreits auch im Beschlussverfahren nach § 2 a Absatz 1 Nummer 5 antragsberechtigt.

Gesetz über den Nachweis der für ein Arbeitsverhältnis geltenden wesentlichen Bedingungen (Nachweisgesetz – NachwG)[511]

Vom 20. Juli 1995 (BGBl. I S. 946)
(FNA 800-25)
zuletzt geändert durch Art. 3 a Tarifautonomiestärkungsgesetz vom 11. August 2014 (BGBl. I S. 1348)
– Auszug –

§ 1 Anwendungsbereich

[1]Dieses Gesetz gilt für alle Arbeitnehmer, es sei denn, daß sie nur zur vorübergehenden Aushilfe von höchstens einem Monat eingestellt werden. [2]Praktikanten, die gemäß § 22 Absatz 1 des Mindestlohngesetzes als Arbeitnehmer gelten, sind Arbeitnehmer im Sinne dieses Gesetzes.

§ 2 Nachweispflicht

(1) [1]Der Arbeitgeber hat spätestens einen Monat nach dem vereinbarten Beginn des Arbeitsverhältnisses die wesentlichen Vertragsbedingungen schriftlich niederzulegen, die Niederschrift zu unterzeichnen und dem Arbeitnehmer auszuhändigen. [2]In die Niederschrift sind mindestens aufzunehmen:

1. der Name und die Anschrift der Vertragsparteien,
2. der Zeitpunkt des Beginns des Arbeitsverhältnisses,
3. bei befristeten Arbeitsverhältnissen: die vorhersehbare Dauer des Arbeitsverhältnisses,
4. der Arbeitsort oder, falls der Arbeitnehmer nicht nur an einem bestimmten Arbeitsort tätig sein soll, ein Hinweis darauf, daß der Arbeitnehmer an verschiedenen Orten beschäftigt werden kann,
5. eine kurze Charakterisierung oder Beschreibung der vom Arbeitnehmer zu leistenden Tätigkeit,
6. die Zusammensetzung und die Höhe des Arbeitsentgelts einschließlich der Zuschläge, der Zulagen, Prämien und Sonderzahlungen sowie anderer Bestandteile des Arbeitsentgelts und deren Fälligkeit,
7. die vereinbarte Arbeitszeit,
8. die Dauer des jährlichen Erholungsurlaubs,
9. die Fristen für die Kündigung des Arbeitsverhältnisses,
10. ein in allgemeiner Form gehaltener Hinweis auf die Tarifverträge, Betriebs- oder Dienstvereinbarungen, die auf das Arbeitsverhältnis anzuwenden sind.

---

511 Verkündet als Art. 1 des Gesetzes zur Anpassung arbeitsrechtlicher Bestimmungen an das EG-Recht vom 20.7.1995 (BGBl. I S. 946); Inkrafttreten gem. Art. 6 dieses G am 28.7.1995.

[3]Der Nachweis der wesentlichen Vertragsbedingungen in elektronischer Form ist ausgeschlossen.

(1 a) [1]Wer einen Praktikanten einstellt, hat unverzüglich nach Abschluss des Praktikumsvertrages, spätestens vor Aufnahme der Praktikantentätigkeit, die wesentlichen Vertragsbedingungen schriftlich niederzulegen, die Niederschrift zu unterzeichnen und dem Praktikanten auszuhändigen. [2]In die Niederschrift sind mindestens aufzunehmen:

1. der Name und die Anschrift der Vertragsparteien,
2. die mit dem Praktikum verfolgten Lern- und Ausbildungsziele,
3. Beginn und Dauer des Praktikums,
4. Dauer der regelmäßigen täglichen Praktikumszeit,
5. Zahlung und Höhe der Vergütung,
6. Dauer des Urlaubs,
7. ein in allgemeiner Form gehaltener Hinweis auf die Tarifverträge, Betriebs- oder Dienstvereinbarungen, die auf das Praktikumsverhältnis anzuwenden sind.

[3]Absatz 1 Satz 3 gilt entsprechend.

(2) Hat der Arbeitnehmer seine Arbeitsleistung länger als einen Monat außerhalb der Bundesrepublik Deutschland zu erbringen, so muß die Niederschrift dem Arbeitnehmer vor seiner Abreise ausgehändigt werden und folgende zusätzliche Angaben enthalten:

1. die Dauer der im Ausland auszuübenden Tätigkeit,
2. die Währung, in der das Arbeitsentgelt ausgezahlt wird,
3. ein zusätzliches mit dem Auslandsaufenthalt verbundenes Arbeitsentgelt und damit verbundene zusätzliche Sachleistungen,
4. die vereinbarten Bedingungen für die Rückkehr des Arbeitnehmers.

(3) [1]Die Angaben nach Absatz 1 Satz 2 Nr. 6 bis 9 und Absatz 2 Nr. 2 und 3 können ersetzt werden durch einen Hinweis auf die einschlägigen Tarifverträge, Betriebs- oder Dienstvereinbarungen und ähnlichen Regelungen, die für das Arbeitsverhältnis gelten. [2]Ist in den Fällen des Absatzes 1 Satz 2 Nr. 8 und 9 die jeweilige gesetzliche Regelung maßgebend, so kann hierauf verwiesen werden.

(4) Wenn dem Arbeitnehmer ein schriftlicher Arbeitsvertrag ausgehändigt worden ist, entfällt die Verpflichtung nach den Absätzen 1 und 2, soweit der Vertrag die in den Absätzen 1 bis 3 geforderten Angaben enthält.

Tarifvertragsgesetz (TVG)

In der Fassung der Bekanntmachung vom 25. August 1969[512] (BGBl. I S. 1323)
(FNA 802-1)
zuletzt geändert durch Art. 5 Tarifautonomiestärkungsgesetz vom 11. August 2014
(BGBl. I S. 1348)
– Auszug –

§ 5 Allgemeinverbindlichkeit

(1) [1]Das Bundesministerium für Arbeit und Soziales kann einen Tarifvertrag im Einvernehmen mit einem aus je drei Vertretern der Spitzenorganisationen der Arbeitgeber und der Arbeitnehmer bestehenden Ausschuss (Tarifausschuss) auf gemeinsamen Antrag der Tarifvertragsparteien für allgemeinverbindlich erklären, wenn die Allgemeinverbindlicherklärung im öffentlichen Interesse geboten erscheint. [2]Die Allgemeinverbindlicherklärung erscheint in der Regel im öffentlichen Interesse geboten, wenn

1. der Tarifvertrag in seinem Geltungsbereich für die Gestaltung der Arbeitsbedingungen überwiegende Bedeutung erlangt hat oder
2. die Absicherung der Wirksamkeit der tarifvertraglichen Normsetzung gegen die Folgen wirtschaftlicher Fehlentwicklung eine Allgemeinverbindlicherklärung verlangt.

(1 a) [1]Das Bundesministerium für Arbeit und Soziales kann einen Tarifvertrag über eine gemeinsame Einrichtung zur Sicherung ihrer Funktionsfähigkeit im Einvernehmen mit dem Tarifausschuss auf gemeinsamen Antrag der Tarifvertragsparteien für allgemeinverbindlich erklären, wenn der Tarifvertrag die Einziehung von Beiträgen und die Gewährung von Leistungen durch eine gemeinsame Einrichtung mit folgenden Gegenständen regelt:

1. den Erholungsurlaub, ein Urlaubsgeld oder ein zusätzliches Urlaubsgeld,
2. eine betriebliche Altersversorgung im Sinne des Betriebsrentengesetzes,
3. die Vergütung der Auszubildenden oder die Ausbildung in überbetrieblichen Bildungsstätten,
4. eine zusätzliche betriebliche oder überbetriebliche Vermögensbildung der Arbeitnehmer,
5. Lohnausgleich bei Arbeitszeitausfall, Arbeitszeitverkürzung oder Arbeitszeitverlängerung.

[2]Der Tarifvertrag kann alle mit dem Beitragseinzug und der Leistungsgewährung in Zusammenhang stehenden Rechte und Pflichten einschließlich der dem Verfahren zugrunde liegenden Ansprüche der Arbeitnehmer und Pflichten der Arbeitgeber re-

512 Neubekanntmachung des TVG i.d.F. vom 9.4.1949 (WiGBl. S. 55) in der ab 1.9.1969 geltenden Fassung.

geln. [3]§ 7 Absatz 2 des Arbeitnehmer-Entsendegesetzes findet entsprechende Anwendung.

(2) Vor der Entscheidung über den Antrag ist Arbeitgebern und Arbeitnehmern, die von der Allgemeinverbindlicherklärung betroffen werden würden, den am Ausgang des Verfahrens interessierten Gewerkschaften und Vereinigungen der Arbeitgeber sowie den obersten Arbeitsbehörden der Länder, auf deren Bereich sich der Tarifvertrag erstreckt, Gelegenheit zur schriftlichen Stellungnahme sowie zur Äußerung in einer mündlichen und öffentlichen Verhandlung zu geben.

(3) Erhebt die oberste Arbeitsbehörde eines beteiligten Landes Einspruch gegen die beantragte Allgemeinverbindlicherklärung, so kann Das Bundesministerium für Arbeit und Soziales dem Antrag nur mit Zustimmung der Bundesregierung stattgeben.

(4) [1]Mit der Allgemeinverbindlicherklärung erfassen die Rechtsnormen des Tarifvertrages in seinem Geltungsbereich auch die bisher nicht tarifgebundenen Arbeitgeber und Arbeitnehmer. [2]Ein nach Absatz 1 a für allgemeinverbindlich erklärter Tarifvertrag ist vom Arbeitgeber auch dann einzuhalten, wenn er nach § 3 an einen anderen Tarifvertrag gebunden ist.

(5) [1]Das Bundesministerium für Arbeit und Soziales kann die Allgemeinverbindlicherklärung eines Tarifvertrages im Einvernehmen mit dem in Absatz 1 genannten Ausschuß aufheben, wenn die Aufhebung im öffentlichen Interesse geboten erscheint. [2]Die Absätze 2 und 3 gelten entsprechend. [3]Im übrigen endet die Allgemeinverbindlichkeit eines Tarifvertrages mit dessen Ablauf.

(6) Das Bundesministerium für Arbeit und Soziales kann der obersten Arbeitsbehörde eines Landes für einzelne Fälle das Recht zur Allgemeinverbindlicherklärung sowie zur Aufhebung der Allgemeinverbindlichkeit übertragen.

(7) [1]Die Allgemeinverbindlicherklärung wie die Aufhebung der Allgemeinverbindlichkeit bedürfen der öffentlichen Bekanntmachung. [2]Die Bekanntmachung umfasst auch die von der Allgemeinverbindlicherklärung erfassten Rechtsnormen des Tarifvertrages.

Gesetz über zwingende Arbeitsbedingungen für grenzüberschreitend entsandte und für regelmäßig im Inland beschäftigte Arbeitnehmer und Arbeitnehmerinnen (Arbeitnehmer-Entsendegesetz – AEntG)

Vom 20. April 2009 (BGBl. I S. 799)
(FNA 810-20)
zuletzt geändert durch Art. 6 TarifautonomiestärkungsG vom 11. August 2014 (BGBl. I S. 1348)
– Auszug –

§ 7 Rechtsverordnung für die Fälle des § 4 Absatz 1

(1) Auf gemeinsamen Antrag der Parteien eines Tarifvertrages im Sinne von § 4 Absatz 1 sowie §§ 5 und 6 kann das Bundesministerium für Arbeit und Soziales durch Rechtsverordnung ohne Zustimmung des Bundesrates bestimmen, dass die Rechtsnormen dieses Tarifvertrages auf alle unter seinen Geltungsbereich fallenden und nicht an ihn gebundenen Arbeitgeber sowie Arbeitnehmer und Arbeitnehmerinnen Anwendung finden, wenn dies im öffentlichen Interesse geboten erscheint, um die in § 1 genannten Gesetzesziele zu erreichen.

(2) [1]Kommen in einer Branche mehrere Tarifverträge mit zumindest teilweise demselben fachlichen Geltungsbereich zur Anwendung, hat der Verordnungsgeber bei seiner Entscheidung nach Absatz 1 im Rahmen einer Gesamtabwägung ergänzend zu den in § 1 genannten Gesetzeszielen die Repräsentativität der jeweiligen Tarifverträge zu berücksichtigen. [2]Bei der Feststellung der Repräsentativität ist vorrangig abzustellen auf

1. die Zahl der von den jeweils tarifgebundenen Arbeitgebern beschäftigten unter den Geltungsbereich des Tarifvertrages fallenden Arbeitnehmer und Arbeitnehmerinnen,
2. die Zahl der jeweils unter den Geltungsbereich des Tarifvertrages fallenden Mitglieder der Gewerkschaft, die den Tarifvertrag geschlossen hat.

(3) Liegen für mehrere Tarifverträge Anträge auf Allgemeinverbindlicherklärung vor, hat der Verordnungsgeber mit besonderer Sorgfalt die von einer Auswahlentscheidung betroffenen Güter von Verfassungsrang abzuwägen und die widerstreitenden Grundrechtsinteressen zu einem schonenden Ausgleich zu bringen.

(4) Vor Erlass der Rechtsverordnung gibt das Bundesministerium für Arbeit und Soziales den in den Geltungsbereich der Rechtsverordnung fallenden Arbeitgebern sowie Arbeitnehmern und Arbeitnehmerinnen, den Parteien des Tarifvertrages sowie in den Fällen des Absatzes 2 den Parteien anderer Tarifverträge und paritätisch besetzten Kommissionen, die auf der Grundlage kirchlichen Rechts Arbeitsbedingungen für den Bereich kirchlicher Arbeitgeber zumindest teilweise im Geltungsbereich der Rechtsverordnung festlegen, Gelegenheit zur schriftlichen Stellungnahme innerhalb von drei Wochen ab dem Tag der Bekanntmachung des Entwurfs der Rechtsverordnung.

(5) [1]Wird in einer Branche nach § 4 Absatz 1 erstmals ein Antrag nach Absatz 1 gestellt, wird nach Ablauf der Frist nach Absatz 4 der Ausschuss nach § 5 Absatz 1 Satz 1 des Tarifvertragsgesetzes (Tarifausschuss) befasst. [2]Stimmen mindestens vier Ausschussmitglieder für den Antrag oder gibt der Tarifausschuss innerhalb von zwei Monaten keine Stellungnahme ab, kann eine Rechtsverordnung nach Absatz 1 erlassen werden. [3]Stimmen zwei oder drei Ausschussmitglieder für den Antrag, kann eine Rechtsverordnung nur von der Bundesregierung erlassen werden. [4]Die Sätze 1 bis 3 gelten nicht für Tarifverträge nach § 4 Absatz 1 Nummer 1 bis 8.

§ 7 a Rechtsverordnung für die Fälle des § 4 Absatz 2

(1) Auf gemeinsamen Antrag der Parteien eines Tarifvertrages im Sinne von § 4 Absatz 2 sowie §§ 5 und 6 Absatz 1 kann das Bundesministerium für Arbeit und Soziales durch Rechtsverordnung ohne Zustimmung des Bundesrates bestimmen, dass die Rechtsnormen dieses Tarifvertrages auf alle unter seinen Geltungsbereich fallenden und nicht an ihn gebundenen Arbeitgeber sowie Arbeitnehmer und Arbeitnehmerinnen Anwendung finden, wenn dies im öffentlichen Interesse geboten erscheint, um die in § 1 genannten Gesetzesziele zu erreichen und dabei insbesondere einem Verdrängungswettbewerb über die Lohnkosten entgegenzuwirken.
(2) § 7 Absatz 2 und 3 findet entsprechende Anwendung.
(3) [1]Vor Erlass der Rechtsverordnung gibt das Bundesministerium für Arbeit und Soziales den in den Geltungsbereich der Rechtsverordnung fallenden und den möglicherweise von ihr betroffenen Arbeitgebern sowie Arbeitnehmern und Arbeitnehmerinnen, den Parteien des Tarifvertrages sowie allen am Ausgang des Verfahrens interessierten Gewerkschaften, Vereinigungen der Arbeitgeber und paritätisch besetzten Kommissionen, die auf der Grundlage kirchlichen Rechts Arbeitsbedingungen für den Bereich kirchlicher Arbeitgeber festlegen, Gelegenheit zur schriftlichen Stellungnahme innerhalb von drei Wochen ab dem Tag der Bekanntmachung des Entwurfs der Rechtsverordnung. [2]Die Gelegenheit zur Stellungnahme umfasst insbesondere auch die Frage, inwieweit eine Erstreckung der Rechtsnormen des Tarifvertrages geeignet ist, die in § 1 genannten Gesetzesziele zu erfüllen und dabei insbesondere einem Verdrängungswettbewerb über die Lohnkosten entgegenzuwirken.
(4) [1]Wird ein Antrag nach Absatz 1 gestellt, wird nach Ablauf der Frist nach Absatz 3 der Ausschuss nach § 5 Absatz 1 Satz 1 des Tarifvertragsgesetzes (Tarifausschuss) befasst. [2]Stimmen mindestens vier Ausschussmitglieder für den Antrag oder gibt der Tarifausschuss innerhalb von zwei Monaten keine Stellungnahme ab, kann eine Rechtsverordnung nach Absatz 1 erlassen werden. [3]Stimmen zwei oder drei Ausschussmitglieder für den Antrag, kann eine Rechtsverordnung nur von der Bundesregierung erlassen werden.

§ 24 a Übergangsregelung

In der Zeit vom 1. Januar 2015 bis zum 31. Dezember 2017 gilt § 1 mit der Maßgabe, dass eine Unterschreitung des nach dem Mindestlohngesetz vorgeschriebenen Mindestlohns mit den Zielen des § 1 vereinbar ist, wenn diese Unterschreitung erforderlich ist, um in der betreffenden Branche eine schrittweise Heranführung des

Lohnniveaus an die Vorgaben des Mindestlohngesetzes zu bewirken und dabei faire und funktionierende Wettbewerbsbedingungen und den Erhalt sozialversicherungspflichtiger Beschäftigung zu berücksichtigen.

Viertes Buch Sozialgesetzbuch
– Gemeinsame Vorschriften für die Sozialversicherung –
(SGB IV)

In der Fassung der Bekanntmachung vom 12. November. 2009[513]
(BGBl. I S. 3710, ber. S. 3973 und BGBl. 2011 I S. 363)
(FNA 860-4-1)
zuletzt geändert durch Art. 9 TarifautonomiestärkungsG vom 11. August 2014
(BGBl. I S. 1348)
– Auszug –

§ 115 Geringfügige Beschäftigung und geringfügige selbständige Tätigkeit

Vom 1. Januar 2015 bis einschließlich 31. Dezember 2018 gilt § 8 Absatz 1 Nummer 2 mit der Maßgabe, dass die Beschäftigung innerhalb eines Kalenderjahres auf längstens drei Monate oder 70 Arbeitstage nach ihrer Eigenart begrenzt zu sein pflegt oder im Voraus vertraglich begrenzt ist, es sei denn, dass die Beschäftigung berufsmäßig ausgeübt wird und ihr Entgelt 450 Euro im Monat übersteigt.

513 Neubekanntmachung des SGB IV idF der Bek. v. 23.1.2006 (BGBl. I S. 86) in der ab 1.9.2009 geltenden Fassung.

Stichwortverzeichnis

Die Zahlen verweisen auf die Randnummern im Buch.